영어로 문장 만들기 훈련

2차 임계점

유은하

영어교육 전문가라는 타이틀이 어색하지 않을 만큼
방송, 강의, 저술 등 다양한 분야에서 그녀의 영어교육에 대한 사랑은 각별하다.
대학에서 영어교육학과 테솔을, 대학원에서 교육학을 전공한 그녀는
교육방송에서 수백 편의 프로그램에 직접 출연, 강의했으며,
인기 연예인의 영어 선생님으로, 영어 강사들의 강사로,
교육 콘텐츠 기획자로 활발하게 활동 중이다.
"영어로 문장 만들기는 chatGPT 시대에 가장 필요한 교육이다" 그녀의 단호한 이 한마디가
AI 시대에 우리가 영어를 공부해야 하는 진짜 목적과 목표를 말하고 있다.

영어로 문장 만들기 훈련 – 2차 임계점

지은이 유은하
초판 1쇄 인쇄 2025년 1월 23일
초판 1쇄 발행 2025년 2월 7일

발행인 박효상　**편집장** 김현　**기획·편집** 장경희, 오혜순, 이한경　**디자인** 임정현
마케팅 이태호, 이전희　**관리** 김태옥

기획·편집 진행 김현　**본문·표지 디자인** 고희선

종이 월드페이퍼　**인쇄·제본** 예림인쇄·바인딩

출판등록 제10-1835호　**발행처** 사람in　**주소** 04034 서울시 마포구 양화로 11길 14-10 (서교동) 3F
전화 02) 338-3555(代)　**팩스** 02) 338-3545　**E-mail** saramin@netsgo.com
Website www.saramin.com

책값은 뒤표지에 있습니다.
파본은 바꾸어 드립니다.

ⓒ 유은하 2025

ISBN
979-11-7101-137-7 14740
979-11-7101-086-8 세트

우아한 지적만보, 기민한 실사구시　사람in

영어로 문장 만들기 훈련

2차 임계점

유은하 지음

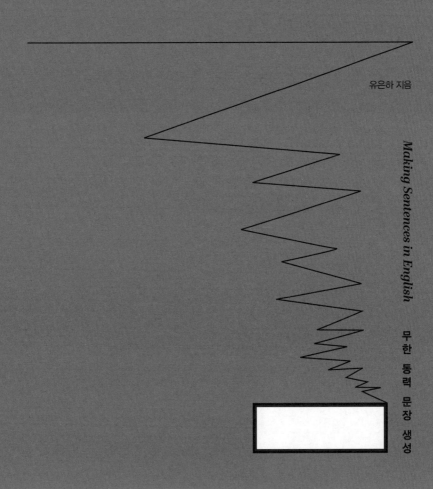

Making Sentences in English

무 한 동 력 문 장 생 성

사람in

영어로 문장 만들기: 시작이 곧 변화입니다

'한 달 만에 원어민처럼 되는 법'

'하루 5분만 해도 영어가 술술!'

'듣기만 해도 영어가 저절로!'

우리는 이런 마법 같은 광고를 너무 자주 봐 왔습니다. 영어를 잘하고 싶다는 마음으로 여러 가지 방법을 시도해 봤지만, 곧 깨닫게 되죠. 외국어 학습에는 시간과 노력이 필수라는 것을요. 하루 5분 투자로 원어민처럼 될 수 있다면 얼마나 좋을까요? 하지만 그런 지름길은 없습니다. 최고의 교재와 강의가 있어도 끝까지 지속하지 않으면 여러분의 영어 실력에 아무런 변화가 생기지 않습니다.

영어 학습의 본질: 이해에서 표현으로

머릿속에서 이해하는 영어와 실제로 입 밖으로 내어 말하거나 글로 쓰는 영어 사이에는 큰 간극이 존재합니다. 이 간극을 메우는 유일한 방법은 반복적인 연습입니다. 앞서 출간한 [영어로 문장 만들기 훈련 1차 임계점]을 순식간에 완주하시고 여러 번 반복하시는 분들이 많아서 무척 놀랍고 기뻤습니다. 많은 독자분들이 "내가 이렇게 긴 문장을 만들다니!"라는 성취감을 느끼며 꾸준히 학습해 주셨거든요. 이렇게 영어 문장을 완성할 때의 희열이 영어 공부를 지속하게 해 준다고 합니다. 그러니 실력이 늘 수밖에 없지요.

[영어로 문장 만들기 훈련 2차 임계점]에서는 더 다양한 문장 구조를 연습하며, 원어민 감각의 글쓰기에 한걸음 더 다가가도록 여러분을 안내합니다.

AI 시대에 왜 영어 문장 만들기 훈련이 필요할까요?

지금 우리는 누구나 손쉽게 영어 학습 자료를 접할 수 있는 시대에 살고 있습니다. AI 도구들은 긴 문서를 요약하고, 번역하며, 나만의 개인 튜터 역할까지 해 줍니다. 그런데 왜 굳이 시간을 들여 영어를 배우고, 문장 만드는 연습을 해야 할까요? 그 이유는 간단합니다. AI는 입력된 내용을 바탕으로 결과물을 생성할 뿐, 나만의 생각과 의도를 영어로 정확하게 표현하는 능력은 AI가 대신해 줄 수 없기 때문입니다. 이런 AI의 활용도 내가 영어 문장을 입력할 줄 알아야 제대로 할 수 있습니다.

그리고 AI는 나의 감정이나 개성을 담지 못합니다. 진심 어린 이메일, 설득력 있는 제안서, 나만의 관점이 담긴 글을 작성하는 것은 결국 여러분만이 할 수 있는 일입니다. 영어로 문장을 만든다는 것은 여러분의 생각과 감정을 드러내는 특별한 행위입니다. 그래서 영어는 단순한 도구가 아니라, 나를 표현하고, 세상과 소통하며, 내 이야기를 전달하는 강력한 수단입니다.

영어 문장 만들기의 진정한 가치

저는 여러분이 스크린 타임을 조금 줄이고 오롯이 혼자만의 시간을 내어 펜을 들고 이 책의 빈칸을 영어 문장으로 채워 나가길 적극 권합니다. 영어 문장 만들기 훈련을 통해 머릿속 지식으로만 있는 영어를 실제 사용할 수 있는 영어로 활용하는 방법을 익힐 수 있으니까요. 결과적으로, 일상에서의 영어 글쓰기와 말하기에서도 내가 의도한 뜻을 잘 전달할 수 있는 적절한 단어와 문장 구조를 선택하고 활용할 수 있게 됩니다.

영어 문장을 만들어 내는 과정은 여러분이 더 많이 생각하게 합니다. 'Writing is thinking!'이라는 말이 있지요. 영어 실력만이 아니라 여러분의 전반적인 사고 능력을 향상시킨다는 얘기입니다. 손으로 직접 쓰면서 문장을 만들다 보면, 영어 문장 구조가 더 선명히 자리 잡고, 영어 어순에 대한 감각이 생깁니다. 이 책은 실전에서 자주 쓰이는 실용적인 문장들로 구성되어 있어 책에서 연습한 문장을 곧바로 말하기나 글쓰기에 응용할 수 있습니다. 이렇게 반복 연습을 통해 영어 문장 구조를 더 쉽게 이해하고 영어식 사고를 키울 수 있어요. 그리고 가장 큰 수확인 '영어 문장을 만드는 즐거움'을 느낄 수 있습니다. 여러분이 만들어 낸 문장 하나하나가 성취감을 안겨줄 거예요.

[영어로 문장 만들기 훈련 2차 임계점]에서 배울 것

이 책의 주요 파트 중 '사물 주어로 문장을 더 간결하게'가 있습니다.

'교통 체증으로 인해 사무실에 늦게 도착했어요.'

이 문장은 부사구를 이용해 다음과 같이 만들 수 있어요.
I arrived at the office late because of the heavy traffic.

하지만, 사물 주어로 문장을 만들면 이렇습니다.
The heavy traffic delayed my arrival at the office.

직역하면, '극심한 교통량이 내 사무실로의 도착을 지연시켰어요.'가 됩니다. 그런데 군이 왜 이렇게 쓸까요? 영어는 불필요한 정보를 덜어내고 핵심만 담으려는 특징이 강한 언어입니다. 그래서 원어민은 사물 주어를 써서 더 자연스럽고 간결한 문장으로 표현하는 경우가 많아요. 또 사람 주어와 부사구로 이루어진 문장과 비교해서, 사물 주어는 주체를 객관적으로 표현하고 중립적인 어조를 만드는 효과가 있어요. 그동안 사람 주어와 부사구/부사절만 익숙하게 썼다면, 2차 임계점 과정에서는 실제 원어민이 자주 사용하는 사물 주어를 적극적으로 활용해 더욱 다양하고 유창한 영어를 구사할 수 있게 했습니다.
이 밖에도 '시제의 정교한 활용, 수동태 문장의 효과, 준동사의 다양한 시제, 관사의 정확한 사용, 의문문/부정문/명령문' 등을 여러분이 직접 '영어 문장 만들기'로 익힐 수 있게 체계적으로 구성했습니다.

'영어식 사고를 기른다'는 말이 거창하게 들릴지 몰라도 사실 간단해요. 제각각 달라 보이지만, 기본 원리를 알면 간단한 영어 문장의 기본 구조에 익숙해지도록 체계적인 반복 훈련을 시키는 것이죠. 이 책의 구성대로 단계별 문장 만들기 연습을 한 유닛씩 해 나갈수록, 한국어로 분석하고 따지지 않고 영어로 사고하는 습관이 자리 잡게 됩니다.

여러분의 2차 임계점 돌파를 응원합니다!

지루해 보이는 '꾸준함'이 영어 학습에서는 큰 능력이고 성공 비결입니다. 일단 시작하면 계속하게 되는 것이 바로 '영어로 문장 만들기 훈련'의 매력입니다. 연습할수록 실수는 줄어들고 탄탄한 영어 실력을 만들 수 있지요. 영어 공부를 하다 보면 아무런 변화가 없다고 느낄 때가 분명히 있어요. 하지만 바로 그 순간에 지금껏 하던 것을 계속해야만 큰 변화가 일어납니다.

물이 끓기 위해서는 계속해서 열을 가해야 하듯, 영어 실력도 임계점에 도달하기까지 꾸준한 연습이 쌓여야 합니다. 1차 임계점에 이어 2차 임계점도 홀린 듯이 영작하며 끝까지 완주하시길 힘껏 응원합니다. 매일 한 유닛씩, 여러분의 손으로 직접 문장을 만들어 보세요. 제2의 뇌라고 하는 손을 움직여 문장을 만들면서 영어 공부의 뇌를 활성화시키세요. 영어 문장을 완성하느라 손을 움직이면 잃고 있던 집중력, 기억력, 연상 능력도 골고루 자극되고 향상될 거예요.

이 책을 기다려 주시고 사랑해 주신 독자 여러분께 감사드리며, 여러분의 2차 임계점 돌파를 응원합니다! 한 권의 책이 나오기까지 정말 많은 분들의 노력과 정성이 필요합니다. 그 어떤 책보다 영작 교재가 더욱 그렇기에 사람in 임직원분들의 수고에 감사드리고, 특별히 김현 편집장님의 노고와 애정에 깊이 감사드립니다.

저자 유은하

〈영어로 문장 만들기 훈련 – 2차 임계점〉은 문장 만들기를 넘어 뉘앙스와 의도를 전하게 하는 훈련서입니다.

1 자신도 모르게 입력되는 영어 문장 구조 ──────

책에 나온 모든 한국어 문장이 영어 문장 구조로 전환되는 것을 보여 주어 문장을 쓸 때 '주어 + 서술어'부터 시작하도록 체화시킵니다.

2 실력이 쌓이는 기분 좋은 반복 ──────

기본 문장만큼은 여러 번 반복해 써서 손에 익게 합니다.

3 포기하지 않게 도와주는 친절한 힌트 ──────

표현만 해결되면 앞으로 나아갈 수 있는 독자들을 위해 힌트 표현을 곳곳에 두었습니다.

4 할 만하다 여겨지는 점진적 구성 ──────

기본 문장 쓰기 → 유제 문장 쓰기(기본 문장에서 표현만 바꾼 문장들) → 유제 응용 문장 쓰기(유제 문장에 나온 표현을 섞은 문장) → 응용하여 쓰기(힌트 표현들로 다양하게 써 보는 응용 문장들) → 문장 이어 쓰기(하나의 단락을 이루는 3~4개 문장들) 구성으로 차근차근 해 나갈 수 있습니다.

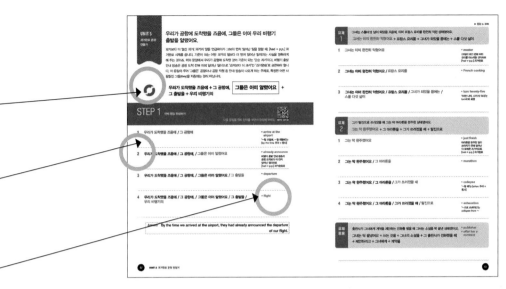

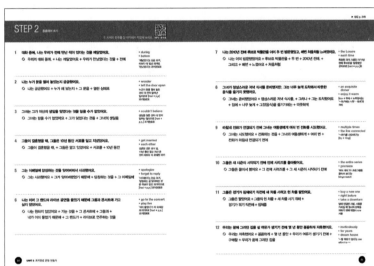

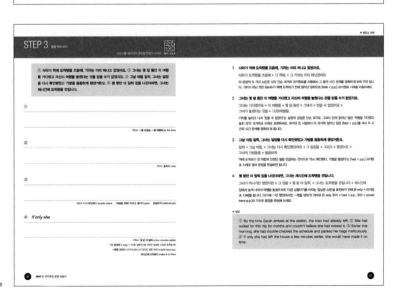

WARM-UP 어떤 영어 문장도 만들기 쉬워지는 2가지 원칙

한국어 문장을 보거나 떠올리고 영어 문장을 쓰려다 보면 만족스럽게 전환되지 않을 때가 많습니다. 이를 위해서는 먼저 한국어와 영어의 가장 큰 차이점을 이해하는 것이 중요합니다. 가장 큰 차이점은 '어순(word order)'이며, 이것이 영어로 문장 만들기의 처음이자 끝이라고 해도 과언이 아닙니다. 정확한 어휘와 표현을 영어 어순에 맞게 배열하는 것이 기본 중의 기본입니다. 그리고 의도와 뉘앙스에 맞게 여러 요소를 응용하는 것입니다.

첫째, 영어는 아무리 긴 문장도 거의 무조건 '주어＋서술어'부터

우리말은 주어 뒤에 다양한 목적어 및 수식어구가 나오고 문장의 결론을 말해 주는 서술어가 맨 마지막에 옵니다. 반면에 영어는 문장이 아무리 길고 복잡해도 '주어＋서술어' 형태가 기본 뼈대입니다.

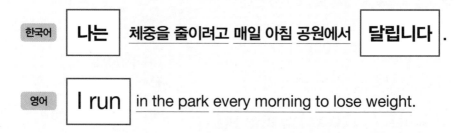

영어 문장이 아무리 길어도 기본 뼈대인 '주어＋서술어'부터 쓰고 나면 그 뒤에 수식어구는 쉽게 만들어집니다. 서술어에 쓰인 동사가 그 다음에 어떤 표현이 올지를 결정하므로 뼈대 문장부터 세우는 것이 빠르고 정확한 영작을 도와줍니다.

둘째, 문장의 주어와 목적어, 소유대명사를 반드시 명확히 밝혀 쓸 것

우리말은 주어를 빈번하게 생략합니다. 주어뿐 아니라 목적어, 소유격 대명사 등의 표현이 정확하지 않아도 이로 인한 의사소통의 불편함이 없습니다. 우리말이고, 맥락으로 다 이해할 수 있으니까요. 하지만 영어는 문장에 주어는 거의 100%, 목적어는 동사에 따라, 소유격 대명사도 의미상 꼭 있어야 합니다.

한국어 그 소식을 듣게 되어 **유감입니다** . (생략된 주어는?)

영어 **I am sorry** to hear that.

우리말은 '제가 유감입니다'에서 주어 '제가'를 생략합니다.

한국어 그 책은 **가져가도 됩니다** . ('그 책은'이 주어?)

이 문장은 영어식 사고로 전환해 줘야 합니다.

→ **당신은/우리는 그 책을 가져가도 됩니다.**

주어 – '당신은/우리는', 대상어 – '그 책을'

영어 **You can take** that book with you.

한국어 **우리 남편은** 요리하는 것 **무척 좋아해** . (남편을 공유한다고?)

영어 **My husband loves** cooking.

영어 문장에는 주어가 반드시 있어야 하며, 우리말처럼 주어나 대상어의 어순이 바뀌면 안됩니다. 영어 문장에서 단어들의 순서가 바뀌면 의사소통에 혼란이 생깁니다.

이 두 가지 원칙을 정확히 알고 이 책을 훈련해 가면 긴 문장도 쉽게, 나의 원래 의도를 정확히 표현할 수 있습니다. 이제 영어로 문장 만들기가 더 이상 어렵지 않습니다.

PART 1

의미를 가르는 영작 BASE

CHAPTER 1

영어의 시제

나는 매일 아침 출근길에 라디오를 들어요.
vs. 나는 지금 라디오를 듣는 중이에요.

영어 문장을 만드는 원리는 [주어 + 서술어]로 뼈대부터 세우는 것이죠. 이 뼈대를 지탱하는 '서술어'
가 문장 전체의 의도와 의미를 결정하므로, 서술어의 핵심 요소인 동사와 그 시제를 명확하게 이해하
고 쓰는 것이 중요합니다. 위의 두 문장에서 서술어는 '들어요'와 '듣는 중이에요'로 서로 의미 차이가
있습니다.

매일 아침 라디오를 듣는 것처럼 어제, 오늘, 내일에 걸쳐 일상적, 습관적, 주기적으로 반복하는 일을
나타낼 때 영어에서는 단순 현재 시제를 씁니다. 반면, 지금 하고 있는 일, 현재 진행되는 일을 묘사
할 때는 현재진행 시제를 쓰지요.

STEP 1 전체 문장 완성하기

다음 문장을 힌트 단어를 보면서 완성해 보세요. MP3 001

단순현재

1 나는 들어요 / 그 라디오를

• listen to
−'~을 (귀 기울여) 듣다'는
 listen to ~
−the radio는 내가 듣는
 '그 라디오' 프로그램이라서
 the를 사용

2 나는 들어요 / 그 라디오를 / 출근길에 / 매일 아침

• on the way to
 work

| Answer | I listen to the radio on the way to work every morning. |

현재진행

1 나는 듣는 중이에요 / 그 라디오를

• listening
현재진행형은 [be동사 현재
형 + Ving]로 지금 하고 있는
일을 표현

2 나는 듣는 중이에요 / 그 라디오를 / 지금

• now

| Answer | I'm listening to the radio now. |

▶ 정답 p. 346

유제 1	나는 다가오는 하루를 위해 활력을 느끼려고 아침에 커피를 마십니다. **나는 마십니다 + 커피를 + 아침에 + 활력을 느끼려고 + 다가오는 하루를 위해**

1 나는 마십니다 / 커피를

• drink
습관적, 반복적인 일이므로
단순현재 시제로

---

2 **나는 마십니다 / 커피를** / 아침에 / 활력을 느끼려고

• feel energized
[to + 동사원형]으로 수식

---

3 **나는 마십니다 / 커피를 / 아침에 / 활력을 느끼려고** / 다가오는 하루를 위해

• for the day ahead

유제 2	그는 원룸을 구할 때까지 친구와 함께 지내는 중입니다. **그는 머물고 있어요 + 그의 친구와 함께 + 그가 구할 때까지 + 원룸을**

1 그는 머물고 있어요 / 그의 친구와 함께

• stay
임시적, 일시적 상황일 때
현재진행 시제로

---

2 **그는 머물고 있어요 / 그의 친구와 함께** / 그가 구할 때까지

• until
• find

---

3 **그는 머물고 있어요 / 그의 친구와 함께 / 그가 구할 때까지** / 원룸을

• a studio
원룸은 one room이 아니라
studio로 표현

유제 응용	그녀는 주말마다 테니스를 치는데 이번 주에는 부모님과 오붓한 시간을 보내고 있어요. **그녀는 칩니다 + 테니스를 + 주말마다, + 그런데 + 이번 주에는 +** **그녀는 보내고 있어요 + 오붓한 시간을 + 그녀의 부모님과**	• spend quality time

1 그녀는 도시의 유명한 은행에서 일합니다.

↻ 그녀는 일합니다 + 한 유명한 은행에서 + 그 도시에 있는

• well-known

---

2 나는 그냥 케이크가 괜찮은지 확인하려고 맛보고 있는 거예요.

↻ 나는 그저 맛보고 있는 중이에요 + 그 케이크를 + 확인하기 위해 +
그것이 괜찮은지

• taste
'~인지 확인하다'는
see if ~

---

3 그 케이크는 풍부하고 촉촉한 초콜릿 스펀지 층들로 아주 훌륭한 맛이 나요.

↻ 그 케이크는 맛이 나요 + 아주 훌륭한, + 그것의 풍부하고, 촉촉한 층들로 +
초콜릿 스펀지의

• absolutely divine
• with its rich, moist
  layers
taste가 '~한 맛이 난다'의
의미일 때는 진행형으로
쓸 수 없음

---

4 그는 시사에 관한 최신 정보를 얻으려고 매일 아침 신문을 읽어요.

↻ 그는 읽어요 + 그 신문을 + 매일 아침 + 최신 정보를 얻기 위해 + 시사에 관한

• stay updated
• on current events
'최신 정보를 얻다'를 '업데
이트되는 상태로 있다(stay
updated)'로 표현

---

5 그들은 더운 날에는 더위를 식히려고 수영장에서 수영을 합니다.

↻ 그들은 수영을 합니다 + 그 수영장에서 + 더운 날들에 + 더위를 식히려고

• on hot days
• cool off

---

6 나는 그녀가 요즘 왜 그렇게 이기적으로 구는지 이해가 안 돼요.

↻ 나는 이해가 안 됩니다 + 왜 그녀가 굴고 있는지 + 그렇게 이기적으로 + 요즘

• being so selfish

---

* 영어 문장에서 형용사가 서술적으로 쓰일 때 [be동사 + 형용사]의 형태로 씁니다. 주어가 (일시적으로) 어떤 태도나
상태인 것을 묘사할 때는 현재진행형 [be동사 현재형 + being + 형용사]로 표현하면 됩니다.

7 갑자기 나에게 왜 그렇게 잘해 주는 거예요?

🌀 왜 당신은 굴고 있는 건가요 + 그렇게 잘해 주고 + 나에게 + 갑자기

• all of a sudden
'갑자기'는 suddenly를 써도 되는데, 대화 상황에서는 all of a sudden이 더 자연스러움

8 당신이 열린 사고를 하는 것이 마음에 들어요.

🌀 나는 마음에 들어요 + 그 방식이 + (당신이 유지하는 + 열린 사고를)

• keep an open mind
– [I like the way 주어 + 동사 ~]의 형태로, like는 '상태'를 나타내므로 진행형으로 쓰지 않음.
– '열린 사고를 하다'는 '열린 마음을 유지하다'로 표현

9 태양은 새로운 하루를 시작하기 위한 빛과 따뜻함을 가져다줍니다.

🌀 태양은 가져다줍니다 + 빛과 따뜻함을 + 시작하기 위한 + 새로운 하루를

• bring light and warmth
늘 반복되는 일이므로 현재형으로

10 그녀는 상세한 연구가 필요한 프로젝트를 진행하고 있어요.

🌀 그녀는 진행하고 있어요 + 한 프로젝트를 + (필요로 하는 + 상세한 연구를)

• require detailed research
– '(어떤 일을 맡아서) 진행하다, 공들이다'는 work on ~
– 관계대명사 that으로 연결

11 그녀는 좋아하는 음악을 들으며 사무실로 운전해 가고 있어요.

🌀 그녀는 운전해서 가고 있어요 + 그 사무실로, + 들으면서 + 그녀의 가장 좋아하는 음악을

• drive to the office

12 그는 계절에 상관없이 항상 날씨에 대해 불평해요.

🌀 그는 항상 불평합니다 + 그 날씨에 대해, + 계절에 상관없이

• no matter the season
현재진행 시제로

* always를 현재진행 시제와 함께 쓰면 뉘앙스가 달라집니다. '걸핏하면 그렇다'라는 의미로 안 좋은 습관에 대한 부정적인 감정을 나타내요.
I'm always losing my keys. 난 툭하면 열쇠를 잃어버려요.

> 에밀리는 힘차게 하루를 시작하기 위해 매일 아침 요가를 연습합니다. ② 현재, 그녀는 연속으로 스트레칭을 하고 있으며, 호흡에 신경 쓰고 있습니다. ③ 그녀의 고양이가 요가 매트 위에서 그녀와 함께하려고 합니다. ④ 에밀리는 이 순간들이 자신의 유연성을 향상시키고 하루를 밝게 해 주기 때문에 편안하고 재미있습니다.

① *Emily practices yoga*
_____

_____

Hint 힘차게, 에너지 있게 with energy

②
_____

_____

Hint 현재 currently   ~의 연속 a series of   ~을 신경 쓰는 mindful of

③
_____

_____

Hint ~하려고 하다, 애쓰다 try to   ~와 함께하다, 합류하다 join

④
_____

_____

Hint 편한 relaxing   재미있는, 즐거운 amusing   향상시키다 improve   유연성 flexibility   밝히다, 밝게 하다 brighten

▶ 정답 p. 346

1 에밀리는 힘차게 하루를 시작하기 위해 매일 아침 요가를 연습합니다.

에밀리는 연습합니다 + 요가를 + 매일 아침 + 시작하기 위해 + 그녀의 하루를 + 힘차게

[주어 + 서술어] 뼈대부터 세우면 그 다음부터 어떤 표현이 와야 할지 구조가 잡힙니다. 요가를 연습하는데 언제 하는지 그 뒤에 바로 '매일 아침'을 부사구로 붙여 줍니다. 다음에 왜 요가를 하는지 그 이유를 [to + 동사원형]으로 붙여 문장을 확장합니다. '힘차게'는 '에너지 있게'의 with energy로 표현하면 됩니다.

2 현재, 그녀는 연속으로 스트레칭을 하고 있으며, 호흡에 신경 쓰고 있습니다.

현재, + 그녀는 하고 있어요 + 일련의 스트레칭들을, + 그리고 + 신경 쓰고 있어요 + 그녀의 호흡에

'스트레칭을 하다'는 do stretches를 사용하면 됩니다. 그런데 '연속으로 스트레칭을 하고 있다'고 했으므로 a series of를 활용해 a series of stretches(일련의 스트레칭)로 연속적으로 스트레칭을 하고 있음을 나타낼 수 있어요. '신경 쓰고 있다'는 형용사 mindful을 이용해 현재 호흡을 의식하고 있음을 진행형으로 표현해야 합니다. [be동사 현재형 + being + 형용사]로 현재 어떤 상태가 진행 중인지 묘사할 수 있습니다.

3 그녀의 고양이가 요가 매트 위에서 그녀와 함께하려고 합니다.

그녀의 고양이가 애쓰고 있어요 + 함께하려고 + 그녀와 + 그 요가 매트 위에서

'~하려고 애쓰다'는 [try to + 동사원형]으로 표현합니다. 고양이가 애쓰는 중이므로 현재진행형으로 쓰고 '함께하려고'는 [to + 동사원형]으로 문장을 확장합니다. [주어 + 서술어]의 기본 뼈대로 문장을 구성하고, '어디에서'인지 장소를 나타내는 표현은 주로 문장 뒤에 써 주는데요. '그 요가 매트 위'이므로 전치사 on을 이용해 표현을 완성하세요.

4 에밀리는 이 순간들이 자신의 유연성을 향상시키고 하루를 밝게 해 주기 때문에 편안하고 재미있습니다.

에밀리는 생각합니다 + 이 순간들이 + 편안하고 재미있다고, + 왜냐하면 그것들(이 순간들)이

향상시키기 때문에 + 그녀의 유연성을 + 그리고 + 밝게 해 주므로 + 그녀의 하루를

'편안하고 재미있다'는 것은 '~라고 여기다(생각하다)'는 것이기에 [find + 명사/명사구 + 형용사]의 구조를 이용하면 문장이 잘 정리됩니다. 이 순간들을 '편안하고도 재미있는' 상태로 여기므로 두 형용사를 both ~ and로 연결하세요. 이유를 나타내는 접속사는 as를 이용해서 문장을 연결하세요.

▶ 정답

① Emily practices yoga every morning to start her day with energy. ② Currently, she is doing a series of stretches and being mindful of her breathing. ③ Her cat is trying to join her on the yoga mat. ④ Emily finds these moments both relaxing and amusing, as they improve her flexibility and brighten her day.

그녀는 어제 일자리 제안을 **받았어요.**
vs. 그녀는 제안이 왔을 때 자신의 직업 선택에 대해 **생각하고**
있었어요.

영어에서 사용 빈도가 가장 높은 시제 중 하나가 과거형입니다. 일반동사의 경우 각 동사의 과거형을
분명히 알고 있어야 신속하고 명확한 의미 전달이 가능하지요. 과거에 있었던 일을 더 자세히 표현하
기 위해 '~했다'의 단순 과거형과 과거의 어느 순간 또는 일정한 기간 동안 '~하고 있었다'라는 뜻의
과거진행형을 쓸 수 있어요. 과거진행형은 [be동사의 과거형 was/were + Ving]의 형태로 표현합니
다. 주어의 인칭과 수에 따라 was와 were를 구분해서 쓰세요.

STEP 1 전체 문장 완성하기

다음 문장을 힌트 단어를 보면서 완성해 보세요. **MP3 004**

단순과거

1 그녀는 받았어요 / 일자리 제안을
• receive a job offer

_____

2 그녀는 받았어요 / 일자리 제안을 / 어제
• yesterday

_____

> **Answer** She received a job offer yesterday.

과거진행

1 그녀는 생각하고 있었어요
• think
be동사는 주어에 맞게
과거형으로

_____

2 그녀는 생각하고 있었어요 / 자신의 직업 선택에 대해
• career options
선택지가 여러 개이므로
복수형으로

_____

3 그녀는 생각하고 있었어요 / 자신의 직업 선택에 대해 / 그 제안이 왔을 때
• the offer came
'~할 때'는 when 뒤에 [주어
+ 동사]의 어순으로

_____

> **Answer** She was thinking about her career options when the offer came.

▶ 정답 p. 346

유제 1	나는 고등학교 때 기타 치는 법을 배웠어요. 나는 배웠어요 + 기타 치는 법을 + 고등학교 때

1 나는 배웠어요

• learn
과거에 있었던 일이므로
과거형 동사로

2 나는 배웠어요 / 기타 치는 법을

• play the guitar
'~하는 방법'은 [how to +
동사원형]

3 나는 배웠어요 / 기타 치는 법을 / 고등학교 때

• in high school

유제 2	그는 밤새도록 시험 공부를 하고 있었어요. 그는 공부하고 있었어요 + 그의 시험을 위해 + 밤새도록

1 그는 공부하고 있었어요

• study
과거진행형 [was/were +
Ving]으로

2 그는 공부하고 있었어요 / 그의 시험을 위해

• exams

3 그는 공부하고 있었어요 / 그의 시험을 위해 / 밤새도록

• all night

유제 응용	누군가가 문을 두드렸을 때, 나는 낮잠을 자고 있었어요. 나는 취하고 있었어요 + 낮잠을 + 누군가가 두드렸을 때 + 그 문을	• take a nap • knock on the door

1 (내가) 퇴근길에 집으로 운전하는 중에 그녀가 나에게 전화했어요.

    ↻ 그녀는 전화했어요 + 나에게 + 내가 운전하는 도중에 + 집으로 + 회사에서

- **drive home from work**
- while 뒤에 [주어 + 동사] 의 문장을 과거진행형으로
- 직장에서 (출발해서) 집으로 운전하다, 즉 '퇴근길에 운전해서 집에 가다'의 의미

---

2 그는 어제 아침에 버스를 놓쳤어요.

    ↻ 그는 놓쳤어요 + 그 버스를 + 어제 아침에

- **miss**

---

3 그는 버스가 떠날 때 정류장으로 달려가고 있었어요.

    ↻ 그는 달려가고 있었어요 + 그 정류장으로 + 그 버스가 떠났을 때

- **drive away**
drive away는 '떠나다, 출발하다'의 의미로 when 뒤의 문장은 과거형으로

---

4 나는 지난달에 뉴욕에서 열린 한 컨퍼런스에 참석했어요.

    ↻ 나는 참석했어요 + 한 컨퍼런스에 + 뉴욕에서 + 지난달에

- **attend a conference**
- attend는 전치사 없이 목적어가 바로 위치
- '뉴욕에서 열린'은 in New York으로 표현 가능

---

5 나는 긴 비행 후에 지쳐 있었지만, 다른 모든 사람들은 그 뉴스에 흥분했어요.

    ↻ 나는 지쳐 있었어요 + 그 긴 비행 후에, + 반면에 +
　　다른 모든 사람들은 흥분해 있었어요 + 그 뉴스에 대해

- **exhausted**
- **excited**
- 과거의 상태 설명은 [be동사 과거형 + 형용사]
- while은 '∼하는 반면'의 뜻으로 대조되는 문장을 연결

---

6 작년 이맘때 나는 파리에서 살고 있었어요.

    ↻ 나는 살고 있었어요 + 파리에서 + 이맘때 + 작년에

- **this time**

---

7 비가 오기 시작했을 때 그녀는 도서관에 있었어요.

↻ 그녀는 있었어요 + 그 도서관에 + 비가 오기 시작했을 때

- start to rain
날씨를 나타내는 문장은
비인칭 주어 it으로 시작

---

8 지난주 금요일에 그들은 친구를 위해 깜짝 파티를 준비했어요.

↻ 그들은 준비했어요 + 깜짝 파티를 + 그들의 친구를 위해 + 지난주 금요일에

- organize

---

9 그들은 휴가 중에 숨겨진 해변을 발견했어요.

↻ 그들은 발견했어요 + 숨겨진 해변 하나를 + 그들의 휴가 중에

- discover
- on their vacation

---

10 어젯밤 기사를 쓰는 도중에 컴퓨터가 갑자기 꺼졌어요.

↻ 내 컴퓨터가 갑자기 꺼졌어요 + 내가 쓰고 있는 도중에 + 기사를 + 어젯밤에

- suddenly
- write an article
'(기계가) 멈추다, 정지하다'는
shut down

---

11 상사가 걸어 들어왔을 때 그들은 그 프로젝트에 대해 논의하고 있었어요.

↻ 그들은 논의하고 있었어요 + 그 프로젝트에 대해 + 그 상사가 걸어 들어왔을 때

- discuss
- discuss는 전치사 없이 목
  적어가 위치
- '걸어 들어오다'는 walk in

---

12 비가 그치고 무지개가 나타났을 때 우리는 집에 운전해서 가고 있었어요.

↻ 우리는 운전해서 가고 있었어요 + 집으로 + 그 비가 그쳤을 때 + 그리고 +
그 무지개가 나타났을 때

- drive home
- appear
특정한 날씨, 자연 현상을
언급하는 것이므로 the rain,
the rainbow처럼 앞에 the
를 써서 표현

① 저녁을 요리하던 중에 전화가 갑자기 울렸어요. ② 전화를 받고 친구에게 긴급한 일이 생겼다는 것을 알게 되었죠. ③ 도와주려고 서두르는 중에, 내가 실수로 수프 냄비를 쏟았어요. ④ 나중에 우리는 갓 구운 피자를 먹으면서 그 혼란스러웠던 일에 대해 웃었어요.

① *While*

_____

_____

Hint 갑자기, 예기치 못하게 unexpectedly

②

_____

_____

Hint 찾다, 알아내다 find out   긴급한 일이 생기다 have an emergency

③ *As*

_____

_____

Hint ~하는 동안에 as   우연히, 뜻하지 않게 accidentally   (그릇, 밥상 등을) 엎다 knock over

④

_____

_____

Hint 혼돈, 혼란 chaos   갓(막) ~한 freshly (보통 뒤에 과거분사가 따라 나옴)

1   저녁을 요리하던 중에 전화가 갑자기 울렸어요.

내가 요리하는 도중에 + 저녁 식사를, + 그 전화가 울렸어요 + 갑자기

'요리하는 도중에'는 접속사 while로 시작하고 while 뒤에는 [주어 + 서술어]를 먼저 세우세요. 저녁을 요리하던 중이었으므로, 이때는 과거진행형으로 표현합니다. '전화가 울렸다'는 과거의 한 순간에 일어난 일이므로 ring의 과거형 rang을 쓰세요.

2   전화를 받고 친구에게 긴급한 일이 생겼다는 것을 알게 되었죠.

나는 받았어요 + 그것(전화)을 +그리고 알게 되었어요 + 내 친구가 가졌다는 것을 + 긴급한 일을

'내가 전화를 받고'를 영어로 표현할 때, 앞에 나온 그 전화(the phone)를 말하는 것이므로 대명사 it으로 대신합니다. '어떤 정보나 이야기를 알아내다'라고 말할 때 find out을 쓸 수 있어요. 뒤에 that을 쓰고 또 다른 완전한 문장을 붙이면 '~라는 것을 알아내다/알게 되다'의 뜻이 됩니다.

3   도와주려고 서두르는 중에, 내가 실수로 수프 냄비를 쏟았어요.

내가 서두르는 중에 + 도와주려고, + 나는 실수로 쏟았어요 + 수프 냄비를

접속사 as는 '~하는 동안에'의 의미로 시간의 부사절을 만들 수 있어요. 내가 (친구를) 도우려고 '서두르는 중이었다'는 뜻이므로 이 문장을 과거진행형으로 써 줍니다. '냄비를 쏟았다'는 서두르는 도중에 일어난 과거의 일이므로 단순 과거형으로 쓰면 됩니다.

4   나중에 우리는 갓 구운 피자를 먹으면서 그 혼란스러웠던 일에 대해 웃었어요.

나중에, + 우리는 웃었어요 + 그 혼란스러웠던 일에 대해 + 갓 구운 피자를 먹으며

'커피를 마시며'가 over coffee이듯이 '피자를 먹으며'를 over pizza로 간단히 표현할 수 있어요. 그런데 '갓 구운 피자'이므로 a freshly baked pizza가 됩니다. pizza는 셀 수 없는 명사이지만, 앞에 꾸며 주는 말이 올 때는 a pepperoni pizza, a potato pizza처럼 a를 붙여 '피자 한 판'의 의미로 씁니다.

▶ 정답

① While I was cooking dinner, the phone rang unexpectedly. ② I answered it and found out that my friend had an emergency. ③ As I was hurrying to help, I accidentally knocked over a pot of soup. ④ Later, we laughed about the chaos over a freshly baked pizza.

항상 방문하고 싶었지만, 뉴욕에 가 본 적이 없어요.

영어의 특징이라 할 수 있는 시제가 현재완료인데요, 이 현재완료를 쓰는 경우는 주어의 어떤 행동이나 상태가 과거에 끝난 것이 아니라 현재까지 영향을 미칠 때입니다. 살면서 어떤 일을 해 본 경험, 예전부터 지금까지 계속해 온 일, 과거에 한 일이 현재 어떤 상태나 결과가 되었는지 등을 표현하려면 모두 [have/has + p.p.] 현재완료를 써야 합니다. 이와 달리, 과거형은 현재까지 이어지는 느낌이 없어요. '과거는 과거일 뿐'이라는 말처럼 과거에 끝나고 마는 느낌을 전하죠.

나는 가 본 적이 없어요 ＋ 뉴욕에, ＋ 비록 내가 항상 원했지만 ＋ 방문하기를

STEP 1 전체 문장 완성하기

다음 문장을 힌트 단어를 보면서 완성해 보세요. **MP3 007**

1 나는 가 본 적이 없어요

• **have never been**
'～에 가 본 적이 있다'는 '경험'을 나타내며 [have been to + 장소]로 표현

2 나는 가 본 적이 없어요 / 뉴욕에,

• **New York**

3 나는 가 본 적이 없어요 / 뉴욕에, / 비록 내가 항상 원했지만

• **even though**
－even though 뒤에 [주어 + 동사] 순으로
－과거부터 계속 원한 상태이므로 현재완료로 표현

4 나는 가 본 적이 없어요 / 뉴욕에, / 비록 내가 항상 원했지만 / 방문하기를

• **to visit**

> **Answer** I have never been to New York, even though I have always wanted to visit.

▶ 정답 p. 347

유제 1	그녀는 많은 기회가 있었음에도 불구하고 전에 한 번도 초밥을 먹어 본 적이 없어요.
	그녀는 한 번도 먹어 본 적이 없어요 + 초밥을 + 전에, + 가졌음에도 불구하고 + 많은 기회들을

1 그녀는 한 번도 먹어 본 적이 없어요 / 초밥을 / 전에

- **never**
  - 3인칭 단수 주어이므로 [has + p.p.]
  - eat의 p.p.는 eaten

2 그녀는 한 번도 먹어 본 적이 없어요 / 초밥을 / 전에, / 가졌음에도 불구하고 / 많은 기회들을

- **despite having many opportunities**

  despite가 전치사이므로 뒤에 (동)명사 형태로

유제 2	그들은 그 영화를 여러 번 봤지만 여전히 매력적이라고 생각해요.
	그들은 봤어요 + 그 영화를 + 여러 번, + 하지만 + 그들은 여전히 생각해요 + 그것이 매력적이라고

1 그들은 봤어요 / 그 영화를

- **watch that movie**

  현재완료로 영화를 여러 번 본 경험을 표현

2 그들은 봤어요 / 그 영화를 / 여러 번

- **several times**

3 그들은 봤어요 / 그 영화를 / 여러 번, / 하지만 / 그들은 여전히 생각해요

- **find**

  '~을 …라고 여기다/생각하다'는 [find + 명사 + 형용사]

4 그들은 봤어요 / 그 영화를 / 여러 번, / 하지만 / 그들은 여전히 생각해요 / 그것이 매력적이라고

- **fascinating**

유제 응용	그들은 많은 어려움에도 불구하고 처음부터 다시 성공적인 회사를 세웠어요.
	그들은 세웠어요 + 성공적인 회사를 + 처음부터 다시, + 많은 어려움들에도 불구하고

- **build a company**
- **many challenges**

  '처음부터 다시 시작하여'는 from the ground up

1 그 도시는 새로운 건물과 기반 시설이 곳곳에 생기면서 극적으로 변했어요.

↻ 그 도시는 변했어요 + 극적으로, + 새로운 건물들과 기반 시설로 + 곳곳에

- dramatically
- with new buildings and infrastructure

'곳곳에, 모든 곳에'는 everywhere로 문장 뒤에 위치

---

2 그녀는 특히 부모가 된 이후로 여러 해에 걸쳐 인내심이 더 강해졌어요.

↻ 그녀는 ~해졌어요 + 더 인내심이 강해진 + 여러 해에 걸쳐, + 특히 + 부모가 된 이후로

- become more patient
- becoming a parent

-'수년간, 여러 해에 걸쳐'는 over the years
-'~부터, ~ 이후로'는 since ~

---

3 스카이다이빙을 해 본 적이 있나요, 아니면 아직 고려 중인가요?

↻ 당신은 시도해 본 적이 있나요 + 스카이다이빙을, + 아니면 + 그것은 어떤 건가요 + (당신이 아직 고려 중인)

- Have you ever tried
- is it something

---

4 그녀는 과학 분야에 대한 공로로 여러 상을 받았어요.

↻ 그녀는 받았어요 + 여러 상들을 + 그녀의 공로들로 + 과학 분야에 대한

- win several awards
- the field of science

'~에 대한 기여/공로'는 contributions to ~

---

5 그는 여러 언어로 번역된 베스트셀러 책을 썼어요.

↻ 그는 썼어요 + 베스트셀러 책 한 권을 + (번역된 + 여러 언어들로)

- a best-selling book
- has been translated
- multiple

여러 언어로 번역된 베스트셀러 책을 현재에도 이용 가능하므로 문장의 시제는 현재완료로

---

6 그 팀은 일련의 힘든 경기 후에 결승에 진출했어요.

↻ 그 팀은 이르렀어요 + 그 결승전에 + 일련의 힘든 경기들 후에

- reach the finals
- tough matches

'일련의 ~'는 a series of ~

---

7 그들은 소비자들로부터 긍정적인 평가를 받은 신제품을 출시했어요.

🔄 그들은 출시했어요 + 신제품을 + (받은 + 긍정적인 평가들을 + 소비자들로부터)

- launch
- receive positive reviews

현재 신제품이 출시되어 있고, 고객들로부터 긍정적인 평가를 받는 상태이므로 현재완료 시제로

---

8 나는 여기서 5년 동안 살았지만, 아직도 이웃에 대해 새로운 것들을 발견합니다.

🔄 나는 살았어요 + 여기서 + 5년 동안, + 그런데 + 나는 아직도 발견해요 + 새로운 것들을 + 그 이웃에 대해

- still discover
- neighborhood
- –여기서 5년 동안 산 것이 현재까지 연결되므로 현재완료 시제로
- –접속사 and가 '그러나, 그런데도'의 대조의 의미로도 쓰임

---

9 그녀는 2010년부터 헌신적인 팀장으로 그 회사에서 일했어요.

🔄 그녀는 일했어요 + 헌신적인 팀장으로서 + 그 회사에서 + 2010년부터

- as a dedicated team leader
- since 2010

---

10 우리는 어린 시절부터 서로 알고 지냈고, 우리의 유대감은 더 강해지기만 했어요.

🔄 우리는 알고 지냈어요 + 서로를 + 어린 시절부터, + 그리고 + 우리의 유대감은 ～해지기만 했어요 + 더 강한

- since childhood
- bond
- –[grow + 형용사]는 '～한 상태가 되다'
- –'단지, 오로지'의 뜻인 only 로 유대감이 '강해지기만 했다'를 강조

---

11 나는 6개월 동안 채식주의자로 지내 왔는데, 더 건강하고 활기찬 기분입니다.

🔄 나는 ～였어요 + 채식주의자 + 6개월 동안, + 그리고 + 나는 느낍니다 + 더 건강하고 더 활기찬 상태로

- vegetarian
- more energetic

---

12 그녀는 버스를 한 시간 넘게 기다렸지만 아직도 오지 않았어요.

🔄 그녀는 기다렸어요 + 그 버스를 + 한 시간 넘게, + 하지만 + 그것은 도착하지 않았어요 + 아직도

- for over an hour
- yet

현재 시점에서 그녀가 한 시간 넘게 기다리고 있고 아직도 오지 않은 상태를 표현하므로 현재완료 시제로

뉘앙스를 생각하며 문장을 만들어 보세요. MP3 009

① 제니는 환경 과학 학위를 마쳤습니다. ② 그녀는 지역 사회에서 플라스틱 쓰레기를 줄이기 위한 여러 프로젝트에 참여해 일했지요. ③ 그녀의 노력은 많은 사람들이 더 지속 가능한 실천을 채택하도록 영감을 주었습니다. ④ 제니는 또한 환경 보호에 대해 학생들을 교육하려고 학교에서 강연을 해 왔습니다.

① *Jenny has completed*

Hint 완료하다, 끝마치다 complete　학위 degree　환경 과학 environmental science

②

Hint ~에 노력을 들이다, ~에 참여해 일하다 work on　플라스틱 쓰레기 plastic waste　지역 사회 community

③

Hint 영감을 주다 inspire　채택하다 adopt　지속 가능한 sustainable　실행, 실천 practice

④

Hint 강연을 하다 give a talk　교육하다 educate　환경 보호 environmental protection

1. 제니는 환경 과학 학위를 마쳤습니다.

제니는 마쳤습니다 + 그녀의 학위를 + 환경 과학에서

'(학위를) 마치다'라고 할 때 complete를 씁니다. 학위 과정을 끝마쳐서 지금은 완료된 상태이므로 현재완료 시제가 어울립니다. 어떤 분야의 학위를 표현할 때 [degree in + 학문, 분야]로 쓰세요.

2 그녀는 지역 사회에서 플라스틱 쓰레기를 줄이기 위한 여러 프로젝트에 참여해 일했지요.

그녀는 참여해 일했어요 + 여러 프로젝트에 + 줄이기 위한 + 플라스틱 쓰레기를 + 그녀의 지역 사회에서

프로젝트에 참여해 일한(work on) 것이 과거의 사건으로 끝나는 것이 아니라 지금까지도 이어져 온다는 의미로 현재완료 시제를 씁니다.

3 그녀의 노력은 많은 사람들이 더 지속 가능한 실천을 채택하도록 영감을 주었습니다..

그녀의 노력들은 영감을 주었습니다 + 많은 사람들에게 + 채택하도록 + 더 지속 가능한 실천들을

과거부터 현재까지 해 온 일을 설명하는 문장이므로 현재완료 시제로 씁니다. '~가 …하도록 격려하다, 영감을 주다'는 [inspire + 대상어 + to부정사]로 쓰면 됩니다.

4 제니는 또한 환경 보호에 대해 학생들을 교육하려고 학교에서 강연을 해 왔습니다.

제니는 또한 주었습니다 + 강연들을 + 학교들에서 + 교육하려고 + 학생들을 + 환경 보호에 대해

한 학교에서 한 번 강연한 것이 아니라, 여러 학교에서 지속적으로 해 왔다는 의미로 현재완료 시제를 쓰세요. 일회성으로 한 일이 아니므로 '강연을 하다 give talks', 여러 학교에서 강연을 했다는 의미로 '학교들에서 at schools'로 씁니다. 이렇게 우리말로는 굳이 복수형으로 쓰지 않는 명사를 영어에서는 의미상 복수형으로 써야 자연스러운 경우가 많습니다.

▶ 정답

① Jenny has completed her degree in environmental science. ② She has worked on several projects to reduce plastic waste in her community. ③ Her efforts have inspired many people to adopt more sustainable practices. ④ Jenny has also given talks at schools to educate students about environmental protection.

제 영어 실력이 많이 **향상되었어요.**
vs. 제 영어 실력이 매일 연습을 통해 꾸준히 **향상되고 있어요.**

한국어 해석만 보면 현재완료(have/has p.p.) 문장을 단순 과거로 생각하기 쉬운데, 영어는 시제를 좀 더 세밀하게 구분해서 씁니다. 과거로 끝난 것이 아니라 지금까지 연결되어 있거나 과거부터 현재까지 시간의 폭이 느껴지는 내용이라면 현재완료 시제를 쓰지요. 여기서 더 나아가 과거의 어떤 순간부터 해 온 일이 지금도 계속 진행 중일 때 또는 계속하던 일을 최근에 멈췄을 때 현재완료진행(have/has been Ving)을 쓴답니다.

STEP 1 전체 문장 완성하기

다음 문장을 힌트 단어를 보면서 완성해 보세요. **MP3 010**

현재완료

1 제 영어 실력이 향상되었어요

• **improve**
주어는 My English로 현재 완료 시제의 조동사는 3인칭 단수로

2 제 영어 실력이 향상되었어요 / 많이

• **a lot**

> **Answer** My English has improved a lot.

현재완료진행

1 제 영어 실력이 향상되고 있어요

• **improve**
향상되었고, 지금도 향상되는 중이므로 현재완료진행

2 제 영어 실력이 향상되고 있어요 / 꾸준히

• **steadily**

3 제 영어 실력이 향상되고 있어요 / 꾸준히 / 매일의 연습으로

• **with daily practice**

> **Answer** My English has been improving steadily with daily practice.

▶ 정답 p. 347

유제 1	우리 관계는 더 돈독해졌어요.
	우리의 관계는 ~해졌어요 + 더 돈독한

1   우리의 관계는 ~해졌어요

- **grow**
'~해지다/하게 되다'의 의미로, 느리고 점진적인 변화를 표현

2   우리의 관계는 ~해졌어요 / 더 돈독한

- **stronger**
[grow + 형용사]는 '~한 상태가 되다, ~해지다'

유제 2	우리 관계는 열린 의사소통으로 더 돈독해지고 있어요.
	우리의 관계는 ~해지고 있어요 + 더 돈독한 + 열린 의사소통으로

1   우리의 관계는 ~해지고 있어요

- **grow**
돈독했고, 지금도 돈독해지는 중이므로 현재완료진행

2   우리의 관계는 ~해지고 있어요 / 더 돈독한

- **stronger**

3   우리의 관계는 ~해지고 있어요 / 더 돈독한 / 열린 의사소통으로

- **with open communication**

유제 응용	우리는 일정에 따라 프로젝트의 다양한 단계를 완료하고 있습니다.
	우리는 완료하고 있습니다 + 다양한 단계들을 + 그 프로젝트의 + 그 일정에 따라

- **complete**
- **various phases**
'~에 따라'는 according to ~

1 나는 지금까지 LA를 세 번 방문했어요.

> 나는 방문했어요 + LA를 + 세 번 + 지금까지

- three times
- so far

지금까지 세 번 방문해 본 경험을 나타내므로 현재완료로

2 나는 지난 몇 년 동안 매년 여름마다 LA를 방문하고 있어요.

> 나는 방문해 오고 있어요 + LA를 + 매년 여름마다 + 지난 몇 년 동안

- for the past few years

일정한 기간 동안 반복적으로 해 오고 있는 일은 현재완료진행형으로

3 그는 지역 보호소에서 수년간 봉사해 왔어요.

> 그는 봉사해 왔어요 + 그 지역 보호소에서 + 수년간

- local shelter

과거부터 현재까지 해 왔으므로, 현재완료로

4 그 도시는 매년 새로운 개발로 인해 빠르게 변화하고 있어요.

> 그 도시는 변화하고 있어요 + 빠르게 + 새로운 개발들로 + 매년

- rapidly
- with new developments

매년 변했고 지금도 변하고 있으므로 현재완료진행으로

5 그들은 고품질 제품을 제공하는 것으로 강력한 명성을 쌓아 왔어요.

> 그들은 쌓아 왔어요 + 강력한 명성을 + 제공하는 것으로 + 고품질의 제품들을

- build a strong reputaion
- high-quality products

'평판, 명성'의 이유는 [reputation for (동)명사] 형태로

6 그들은 지난 몇 달 동안 새로운 제품 라인을 구축해 오고 있어요.

> 그들은 구축해 오고 있어요 + 새로운 제품 라인을 + 지난 몇 달 동안

- build a new product line

7 그는 작년부터 두 번째 소설을 쓰고 있어요.

⟳ 그는 쓰고 있어요 + 그의 두 번째 소설을 + 작년부터

• since last year

---

8 그녀는 과학 연구로 꾸준히 상을 받고 있어요.

⟳ 그녀는 받아 오고 있어요 + 상들을 + 꾸준히 + 그녀의 과학 연구로

• consistently
• scientific research
'~로 상을 받다'는
win awards for ~

---

9 그는 이번 주에 매일 체육관에서 운동해 오고 있어요.

⟳ 그는 운동하고 있어요 + 그 체육관에서 + 매일 + 이번 주에

• work out
일정한 기간 동안
반복적으로 해 오고 있는
일은 현재완료진행형으로

---

10 그녀는 지난 몇 달 동안 그 회사에서 새로운 프로젝트를 진행해 오고 있어요.

⟳ 그녀는 진행해 오고 있어요 + 새로운 프로젝트를 + 그 회사에서 + 지난 몇 달 동안

• work on

---

11 내가 온종일 당신을 사방으로 찾아다녔고요.

⟳ 나는 찾아다녔어요 + 사방으로 + 당신을 + 온종일

• look everywhere
• all day long
계속 찾고 있던 상대를
만나서 하는 말로, 직전까지
계속하던 일은 현재완료진행
으로

---

12 그는 이번 학기에 집중적으로 영어를 공부하고 있어요.

⟳ 그는 공부하고 있어요 + 영어를 + 집중적으로 + 이번 학기에

• intensively
• this semester

---

① 릴리는 항상 그림 그리기를 아주 좋아했어요. ② 지난 몇 개월간, 그녀는 아름다운 풍경화 시리즈를 그리고 있어요. ③ 친구들은 그녀의 재능을 칭찬하며 작품을 전시하라고 격려했지요. ④ 최근, 그녀는 첫 번째 미술 전시회를 준비해 오고 있어요.

①

Hint ~하기를 아주 좋아하다 love Ving   (물감으로) 그리다 paint

②

Hint 풍경화 landscape   ~의 시리즈, 일련의 ~ a series of ~

③

Hint 칭찬하다 admire   재능 talent   격려하다 encourage   전시하다 showcase

④

Hint 최근에 recently   ~을 준비하다 prepare for   미술 전시회 art exhibition

1 릴리는 항상 그림 그리기를 아주 좋아했어요.

릴리는 항상 아주 좋아했어요 + 그림 그리기를

'항상 좋아했다'는 것은 과거부터 지금까지 연결된 이야기이므로, 이 문장의 서술어를 현재완료 시제인 [have/ has + p.p.] 형태로 써야 합니다.

2 지난 몇 개월간, 그녀는 아름다운 풍경화 시리즈를 그리고 있어요.

지난 몇 개월간, + 그녀는 그리고 있어요 + 시리즈를 + 아름다운 풍경화들의

'지난 몇 개월간'은 전치사 over를 이용해 over the past few months로 쓰세요. over는 '어떤 기간 동안에 걸쳐서'라는 뜻으로 그 기간 동안 여러 번 일어난 일이나 변화를 강조할 때 씁니다. 시간 부사구는 보통 문장 뒤에 위치하는데, 문장 앞으로 보내 그 의미를 강조할 수 있어요. 현재완료진행 시제를 써서 she has been painting 으로 [주어 + 서술어] 구조를 만드세요.

3 친구들은 그녀의 재능을 칭찬하며 작품을 전시하라고 격려했지요.

그녀의 친구들은 칭찬했어요 + 그녀의 재능을 + 그리고 + 격려했어요 + 그녀를 + 전시하도록 + 그녀의 작품을

'친구들이 칭찬했다, 격려했다'는 과거부터 현재까지 이를 지속해 왔음을 나타내는 현재완료시제를 쓰세요. '~를 격려하여 ...하게 하다'는 [encourage + 대상어(목적어) + to부정사] 구조를 써서 문장을 완성하세요.

4 최근, 그녀는 첫 번째 미술 전시회를 준비해 오고 있어요.

최근, + 그녀는 준비해 오고 있어요 + 그녀의 첫 번째 미술 전시회를

'준비해 왔고 지금도 준비하는 중이다'의 의미로 She has been preparing ~ 현재완료진행형으로 쓰세요. '~을 준비하다'는 prepare for이므로 전치사 for 뒤에 '그녀의 첫 번째 미술 전시회'인 her first art exhibition을 연결해 문장을 완성하세요.

▶ 정답

① Lily has always loved painting. ② Over the past few months, she has been painting a series of beautiful landscapes. ③ Her friends have admired her talent and encouraged her to showcase her work. ④ Recently, she has been preparing for her first art exhibition.

우리가 공항에 도착했을 즈음에, 그들은 이미 우리 비행기 출발을 알렸어요.

과거보다 더 앞선 과거! 과거의 일을 언급하다가 그보다 먼저 일어난 일을 말할 때, [had + p.p.] 과거완료 시제를 씁니다. 기준이 되는 어떤 과거의 일보다 더 먼저 일어난 일이라는 사실을 명확하게 해 주는 것이죠. 위의 문장에서 우리가 공항에 도착한 것이 기준이 되는 '단순 과거'이고, 비행기 출발 안내 방송은 공항 도착 전에 이미 일어난 일이므로 '과거보다 더 과거'인 '과거완료'로 표현해야 합니다. 이 문장의 주어 '그들은' 공항이나 공항 직원 등 안내 방송이 나오게 하는 주체로, 특정한 어떤 사람들인 그들(they)을 지칭하는 것이 아닙니다.

우리가 도착했을 즈음에 + 그 공항에, 그 출발을 + 우리 비행기의 | 그들은 이미 알렸어요 | +

STEP 1 전체 문장 완성하기

다음 문장을 힌트 단어를 보면서 완성해 보세요. MP3 013

1 우리가 도착했을 즈음에 / 그 공항에

• arrive at the airport
'∼할 즈음에, ∼할 때쯤에'는 [by the time 주어 + 동사]

2 우리가 도착했을 즈음에 / 그 공항에, / 그들은 이미 알렸어요

• already announce
비행기 출발 안내 방송이 공항 도착보다 더 먼저 일어난 일이므로 [had + p.p.] 과거완료로

3 우리가 도착했을 즈음에 / 그 공항에, / 그들은 이미 알렸어요 / 그 출발을

• departure

4 우리가 도착했을 즈음에 / 그 공항에, / 그들은 이미 알렸어요 / 그 출발을 / 우리 비행기의

• flight

| Answer | By the time we arrived at the airport, they had already announced the departure of our flight. |

▶ 정답 p. 348

유제 1	그녀는 스물다섯 살이 되었을 즈음에, 이미 프랑스 요리를 완전히 익힌 상태였어요.
	그녀는 이미 완전히 익혔어요 + 프랑스 요리를 + 그녀가 되었을 쯤에는 + 스물 다섯 살이

1 그녀는 이미 완전히 익혔어요

• master
25살이 되기 전에 이미
요리를 마스터한 것이므로
[had + p.p.] 과거완료

2 그녀는 이미 완전히 익혔어요 / 프랑스 요리를

• French cooking

3 그녀는 이미 완전히 익혔어요 / 프랑스 요리를 / 그녀가 되었을 쯤에는 / 스물 다섯 살이

• turn twenty-five
'(어떤 나이, 시기가) 되다'는
turn으로 표현

유제 2	그가 탈진으로 쓰러졌을 때 그는 막 마라톤을 완주한 상태였어요.
	그는 막 완주했어요 + 그 마라톤을 + 그가 쓰러졌을 때 + 탈진으로

1 그는 막 완주했어요

• just finish
마라톤을 완주한 일이
쓰러지기 전에 일어난
더 오래된 과거이므로,
[had + p.p.] 과거완료

2 그는 막 완주했어요 / 그 마라톤을

• marathon

3 그는 막 완주했어요 / 그 마라톤을 / 그가 쓰러졌을 때

• collapse
'~할 때'는 [when 주어 +
동사]

4 그는 막 완주했어요 / 그 마라톤을 / 그가 쓰러졌을 때 / 탈진으로

• exhaustion
'~으로 쓰러지다'는
collapse from ~

유제 응용	출판사가 그녀에게 계약을 제안하는 전화를 했을 때 그녀는 소설을 막 끝낸 상태였어요.	• publisher • offer her a contract
	그녀는 막 끝냈어요 + 쓰는 것을 + 그녀의 소설을 + 그 출판사가 전화했을 때 + 제안하려고 + 그녀에게 + 계약을	

1 대화 중에, 나는 우리가 전에 만난 적이 있다는 것을 깨달았어요.

    ◑ 우리의 대화 중에, + 나는 깨달았어요 + 우리가 만났었다는 것을 + 전에

- during
- before

'깨달았다'는 단순 과거, 이보다 더 앞선 과거인 '만났었다'는 과거완료로

---

2 나는 누가 문을 열어 놓았는지 궁금했어요.

    ◑ 나는 궁금했어요 + 누가 해 놨는지 + 그 문을 + 열린 상태로

- wonder
- left the door open

누군가 문을 열어 놓은 것이 더 먼저 일어난 일이므로 [had + p.p] 과거완료로

---

3 그녀는 그가 자신의 생일을 잊었다는 것을 믿을 수가 없었어요.

    ◑ 그녀는 믿을 수가 없었어요 + 그가 잊었다는 것을 + 그녀의 생일을

- couldn't believe

생일을 잊은 것이 더 먼저 일어난 일이므로 [had + p.p.] 과거완료로

---

4 그들이 결혼했을 때, 그들은 10년 동안 서로를 알고 지냈었어요.

    ◑ 그들이 결혼했을 때, + 그들은 알고 있었어요 + 서로를 + 10년 동안

- get married
- each other

결혼한 것은 과거 일, 10년 동안 알고 지내 온 것이 이보다 더 오래된 과거

---

5 그는 이메일에 답장하는 것을 잊어버려서 사과했어요.

    ◑ 그는 사과했어요 + 그가 잊어버렸기 때문에 + 답장하는 것을 + 그 이메일에

- apologize
- forget to reply

'사과했다'는 단순 과거, '답장하는 걸 잊어버린 것'은 이보다 앞선 과거이므로 [had + p.p.] 과거완료로

---

6 나는 이미 그 밴드의 라이브 공연을 들었기 때문에 그들과 콘서트에 가고 싶지 않았어요.

    ◑ 나는 원하지 않았어요 + 가는 것을 + 그 콘서트에 + 그들과 +

       내가 이미 들었기 때문에 + 그 밴드가 + 라이브로 연주하는 것을

- go to the concert
- play live

'이미 들었다'가 더 오래된 과거이므로 [had + p.p.] 과거완료로

---

7 나는 2010년 전에 루브르 박물관을 이미 두 번 방문했었고, 매번 처음처럼 느껴졌어요.

    🔁 나는 이미 방문했었어요 + 루브르 박물관을 + 두 번 + 2010년 전에, + 그리고 + 매번 + 느꼈어요 + 처음처럼

- the Louvre
- each time

특정한 과거 시점인 2010년 전에 루브르를 '방문했던' 것이므로 [had + p.p.]로

---

8 그녀가 정성스러운 저녁 식사를 준비했지만, 그는 너무 늦게 도착해서 따뜻한 음식을 즐기지 못했어요.

    🔁 그녀는 준비했었어요 + 정성스러운 저녁 식사를, + 그러나 + 그는 도착했어요 + 집에 + 너무 늦게 + 그것(음식)을 즐기기에는 + 따뜻하게

- an exquisite dinner
- enjoy it warm

[too + 부사 + to부정사]는 '~하기에는 너무 …하게'의 의미

---

9 마침내 전화가 연결되기 전에 그녀는 여동생에게 여러 번 전화를 시도했어요.

    🔁 그녀는 시도했어요 + 전화하는 것을 + 그녀의 여동생에게 + 여러 번 + 전화가 마침내 연결되기 전에

- multiple times
- the line connected

'~하기를 시도하다'는 [try + Ving]

---

10 그들은 새 시즌이 시작되기 전에 전체 시리즈를 몰아봤어요.

    🔁 그들은 몰아서 봤어요 + 그 전체 시리즈를 + 그 새 시즌이 시작되기 전에

- the entire series
- premiere

'여러 개의 TV 프로그램을 몰아서 보다'는 binge-watch

---

11 그들은 경기가 침체되기 직전에 새 차를 사려고 헌 차를 팔았어요.

    🔁 그들은 팔았어요 + 그들의 헌 차를 + 새 차를 사기 위해 + 경기가 겪기 직전에 + 침체를

- buy a new one
- right before
- take a downturn

앞에 언급한 사람, 사물을 가리킬 때 명사의 반복을 피하기 위해 대명사 one 사용

---

12 우리는 꿈에 그리던 집을 살 여유가 생기기 전에 몇 년 동안 꼼꼼하게 저축했어요.

    🔁 우리는 저축했어요 + 꼼꼼하게 + 몇 년 동안 + 우리가 여유가 생기기 전에 + 구매할 + 우리가 꿈에 그리던 집을

- meticulously
- for years
- dream house

'~할 여유가 있다'는 can afford to ~

① 사라가 역에 도착했을 즈음에, 기차는 이미 떠나고 없었어요. ② 그녀는 몇 달 동안 이 여행을 기다렸고 자신이 여행을 놓쳤다는 것을 믿을 수가 없었지요. ③ 그날 아침 일찍, 그녀는 일정을 다시 확인했었고 가방을 꼼꼼하게 챙겼거든요. ④ 몇 분만 더 일찍 집을 나갔더라면, 그녀는 제시간에 도착했을 것입니다.

①

Hint ~할 즈음에, ~할 때쯤에 by the time

②

Hint 놓치다 miss

③

Hint 다시 확인하다 double-check　(여행을 위해) 꾸리다, 챙기다 pack　꼼꼼하게 meticulously

④ *If only she*

Hint 몇 분 더 일찍 a few minutes earlier

~만 한다면 if only ~ (다른 상황이기를 바라는 절실한 소망을 표현할 때)

~했을 것이다 (과거에 일어나지 않았던 일을 표현) would have p.p.

제시간에 도착하다 make it on time

1 사라가 역에 도착했을 즈음에, 기차는 이미 떠나고 없었어요.

사라가 도착했을 즈음에 + 그 역에, + 그 기차는 이미 떠났었어요

이 문장의 두 가지 사건은 각각 단순 과거와 과거완료를 사용해서 그 둘의 시간 관계를 명확하게 보여 주면 됩니다. 기차가 떠난 것은 Sarah가 역에 도착하기 전에 일어난 일이므로 [had + p.p.] 과거완료 시제를 이용하세요.

2 그녀는 몇 달 동안 이 여행을 기다렸고 자신이 여행을 놓쳤다는 것을 믿을 수가 없었지요.

그녀는 기다렸어요 + 이 여행을 + 몇 달 동안 + 그래서 + 믿을 수 없었어요 +
그녀가 놓쳤다는 것을 + 그것(여행)을

기차를 놓치고 나서 '믿을 수 없었다'는 실망의 감정은 단순 과거로, 그보다 먼저 일어난 일인 '여행을 기다렸고 놓친 것'은 과거완료 시제로 표현하세요. 과거의 한 시점보다 더 과거에 일어난 일은 [had + p.p.]를 써서 두 사건의 시간 관계를 명확히 해 줍니다.

3 그날 아침 일찍, 그녀는 일정을 다시 확인했었고 가방을 꼼꼼하게 챙겼거든요.

일찍 + 그날 아침, + 그녀는 다시 확인했었어요 + 그 일정을 + 그리고 + 챙겼어요 +
그녀의 가방들을 + 꼼꼼하게

역에 도착하기 전 아침에 있었던 일을 언급하는 것이므로 '다시 확인했다, 가방을 챙겼다'는 [had + p.p.] 과거완료 시제로 영어 문장을 완성하면 됩니다.

4 몇 분만 더 일찍 집을 나갔더라면, 그녀는 제시간에 도착했을 것입니다.

그녀가 떠나기만 했었다면 + 그 집을 + 몇 분 더 일찍, + 그녀는 도착했을 것입니다 + 제시간에

집에서 늦게 나와서 여행을 놓쳤으므로 '다른 상황이기를 바라는 절실한 소망'을 표현하기 위해 [if only + 과거완료 시제]를 씁니다. '(과거에) ~만 했었더라면, ~했을 텐데'의 의미로 [if only 주어 + had + p.p., 주어 + would have p.p.]의 구조로 문장을 완성해 보세요.

▶ 정답

① By the time Sarah arrived at the station, the train had already left. ② She had waited for this trip for months and couldn't believe she had missed it. ③ Earlier that morning, she had double-checked the schedule and packed her bags meticulously. ④ If only she had left the house a few minutes earlier, she would have made it on time.

그녀는 작년에 승진하기 전에 회사에서 10년 동안 일해 오고 있었어요.

과거의 어느 한 시점, 또는 바로 그 직전까지 계속되고 있었던 동작이나 상황을 표현할 때 과거완료 진행(had been Ving) 시제를 씁니다. 과거보다 더 오래된 과거인 과거완료(had + p.p.)와 시간적으로 같으며, 해당 동작이나 상황의 지속성을 강조하고 싶을 때 [had been Ving] 형태로 써 주면 됩니다. 위의 문장에서 승진하기까지 계속 일해 오고 있었으므로, 문장의 서술어를 과거완료진행으로 쓰면 과거의 한 시점(승진)까지 계속 진행되었음을 알 수 있어요.

그녀는 일해 오고 있었어요	+ 그 회사에서 + 10년 동안
	+ 그녀가 승진하기 전에 + 작년에

STEP 1 전체 문장 완성하기

다음 문장을 힌트 단어를 보면서 완성해 보세요. MP3 **016**

1 그녀는 일해 오고 있었어요

• **work**
그 다음 사건이 일어날 때까지 계속 지속된 일이므로 had been Ving의 과거완료진행으로

2 그녀는 일해 오고 있었어요 / 그 회사에서

• **at the company**

3 그녀는 일해 오고 있었어요 / 그 회사에서 / 10년 동안

• **for ten years**
'얼마간의 기간 동안'은 for

4 그녀는 일해 오고 있었어요 / 그 회사에서 / 10년 동안 / 그녀가 승진하기 전에 / 작년에

• **before**
• **get promoted**
'승진했다'는 과거의 한 시점이므로 단순 과거 시제로

Answer She had been working at the company for ten years before she got promoted last year.

▶ 정답 p. 348

 유제 1 그들은 결혼하기로 결정하기 전에 5년 동안 계속 사귀고 있었어요.

그들은 사귀고 있었어요 + 5년 동안 + 그들이 결정하기 전에 + 결혼하기를

1 그들은 사귀고 있었어요

• date
과거의 한 시점까지 계속 진행되던 일은 [had been Ving] 과거완료진행으로

---

2 그들은 사귀고 있었어요 / 5년 동안

• for five years

---

3 그들은 사귀고 있었어요 / 5년 동안 / 그들이 결정하기 전에 / 결혼하기를

• get married
–[before 주어 + 동사] 어순, 과거 시제로
–'~하기를 결정하다'는 [decide to + 동사원형]

유제 2 마침내 당신이 응답하기 전까지 나는 오전 내내 당신에게 연락하려고 하고 있었어요.

나는 노력하고 있었어요 + 연락하려고 + 당신에게 + 오전 내내 + 당신이 마침내 응답하기 전에

1 나는 노력하고 있었어요

• try

---

2 나는 노력하고 있었어요 / 연락하려고 / 당신에게

• reach you
'~하려고 노력하다'는 [try to + 동사원형]

---

3 나는 노력하고 있었어요 / 연락하려고 / 당신에게 / 오전 내내

• all morning

---

4 나는 노력하고 있었어요 / 연락하려고 / 당신에게 / 오전 내내 / 당신이 마침내 응답하기 전에

• finally answer

유제 응용 마침내 나타날 때까지 우리는 며칠 동안 배송이 오기를 기대하고 있었어요.

우리는 기대하고 있었어요 + 배송을 + 며칠 동안 + 그것(배송품)이 마침내 나타났을 때

• expect a delivery
• for days
• show up
나타났을 때까지 계속 기대하고 있었으므로 [had been Ving]로

1 손님들이 도착했을 때 그녀는 오후 내내 요리를 하고 있었어요.

🔄 그녀는 요리를 하고 있었어요 + 오후 내내 + 그 손님들이 도착했을 때

- all afternoon
- when

손님들이 도착한 것은 단순 과거로, 그때까지 계속하던 일은 과거완료진행 시제로

---

2 방문객들이 도착하기 전에 나는 오전 내내 집을 청소하고 있었어요.

🔄 나는 청소하고 있었어요 + 그 집을 + 오전 내내 + 그 방문객들이 도착하기 전에

- all morning
- visitors

---

3 그는 연주회를 앞두고 몇 달 동안 피아노를 계속 연습하고 있었어요.

🔄 그는 연습하고 있었어요 + 그 피아노를 + 몇 달 동안 + 그 연주회를 앞두고

- before the recital

더 오랜 과거부터 과거의 한 시점까지 지속된 기간을 나타낼 때 과거완료진행

---

4 아이들은 엄마가 빼앗았을 때까지 장난감을 두고 계속 싸우고 있었어요.

🔄 그 아이들은 싸우고 있었어요 + 그 장난감을 두고 + 그들의 엄마가 그것을 빼앗았을 때까지

- until
- take away
- '~에 관하여, ~ 때문에 싸우다'는 fight over
- take away(뺏다, 치우다)는 대상어가 대명사일 때 분리되는 구동사 ex) take it away

---

5 나는 시험 날이 오기 전에 몇 주 동안 공부하고 있었어요.

🔄 나는 공부하고 있었어요 + 몇 주 동안 + 그 시험 날이 오기 전에

- for weeks
- the exam day

---

6 그녀는 병원에 가기 전에 며칠 동안 몸이 계속 아팠어요.

🔄 그녀는 느끼고 있었어요 + 몸이 아픈 (상태로) + 며칠 동안 + 그녀가 가기 전에 + 그 병원에

- feel ill
- before

병원에 가기까지 지속된 일은 과거완료진행 시제로

---

7 시작하기 전에 우리는 몇 주 동안 그 프로젝트에 대해 논의하고 있었어요.

⟳ 우리는 논의하고 있었어요 + 그 프로젝트에 대해 + 몇 주 동안 +
우리가 시작하기 전에 + 그것을

• discuss the project

discuss는 전치사 없이 바로 대상어(목적어)를 취함

---

8 안경을 찾아낼 때까지 내가 하루 종일 안경을 계속 찾고 있었다니까요.

⟳ 나는 찾고 있었어요 + 내 안경을 + 하루 종일 + 내가 찾아냈을 때 + 그것들(안경)을

• all day

look for: 없어진 것을 찾다 (과정)
find: 찾고 있던 걸 찾아내다 (결과)

---

9 비가 오기 시작했을 때 우리는 평화로운 산책을 즐기고 있었어요.

⟳ 우리는 즐기고 있었어요 + 그 평화로운 산책을 + 시작했을 때 + 비가 오기를

• the peaceful walk

날씨를 나타내는 문장은 비인칭주어 it로 시작

---

10 내가 파리로 이사하기 전에 그들은 몇 년 동안 프랑스어를 배우고 있었어요.

⟳ 그들은 배우고 있었어요 + 프랑스어를 + 몇 년 동안 + 내가 이사하기 전에 +
파리로

• French

'~로 이사하다'는
move to ~

---

11 철학에 대해 계속 논의하고 있었더니, 우리 마음이 심오한 질문들로 가득 찼어요.

⟳ 우리는 논의하고 있었어요 + 철학에 대해, + 그리고 +
우리의 마음들이 가득 찼어요 + 심오한 질문들로

• discuss philosophy
• be filled with

문장을 연결할 때, '~하더니/ 그러고는'은 and로

---

12 요가를 계속 연습하고 있었더니, 그녀는 믿을 수 없을 정도로 몸이 편안하게 느껴졌어요.

⟳ 그녀는 연습하고 있었어요 + 요가를, + 그리고 + 그녀의 몸이 느껴졌어요 +
믿을 수 없게 편안한 (상태로)

• practice yoga
• incredibly relaxed

몸이 편안함을 느꼈던
그 과거 시점까지 계속하던 동작은 과거완료진행으로

---

① 그녀는 중요한 날을 앞두고 몇 주 동안 계속 연설을 연습하고 있었어요. ② 마침내 무대에 섰을 때, 긴장이 사라졌어요. ③ 친구들은 관중석에서 그녀를 응원하고 있었지요. ④ 연설이 끝날 무렵, 그녀는 자신의 모든 노력이 결실을 맺었음을 깨달았어요.

①

Hint 연설 speech   ～을 앞두고 before   중요한 날, 큰 행사가 있는 날 big day

②

Hint 긴장, 불안 nerves   사라지다 disappear

③

Hint ～을 응원하다 cheer for   청중, 관중 audience

④

Hint ～의 끝 무렵에 by the end of ～   그녀의 모든 노력 all her hard work   결실을 맺다 pay off

1 그녀는 중요한 날을 앞두고 몇 주 동안 계속 연설을 연습하고 있었어요.

그녀는 연습하고 있었어요 + 그녀의 연설을 + 몇 주 동안 + 그 중요한 날을 앞두고

중요한 날(the big day) 전까지 계속되던 일이 연설 연습이므로 문장의 서술어는 had been Ving 과거완료진행 시제를 쓰면 됩니다. 이처럼 더 오래된 과거부터 과거의 어느 한 시점까지 지속되던 행동을 나타낼 때 과거완료 진행형을 씁니다. '중요한 날을 앞두고'는 '중요한 날 전에'라는 뜻이므로 전치사 before을 활용하세요.

2 마침내 무대에 섰을 때, 긴장이 사라졌어요.

그녀가 마침내 섰을 때 + 무대 위에, + 그녀의 긴장은 사라졌어요

'~할 때'는 접속사 when 뒤에 [주어 + 동사]로 연결하세요. when으로 시작하는 부사절과 '그녀의 긴장은 사라 졌다'의 주절은 두 사건 사이에 시간차가 없고, 과거의 한 시점까지 계속되는 행동이 아니므로 두 문장 다 단순과 거 시제를 쓰면 됩니다.

3 친구들은 관중석에서 그녀를 응원하고 있었지요.

그녀의 친구들은 응원하고 있었어요 + 그녀를 + 그 관중석에서

이 글을 쓴 사람은 친구들의 응원이 그녀가 연설을 시작할 때까지 계속되고 있었음을 강조하고 싶어 합니다. 따라서 had been Ving 과거완료진행 시제를 쓰는 것이 자연스럽습니다. 응원을 관중석에서 보낸 것이므로 from the audience를 문장 끝에 붙이세요.

4 연설이 끝날 무렵, 그녀는 자신의 모든 노력이 결실을 맺었음을 깨달았어요.

그녀의 연설 끝 무렵에 + 그녀는 깨달았어요 + 그녀의 모든 노력이 결실을 맺었다는 것을

단순 과거와 과거완료 시제를 이용해, 두 사건의 시간 관계를 명확하게 표현해 보세요.
– 그녀의 모든 노력이 결실을 맺었다: 과거보다 더 앞선 과거 → 과거완료
– 연설이 끝날 무렵에, 깨달았다: → 단순과거

* She realized all her hard work paid off. 이 문장도 문법적으로는 가능하지만, 이 경우 깨달음과 노력의 결실이 같은 시간대에 일어난 것으로 이해됩니다. 따라서 두 개의 과거 일 사이에 시간 차이가 느껴지지 않습니다.

▶ 정답

① She had been practicing her speech for weeks before the big day. ② When she finally stood on stage, her nerves disappeared. ③ Her friends had been cheering for her from the audience. ④ By the end of her speech, she realized all her hard work had paid off.

그녀는 다음 주 화요일에 운전 면허 시험을 보는데, 시험은 오전 9시에 시작해요.

영어에서는 현재진행과 단순 현재가 미래를 나타내는 경우가 많습니다. 주로 시간이나 장소가 이미 결정된 개인적인 약속, 계획, 일정 등을 표현할 때 현재진행형을 써서 가까운 미래를 나타냅니다. 위 문장에서 다음 주 화요일에 운전 면허 시험을 본다는 걸 현재진행형으로 써서 가까운 미래라는 뉘앙스를 더해 줄 수 있어요. 단순 현재형도 미래를 나타낼 수 있는데요, 대중 교통의 탑승·출발·도착 시각, 학교 수업 시간표처럼 일정과 시간표에 따라 움직이는 건 단순 현재로 확실한 미래를 표현합니다. 위의 문장에서 시험이 다음 주 오전 9시에 시작한다는 것은 확실하게 정해진 일정이므로 단순 현재형으로 미래를 표현할 수 있어요.

그녀는 볼 겁니다 + 그녀의 운전 면허 시험을 + 다음 주 화요일에, + 그리고 + 그것(시험)은 시작해요 + 오전 9시에

STEP 1 전체 문장 완성하기

다음 문장을 힌트 단어를 보면서 완성해 보세요. MP3 **019**

1 그녀는 볼 겁니다 / 그녀의 운전 면허 시험을

• **take her driving test**
시간이 이미 결정된 가까운 미래이므로 현재진행형으로 확실한 미래를 표현

2 그녀는 볼 겁니다 / 그녀의 운전 면허 시험을 / 다음 주 화요일에

• **next Tuesday**

3 그녀는 볼 겁니다 / 그녀의 운전 면허 시험을 / 다음 주 화요일에, / 그리고 / 그것은 시작해요

• **it starts**
일정에 따라 예정된 일은 단순 현재로 미래를 표현

4 그녀는 볼 겁니다 / 그녀의 운전 면허 시험을 / 다음 주 화요일에, / 그리고 / 그것은 시작해요 / 오전 9시에

• **at 9 a.m.**

Answer She is taking her driving test next Tuesday, and it starts at 9 a.m.

▶ 정답 p. 349

유제 1	그는 오늘 치과 진료를 받을 건데, 진료 예약은 오후 3시에 있어요.

그는 볼 거예요 + 그 치과 의사를 + 오늘 + 그리고 + 그의 진료 예약은 있어요 + 오후 3시에

1 그는 볼 거예요 / 그 치과 의사를 / 오늘
- see the dentist
'진료를 받다'를 '의사를 만나다(see)'로 표현

2 그는 볼 거예요 / 그 치과 의사를 / 오늘, / 그리고 / 그의 진료 예약은 있어요
- his appointment is
병원 예약 스케줄은 일정에 따라 예정된 일이므로 단순 현재로 미래를 표현

3 그는 볼 거예요 / 그 치과 의사를 / 오늘, / 그리고 / 그의 진료 예약은 있어요 / 오후 3시에
- at 3 p.m.

유제 2	나는 다음 주말에 뉴욕으로 가는데, 비행기는 토요일 오전 10시에 출발해요.

나는 비행기로 갈 거예요 + 뉴욕으로 + 다음 주말에, + 그리고 + 내 비행기는 출발해요 + 오전 10시에 + 토요일에

1 나는 비행기로 갈 거예요 / 뉴욕으로 / 다음 주말에
- fly to New York
실현 가능성이 높은 가까운 미래이므로 현재진행형으로

2 나는 비행기로 갈 거예요 / 뉴욕으로 / 다음 주말에, / 그리고 / 내 비행기는 출발해요
- my flight departs
비행 스케줄은 단순 현재로

3 나는 비행기로 갈 거예요 / 뉴욕으로 / 다음 주말에, / 그리고 / 내 비행기는 출발해요 / 오전 10시에 / 토요일에
- on Saturday

유제 응용	그는 다음 주에 조부모님을 찾아뵐 건데, 기차는 금요일 오전 6시에 출발해요.

그는 방문할 거예요 + 그의 조부모님을 + 다음 주에, + 그리고 + 그의 기차는 출발해요 + 오전 6시에 + 금요일에
- his train leaves

1 그녀는 다음 주에 새로운 일을 시작할 것이고, 오리엔테이션은 월요일에 시작합니다.

🔄 그녀는 시작할 겁니다 + 그녀의 새로운 일을 + 다음 주에, + 그리고 +
그녀의 오리엔테이션은 시작합니다 + 월요일에

- start her new job
- begin

실현 가능성이 높은 가까운
미래는 현재진행형으로,
and 이후 문장은
일정에 따라 예정된
일이므로 단순 현재로

---

2 우리는 최신 블록버스터를 보러 오늘 밤 영화 보러 갈 거예요.

🔄 우리는 영화 보러 갈 거예요 + 오늘 밤 + 보려고 + 그 최신 블록버스터를

- go to the movies
- the latest blockbuster

---

* go to the movies : '영화관에 가서 영화를 보다'의 의미로 이때 the movies는
여러 편의 영화가 상영되는 상황을 암시하므로 복수형으로 씁니다.

3 그는 정기 검진을 하러 오늘 늦게 의사한테 진찰을 받을 거예요.

🔄 그는 볼 거예요 + 그 의사를 + 오늘 늦게 + 정기 검진을 위해

- see the doctor
- for a routine check-up

'오늘 늦게, 오늘 나중에'는
later today

---

4 그녀는 다음 주에 기술 회사에서 일하는 걸 그만둘 거예요.

🔄 그녀는 그만둘 거예요 + 그녀의 일을 + 그 기술 회사에서 + 다음 주에

- at the tech company

---

5 그녀는 연구 결과를 발표하러 다음 주 월요일에 학회에 참석할 겁니다.

🔄 그녀는 참석할 겁니다 + 한 학회에 + 다음 주 월요일에 + 발표하기 위해 +
그녀의 연구 결과들을

- conference
- research findings

'발표하다'는 present

---

6 그가 다음 달에 결혼할 거라, 우리가 이번 주말에 그를 위한 깜짝 총각 파티를
계획하고 있어요.

🔄 그는 결혼할 겁니다 + 다음 달에, + 그래서 + 우리는 계획하고 있어요 +
깜짝 총각 파티를 + 그를 위해 + 이번 주말에

- get married
- bachelor party

▶ 정답 p. 349

7 그들은 임대 기간이 만료되면 다음 달에 새 집으로 이사할 겁니다.

    ↻ 그들은 이사할 겁니다 + 그들의 새 집으로 + 다음 달에 +
        그들의 임대 기간이 만료되면

• lease expires
이사할 거라는 가까운
미래이므로 현재진행형으로

---

8 기차가 오후 6시에 떠나니까, 우리는 오후 5시 30분까지 역에 도착해야 해요.

    ↻ 그 기차는 떠나요 + 오후 6시에, + 그래서 + 우리는 있어야 합니다 +
        그 역에 + 오후 5시 30분까지

• need to be
정해진 시간에 운행하는
교통 수단은 현재 시제로
표현

---

9 버스는 오후 5시 30분에 도착하는데, 보통은 시간을 아주 잘 지킵니다.

    ↻ 그 버스는 도착합니다 + 오후 5시 30분에, + 그리고 +
        그것은 보통 아주 시간을 잘 지킵니다

• punctual
빈도부사 usually는 be동사
뒤에 위치

---

10 비행기가 정오에 출발하기 때문에 전 아침 일찍 공항으로 떠나야 합니다.

    ↻ 내 비행기는 출발합니다 + 정오에, + 그래서 + 나는 떠나야 합니다 +
        그 공항으로 + 아침 일찍

• depart
• leave
'아침 일찍'은 early in the
morning

---

11 도서관은 오후 6시에 문을 닫으니 그때까지 책을 꼭 반납해 주세요.

    ↻ 그 도서관은 문을 닫아요 + 오후 6시에, + 그러니 + 꼭 반납해 주세요 +
        여러분의 책들을 + 그때까지

• make sure
• by then
두 문장의 연결은 접속사
so로

---

12 그 매장은 대규모 세일에 맞춰 내일 오전 10시에 문을 엽니다

    ↻ 그 매장은 문을 엽니다 + 오전 10시에 + 내일, + 딱 맞춰 + 그 큰 세일에

• just in time
• for the big sale
전체 시제는 단순 현재
시제로

> ① 다음 주 화요일에, 나는 오랫동안 기다려 온 휴가를 위해 비행기를 타고 파리로 갑니다.
> ② 비행기가 오전 8시에 출발하니까, 오전 6시까지는 공항에 도착해야 해요. ③ 도착하면, 전
> 도시를 답사하게 거기 사는 친구를 만날 거예요. ④ 저녁에, 우리는 역사적인 장소에서 열리는
> 콘서트에 참석할 겁니다.

①

_____

_____

Hint 오랫동안 기다리던 long-awaited   휴가 vacation

②

_____

_____

Hint 출발하다 depart   ~해야 한다/~할 필요가 있다 need to + 동사원형

③

_____

_____

Hint 답사/탐험하다 explore

④

_____

_____

Hint 역사적인 장소 historic venue

▶ 정답 p. 349

1 **다음 주 화요일에, 나는 오랫동안 기다려온 휴가를 위해 비행기를 타고 파리로 갑니다.**

다음 주 화요일에, + 나는 비행기를 타고 갑니다 + 파리로 + 오랫동안 기다려 온 휴가를 위해

무엇을 할지 시간과 장소까지 이미 결정된 일, 곧 일어날 확실한 미래의 일에는 현재진행형을 씁니다. 다음 주에 비행기를 타고 파리로 휴가를 가는 것은 표를 예매하는 등 이미 결정된 미래이므로 [be동사 현재형 + Ving]의 현재진행형을 써서 그 의미를 강조해 주세요.

2 **비행기는 오전 8시에 출발하니까, 오전 6시까지는 공항에 도착해야 해요.**

내 비행기는 출발해요 + 오전 8시에, + 그래서 + 나는 있어야 해요 + 그 공항에 + 오전 6시까지는

비행기, 기차, 버스 등 대중 교통 수단의 운행은 정해진 시간표 일정대로 이뤄지므로 출발, 도착 관련 스케줄을 기정 사실로 봅니다. 그래서 앞으로의 일정이지만 단순 현재로 표현하는데, 이때 현재시제는 미래를 의미하는 거죠. '몇 시까지 어떤 장소에 도착하다'는 [be + in/at + 장소 + by ~]로 표현합니다. 이때 by 대신 until을 쓰면 그 시간까지 계속 그곳에 있다'는 의미가 되므로 두 단어의 사용에 주의하세요.

by (~까지): 특정 시점 전에 완료   until (~까지): 특정 시점까지 지속

3 **도착하면, 전 도시를 답사하게 거기 사는 친구를 만날 거예요.**

내가 도착하면, + 나는 만날 거예요 + 내 친구를 + (사는 + 거기에) + 답사하기 위해 + 그 도시를

한국어에서는 문장의 주어를 생략하는 경우가 많지만 영어에서는 주어를 꼭 써 줘야 합니다. '내가 도착하면 그 때에'라는 의미이므로 if가 아닌 when으로 문장을 연결해야 해요. if I arrive라고 쓰면 (내가 도착할지 아닐지 확실치 않지만) '도착하면'이라는 조건의 의미가 됩니다. 시간의 부사절에서는 현재 시제가 미래의 의미를 갖는 것, 꼭 기억하세요. 여기서 '거기에 사는 내 친구'는 my friend 뒤에 [who + 동사]의 어순으로 형용사절을 붙이세요.

4 **저녁에, 우리는 역사적인 장소에서 열리는 콘서트에 참석할 겁니다.**

저녁에, + 우리는 참석할 겁니다 + 한 콘서트에 + 역사적인 장소에서 (열리는)

콘서트 참석은 이미 계획하고 결정한 일이므로 attend를 현재진행형으로 써서 확실한 뉘앙스를 더해 주세요.

▶ 정답

① Next Tuesday, I am flying to Paris for a long-awaited vacation. ② My flight departs at 8 a.m., so I need to be at the airport by 6 a.m. ③ When I arrive, I am meeting my friend who lives there to explore the city. ④ In the evening, we are attending a concert at a historic venue.

두 손이 가득 차 있으니 제가 문을 열어 드릴게요.

미래 일에 대해서 '~일 것이다, ~할 것이다'라고 표현할 때의 뉘앙스가 화자의 예측이나 예상일 때는 will이든 be going to든 상관없이 쓸 수 있어요. 하지만 문맥상 꼭 will을 써야 하는 경우가 있는데, 바로 화자 개인이 알거나 믿고 있는 일, 추론을 통해 예측하는 경우입니다. 즉, 현재는 알 수 있는 사실이 아닐 때, 명확한 증거가 없는 예측일 때 주로 will을 씁니다. 또, 주어가 I일 때 [I will + 동사원형]을 쓰면 '내가' 하겠다는 '나의 의지, 자발성'을 나타냅니다. 말하기 전에 미리 결정한 것이 아니라 말하는 순간 생각난 것 또는 결정된 것을 표현할 때 주로 will을 씁니다.

내가 열어 드릴게요 + 그 문을 + 당신을 위해
+ 당신의 두 손이 가득 차 있으니

STEP 1 전체 문장 완성하기

다음 문장을 힌트 단어를 보면서 완성해 보세요. **MP3 022**

1 내가 열어 드릴게요 / 그 문을

- **get the door**
  – 나의 의지는 [I will + 동사원형]
  – get the door는 '문을 열린 상태로 잡고 있다'

2 내가 열어 드릴게요 / 그 문을 / 당신을 위해

- **for you**

3 내가 열어 드릴게요 / 그 문을 / 당신을 위해 / 당신의 두 손이 가득 차 있으니

- **your hands are full**
  이미 알고 있는 이유에 대해 언급할 때는 접속사 since

Answer I'll get the door for you since your hands are full.

미래의 일을 표현할 때 쓰는 조동사나 구문들의 의미 차이가 항상 명확한 것은 아닙니다. 의도나 계획, 예정된 일정 등 현재 시점의 생각이 어느 정도 반영된 경우라 하더라도 그 의미가 크게 중요하지 않을 경우 will이나 be going to 어느 쪽을 써도 괜찮아요. 강조하고자 하는 측면에 따라 will을 쓸 수도 있고 be going to를 쓸 수도 있고요.

▶ 정답 p. 349

유제 1	집안일을 마치고 네 수학 숙제를 도와줄게. 내가 도와줄게 + 너를 + 네 수학 숙제에 대해 + 내가 끝낸 후에 + 내 집안일을

1 내가 도와줄게 / 너를

• help

2 내가 도와줄게 / 너를 / 네 수학 숙제에 대해

• with your math homework

3 내가 도와줄게 / 너를 / 네 수학 숙제에 대해 / 내가 끝낸 후에

• after

4 내가 도와줄게 / 너를 / 네 수학 숙제에 대해 / 내가 끝낸 후에 / 내 집안일을

• chores

유제 2	그는 항상 늦어서 아마 기차를 놓칠 거예요. 그는 항상 늦어요, + 그래서 + 그는 아마 놓칠 거예요 + 그 기차를

1 그는 항상 늦어요

• always late

2 그는 항상 늦어요, / 그래서 / 그는 아마 놓칠 거예요

• probably miss

3 그는 항상 늦어요, / 그래서 / 그는 아마 놓칠 거예요 / 그 기차를

• the train
그간의 그의 행적으로 추측 하는 내용이므로 will로 표현

유제 응용	그는 훌륭한 요리사라서 오늘 밤 저녁 식사로 맛있는 것을 만들 거예요. 그는 훌륭한 요리사예요, + 그래서 + 그는 만들 거예요 + 뭔가 맛있는 것을 + 저녁 식사로 + 오늘 밤에	• a great cook • something delicious

1 자세한 내용을 논의할 수 있게 집에 도착하면 전화드리겠습니다.

> 제가 전화하겠습니다 + 당신에게 + 내가 도착할 때 + 집에 + 그러면 +
> 우리는 논의할 수 있습니다 + 그 자세한 내용들을

- when I get home
- discuss the details

집에 도착할 때에 전화를 하겠다는 나의 '의지' 표현 이므로 will

---

2 내가 당신을 공항에서 픽업할게요. 그러면 우리가 호텔로 바로 갈 수 있어요.

> 내가 당신을 픽업할게요 + 그 공항에서, + 그러면 + 우리는 갈 수 있어요 +
> 곧장 + 그 호텔로

- pick you up
- go straight

'공항에서' 픽업해서, '호텔로' 가는 것이므로 from ~ to ...를 이용

---

3 설령 밤을 새워야 한다 해도 내일까지 프로젝트를 끝낼게요.

> 내가 끝낼게요 + 그 프로젝트를 + 내일까지, + 내가 깨어 있어야 한다 해도 +
> 밤새도록

- all night

−'(설사) ~일지라도'는 [even if 주어 + 동사]로 표현

−'밤을 새우다'는 '(늦게까지) 깨어 있다'는 stay up으로 표현

---

4 주차 걱정하지 않아도 되게 내가 회의까지 태워다 줄게요.

> 내가 줄게요 + 당신에게 + 태워다 주는 걸 + 그 회의까지 + 그래서 +
> 당신은 걱정하지 않아도 돼요 + 주차에 대해

- worry about

'~를 태워다 주다'는 give ~ a ride

---

5 모두의 안전을 보장하도록 상황을 신중하게 처리할게요.

> 내가 처리할게요 + 그 상황을 + 신중하게 + 보장하도록 + 모두의 안전을

- handle
- ensure everyone's safety

'~하도록/~하기 위해서'는 [to + 동사원형]으로 표현

---

6 가장 좋은 상품을 찾는 대로 우리가 여행할 수 있게 호텔을 예약할게요.

> 내가 예약할게요 + 그 호텔을 + 우리의 여행을 위해 + 내가 찾자마자 +
> 가장 좋은 상품을

- book
- the best deal

−'우리가 여행할 수 있게'는 '우리의 여행을 위해로' 간략하게 표현

−'~하자마자/~하는 대로'는 [as soon as 주어 + 동사] 로 표현

---

7 그는 매우 덤벙대서 아마 그것을 부술 거예요.

↻ 그는 매우 덤벙대요 + 그래서 + 그는 아마 부술 거예요 + 그것을

- clumsy
- probably

–[be동사 + 형용사]가
 문장의 서술어
–화자의 주관적인 생각으로
 예측할 때는 will을 활용

---

8 어제 무슨 일이 있었는지 절대 믿지 못할 거예요.

↻ 당신은 절대 믿지 않을 거예요 + 무슨 일이 일어났는지 + 어제

- never believe
- what happened

화자의 생각으로 어떤
상황을 예상할 때 will을 활용

---

9 아무리 찾아봐도 이것보다 더 좋은 거래는 절대 없을 겁니다.

↻ 당신은 절대 찾지 못할 겁니다 + 더 좋은 거래를 + 이것보다, +
당신이 찾아본다 해도 + 모든 곳을

- a better deal
- search everywhere

'(설사) ~일지라도'는 [even
if 주어 + 동사]로 표현

---

10 특히 내가 진심으로 사과했으니까, 그녀가 내가 실수한 것에 용서해 줄 겁니다.

↻ 그녀는 용서할 겁니다 + 나를 + 내 실수에 대해, + 특별히 +
내가 진심으로 사과했으니까

- for my mistake
- sincerely
 apologize

–'~에 대해 …를 용서하다'
 는 [forgive 사람 for 잘못]
 의 형태
–이미 알고 있는 이유를
 언급할 때는 접속사 since

---

11 그 아기는 틀림없이 딱 자기 부모처럼 푸른 눈일 거예요.

↻ 그 아기는 틀림없이 가질 거예요 + 푸른 눈들을, + 딱 그의 부모처럼

- certainly
- just like

---

12 도움을 받지 않으면 절대 그 퍼즐을 혼자서는 완성하지 못할 겁니다.

↻ 당신은 결코 끝내지 못할 겁니다 + 그 퍼즐을 + 당신 혼자서는 +
당신이 받지 않으면 + 약간의 도움을

- on your own
- get some help

'~하지 않는 한, ~이
아니라면'의 if not은 [unless
주어 + 동사]로도 표현

① 내년 여름에 처음으로 이탈리아로 여행 갈 거예요. ② 친구가 저와 함께할 거고, 우리는 함께 유명한 명소들을 탐방할 거예요. ③ 우리가 멋진 시간을 보내고 잊지 못할 추억을 만들 것이라고 확신해요. ④ 우리 여행을 훨씬 더 특별하게 만들기 위해, 가기 전에 기본적인 이탈리아어 문구 몇 개를 배울 거예요.

①

Hint 화자의 의지, 자발적인 행동을 표현할 때는 will
~로 여행하다 travel to ~   처음으로 for the first time

②

Hint 미리 계획을 세운 게 아니고, 말하는 순간 정한 일을 표현할 때도 will
~와 함께하다, 합류하다 join   탐방하다 explore   명소들 landmarks

③

Hint 나는 ~라고 확신한다 I'm sure (that) 주어 + 동사   멋진 시간을 보내다 have an amazing time
추억을 만들다 create memories   잊지 못할 unforgettable

④ *To make our trip*

Hint 훨씬 even (비교급 앞에 쓰여 비교급을 강조)
이탈리아어 Italian   구, 구절 phrase

▶ 정답 p. 350

1 내년 여름에 처음으로 이탈리아로 여행 갈 거예요.

내년 여름에, + 나는 여행 갈 거예요 + 이탈리아로 + 처음으로

이 문장에서 화자의 자발적인 행동이나 의지를 표현하는 뉘앙스로 will을 사용해 보세요. 화자의 의도에 따라, 미리 계획을 세워 놓은 미래에 대해 말하는 뉘앙스를 띠고 싶다면 be going to를 써도 됩니다

2 친구가 저와 함께할 거고, 우리는 함께 유명한 명소들을 탐방할 거예요.

내 친구가 함께할 거예요 + 나와, + 그리고 + 우리는 탐방할 거예요 + 유명한 명소들을 + 함께

말하는 순간 '~할 것이다'라고 화자의 의지를 표현할 때, 혹은 미래 일을 예측할 때 will을 사용합니다. 이미 결정되거나 계획을 세운 것은 아니라는 의도로 will을 써서 문장을 완성하세요. '~와 합류하다, 함께하다'의 의미인 join은 뒤에 전치사 없이 바로 대상어(목적어)가 오는 동사입니다.

3 우리가 멋진 시간을 보내고 잊지 못할 추억을 만들 것이라고 확신해요.

나는 확신해요 + 우리가 가질 것이라고 + 아주 멋진 시간을 + 그리고 만들 것이라고 + 잊지 못할 추억들을

I'm sure 뒤에 문장을 붙여서 '~라고/~라는 것을 확신하다'의 뜻을 표현할 수 있어요. 이 문장의 의미는 미리 계획한 일이 아니라, 미래 일에 대한 예측이므로 I'm sure 뒤에 오는 문장은 will을 이용해 완성하세요.

4 우리 여행을 훨씬 더 특별하게 만들기 위해, 출발하기 전에 기본적인 이탈리아어 문구 몇 개를 배울 거예요.

만들기 위해 + 우리의 여행을 + 훨씬 더 특별하게, + 나는 배울 거예요 + 몇 개의 기본적인 이탈리아어 문구들을 + 우리가 가기 전에

전체 뼈대 문장 앞의 수식어구 '~하기 위해서'는 [to + 동사원형]으로 만들면 됩니다. '우리가 가기 전에'는 [before 주어 + 동사]로 완성하세요. 이때 before는 시간 접속사로 이 부사절 안에서는 현재 시제가 미래를 대신합니다.

▶ 정답

① Next summer, I will travel to Italy for the first time. ② My friend will join me, and we will explore famous landmarks together. ③ I'm sure we will have an amazing time and create unforgettable memories. ④ To make our trip even more special, I will learn some basic Italian phrases before we go.

다음 주에 그 직장에 지원할 예정입니다.

이미 계획하거나 결심한 미래의 행동이나 의도를 표현할 때는 be going to를 사용합니다. 주어 다음에 오는 be동사는 현재형을 써서 지금을 기준으로 계획을 세워 놓은 미래 쪽으로 가고 있음을 표현합니다. be going to는 현재 상황을 토대로 예측할 수 있는 미래를 표현하기도 해요. (The traffic is bad; we're going to be late. 교통 체증(현재 상황)이 원인이 되어 우리가 지각할 것(미래)이라는 결과가 생김. 이때는 will이 아닌 be going to를 써야 함.) 이렇게 be going to는 계획하거나 결정된 일, 또는 어떤 일이 곧 일어날 것을 미리 알고 있을 때 쓰입니다.

나는 지원할 예정입니다	+ 그 직장에 + 다음 주에

STEP 1 전체 문장 완성하기

다음 문장을 힌트 단어를 보면서 완성해 보세요. **MP3 025**

1   나는 지원할 예정입니다

• **apply**
−be going to로 계획과
  의도 표현
−'~에 지원하다'는 apply
  for

---

2   나는 지원할 예정입니다 / 그 직장에

• **the job**

---

3   나는 지원할 예정입니다 / 그 직장에 / 다음 주에

• **next week**

> **Answer** I'm going to apply for the job next week.

▶ 정답 p. 350

유제 1	나는 다음 달에 요리 수업에 등록할 예정입니다. 나는 등록할 예정입니다 + 요리 수업에 + 다음 달에

1 나는 등록할 예정입니다

- **sign up**
  - be going to로 계획과 의도 표현
  - '(강좌에) 등록하다'는 sign up for ~

2 나는 등록할 예정입니다 / 요리 수업에

- **a cooking class**

3 나는 등록할 예정입니다 / 요리 수업에 / 다음 달에

- **next month**

유제 2	저녁에 개를 데리고 산책할 예정입니다. 나는 데리고 갈 예정입니다 + 그 개를 + 산책하러 + 저녁에

1 나는 데리고 갈 예정입니다 / 그 개를

- **take the dog**
  be going to로 계획과 의도 표현

2 나는 데리고 갈 예정입니다 / 그 개를 / 산책하러

- **for a walk**

3 나는 데리고 갈 예정입니다 / 그 개를 / 산책하러 / 저녁에

- **in the evening**

유제 응용	우리는 다음 달에 파리에서 우리 기념일을 축하할 거예요. 우리는 축하할 거예요 + 우리의 기념일을 + 파리에서 + 다음 달에

- **celebrate**
- **anniversary**

1 우리는 다음 달에 거실을 새로 꾸밀 거예요.

    ⟳ 우리는 새로 꾸밀 거예요 + 그 거실을 + 다음 달에

- redecorate
- living room

1~6번까지 문장은 화자가 전부터 계획한 것이라는 뉘앙스를 포함

---

2 우리는 올 여름 신제품을 출시할 예정입니다.

    ⟳ 우리는 출시할 예정입니다 + 신제품을 + 올 여름에

- launch

---

3 저는 이 회의가 끝난 후 바로 그 이메일에 답장할 거예요.

    ⟳ 저는 답장할 거예요 + 그 이메일에 + 이 회의 바로 후에

- answer that email

'~ 직후에, 바로 ~ 후에'는 right after ~

---

4 그가 도착하면 제가 그에게 그 소식을 전할 거예요.

    ⟳ 나는 말할 거예요 + 그에게 + 그 소식을 + 그가 도착할 때면

- when he arrives

–'그가 도착하면 그때에'라는 의미로 when으로 연결
–시간 부사절 안에서는 현재 시제가 미래를 대신

---

5 우리는 곧 공항으로 출발할 거예요.

    ⟳ 우리는 출발할 거예요 + 그 공항으로 + 곧

- soon

'~를 향하여 출발하다'는 leave for ~

---

6 제시카의 깜짝 생일 파티를 위해 내일 친구들을 만날 예정이에요.

    ⟳ 나는 만날 예정이에요 + 내 친구들을 + 제시카의 깜짝 생일 파티를 위해 + 내일

- surprise birthday party

---

7 그녀가 몇 분 후에 예약을 확인할 거예요.

🔄 그녀는 확인할 거예요 + 그 예약들을 + 몇 분 후에

• reservations
• in a few minutes
−'(이상이 없나) 확인하다'는 check on
−be going to의 주어가 3인칭일 때는 이미 예정된 일, 또는 화자가 그 사람의 계획을 알고 있음을 암시

8 그들이 올해에 자선 행사를 조직할 거예요.

🔄 그들이 조직할 거예요 + 자선 행사를 + 올해에

• organize a charity event

9 이 우유, 냄새가 고약한데요. 곧 상하겠어요.

🔄 이 우유는 냄새가 나요 + 고약한. 그것은 상할 거예요 + 곧

• smell bad
• go off
−'(음식이) 상하다'는 go off
−9∼12번까지의 문장은 모두 화자가 현재의 상황이나 증거로 미래 일을 예측하는 표현

10 이 영화는 크게 히트할 거예요. 모두가 그것에 대해 이야기하고 있잖아요.

🔄 이 영화는 될 거예요 + 큰 히트작이. 모두가 이야기하고 있어요 + 그것에 대해

• be a big hit

11 그녀가 곧 아기를 낳을 거예요. 출산 예정일이 다음 주입니다.

🔄 그녀는 낳을 거예요 + 아기를 + 곧. 그녀의 출산 예정일이 ∼입니다 + 다음 주

• have a baby
• her due date
어떤 일 또는 지불의 '만기일' 뿐 아니라, 여성의 '출산 예정일'도 due date

12 지금 경제 상황이 안 좋고, 형편이 더 나빠질 겁니다.

🔄 그 경제 상황이 나빠요 + 지금, + 그리고 + 형편이 ∼해질 겁니다 + 더 나빠진

• The economic situation
• get worse
things는 '형편, 상황'의 의미로 자주 쓰임

① 곧 비가 올 것 같아서 우리 소풍을 취소할 예정이에요. ② 대신, 우리는 집에서 영화를 보고 피자를 주문할 거예요. ③ 친구가 간식을 좀 가져올 거고, 우리는 실내에서 비 오는 날을 최대한 즐길 거예요.

①

_____

_____

Hint ~할 것 같다, ~인 것처럼 보이다 look like   취소하다 cancel

②

_____

_____

Hint 대신에 instead   영화 한 편 보다 watch a movie   주문하다 order

③

_____

_____

Hint ~을 최대한 이용하다 make the best of ~   실내에서 indoors

▶ 정답 p. 350

1 곧 비가 올 것 같아서 우리 소풍을 취소할 예정이에요.

~일 것 같아요 + 비가 내릴 거예요 + 곧, + 그래서 + 나는 취소할 예정이에요 + 우리의 소풍을

It looks like 뒤에 [주어 + 동사]의 문장을 쓰면 '보아하니 ~일 것 같다, ~할 것 같다'의 의미가 됩니다. 여기서는 '구름이 많이 낀 하늘을 보아하니, 비가 올 것 같다' 이런 뉘앙스가 되는 거죠. 그래서 소풍을 취소하기로 '마음먹었고 그렇게 할 것이다'의 의미로 be going to를 이용해 문장을 완성하세요.

2 대신, 우리는 집에서 영화를 보고 피자를 주문할 거예요.

대신, + 우리는 볼 거예요 + 영화 한 편을 + 집에서 + 그리고 + 주문할 거예요 + 피자를

Instead(대신)는 부사로 앞의 내용과 연결해 주는 역할도 합니다. 소풍을 취소하는 대신 집에서의 계획이 무엇인지 소개합니다. 곧 있을 미래 계획에 대한 언급은 [be going to + 동사원형]으로 문장을 완성하세요.

3 친구가 간식을 좀 가져올 거고, 우리는 실내에서 비 오는 날을 최대한 즐길 거예요.

내 친구가 가져올 거예요 + 약간의 간식들을, + 그리고 + 우리는 최대한 이용할 겁니다 + 비 오는 날을 + 실내에서

make the best of는 '~을 최대한 이용하다, 어려운 상황에서 최선을 다하다'라는 의미의 표현인데, 여기서는 한국말 해석을 좀 더 부드럽게 했어요. '비 오는 날을 최대한 즐기기'로 결정하고 계획한 상태에서 말하는 뉘앙스이므로 역시 be going to를 이용해 써 보세요. '실내에서'는 부사 indoors로 표현하는데, 명사 앞에서만 쓰는 형용사 indoor(실내의, 실내용의)와는 꼭 구분해 주세요.

▶ 정답

① It looks like it's going to rain soon, so I'm going to cancel our picnic. ② Instead, we're going to watch a movie at home and order pizza. ③ My friend is going to bring some snacks, and we're going to make the best of a rainy day indoors.

영화 한 편을 보려고 했는데, 결국에는 대신 산책하러 갔어요.

be going to에서 be동사 현재형을 쓴 am/is/are going to는 현재 시점에서 이미 계획하고 의도한 미래를 나타낼 때 쓰입니다. 이때 be동사만 과거형으로 바꾸면 '과거 시점에서의 미래'를 나타냅니다. 과거에 어떤 일을 하려고 했는데 실제로는 하지 않은 일이나, 계획대로 일어나지 않은 일 혹은 과거의 일을 언급하면서 당시에는 아직 일어나지 않았던 일을 말할 경우가 있죠. 이때 [was/were going to + 동사원형]으로 표현합니다. 위의 문장에서도 영화를 볼 생각이었으나 실제로는 하지 않았음을 was going to를 써서 표현할 수 있어요.

나는 보려고 했어요 + 영화 한 편을, + 그러나 + 나는 결국 했어요 + 산책하러 가는 것을 + 대신

STEP 1 전체 문장 완성하기

다음 문장을 힌트 단어를 보면서 완성해 보세요. **MP3 028**

1 나는 보려고 했어요 / 영화 한 편을

• **watch a movie**
과거에 계획, 의도했지만
실제로는 하지 못한 일은
was/were going to로 표현

---

2 나는 보려고 했어요 / 영화 한 편을, / 그러나 / 나는 결국 했어요

• **end up**
'결국 ~하게 되다'는 end up
Ving

---

3 나는 보려고 했어요 / 영화 한 편을, / 그러나 / 나는 결국 했어요 / 산책하러 가는 것을

• **go for a walk**
Ving의 동명사 형태로

---

4 나는 보려고 했어요 / 영화 한 편을, / 그러나 / 나는 결국 했어요 / 산책하러 가는 것을 / 대신

• **instead**

Answer I was going to watch a movie, but I ended up going for a walk instead.

▶ 정답 p. 350

유제 1	우리는 외식하려고 했는데, 대신 집에서 요리하기로 했어요. 우리는 외식하려고 했어요, + 하지만 + 우리는 결정했어요 + 요리하기로 + 집에서 + 대신

1 우리는 외식하려고 했어요

- eat out

과거에 계획했지만 실제로는 하지 못한 일은 was/were going to로 표현

2 우리는 외식하려고 했어요, / 하지만 / 우리는 결정했어요

- decide

과거형으로

3 우리는 외식하려고 했어요, / 하지만 / 우리는 결정했어요 / 요리하기로 / 집에서

- cook at home

'~하기로 결정/결심하다'는 [decide to + 동사원형]

4 우리는 외식하려고 했어요, / 하지만 / 우리는 결정했어요 / 요리하기로 / 집에서 / 대신

- instead

유제 2	그는 테니스를 치려고 했지만, 모든 코트가 사용 중이었어요. 그는 치려고 했어요 + 테니스를, + 하지만 + 그 모든 코트들이 사용 중이었어요

1 그는 치려고 했어요 / 테니스를

- play tennis

스포츠나 경기를 하는 것은 동사 play로

2 그는 치려고 했어요 / 테니스를 / 하지만

- but

3 그는 치려고 했어요 / 테니스를 / 하지만 / 그 모든 코트들이 사용 중이었어요

- occupied

occupied는 상태를 나타내는 형용사로 '사용(되는) 중인'의 뜻

유제 응용	우리는 그 새로운 곳에서 저녁을 먹으려고 했지만, 예약이 꽉 차 있었어요. 우리는 먹으려고 했어요 + 저녁을 + 그 새로운 곳에서, + 하지만 + 거기는 완전히 예약이 꽉 차 있었어요	• at that new place • fully booked

1 나는 당신이 나와 함께 있어 줄 줄 알았어요.

🌀 나는 생각했어요 + 당신이 있어 줄 거라고 + 그곳에 + 나와 함께

- think
- be there
  –was/were going to는 '과거 시점에서의 미래' 표현
  –I thought ~와 쓰이면 어떤 상황이 실제와 달랐거나 추측이 틀렸음을 암시

---

2 프로젝트에 대해 논의하려고 당신에게 전화하려고 했는데, 그러다 (시간이) 너무 늦었다는 것을 깨달았어요.

🌀 나는 전화하려고 했어요 + 당신에게 + 논의하기 위해 + 그 프로젝트에 대해, + 하지만 그러다 + 나는 깨달았어요 + 너무 늦었다는 것을

- discuss the project
- but then
- too late
  '과거에 계획했지만, 그대로 하지 못한 일'을 표현

---

3 그들은 자전거를 고치려고 했지만, 적절한 도구가 없었어요.

🌀 그들은 고치려고 했어요 + 그 자전거를, + 하지만 + 그들은 가지고 있지 않았어요 + 그 적절한 도구들을

- fix the bike
- the right tools
  자전거를 고치는 데 필요한 도구라서 the를 사용

---

4 그들은 이번 주말에 내 생일을 축하하러 우리를 방문할 예정이었는데, 예상치 못하게 그들의 계획이 바뀌었어요.

🌀 그들은 방문할 예정이었어요 + 우리를 + 이번 주말에 + 축하하기 위해 + 내 생일을, + 하지만 + 그들의 계획들이 바뀌었어요 + 예상치 못하게

- celebrate
- unexpectedly

---

5 우리는 산을 오르려고 했는데, 날씨가 갑자기 나빠졌어요.

🌀 우리는 오르려고 했어요 + 그 산을, + 그런데 + 그 날씨가 갑자기 나빠졌어요

- go up
- the weather
  '나빠지다'는 get worse

---

6 그녀는 아침 기차를 타고 도시로 가려고 했지만, 기차를 놓쳤어요.

🌀 그녀는 타려고 했어요 + 그 아침 기차를 + 그 도시에 가는, + 하지만 + 그녀는 놓쳤어요 + 그것(기차)을

- take
- miss
  반복되는 명사를 대신해 뒤의 문장에서는 대명사 it으로 표현

---

7 이메일을 보내려고 했는데, 가장 중요한 문서 첨부를 잊었다는 것을 깨달았어요.

🔁 나는 보내려고 했어요 + 그 이메일을, + 하지만 + 나는 깨달았어요 +
내가 잊었다는 것을 + 첨부하는 것을 + 가장 중요한 문서를

- attach
- document

'가장 중요한'은
the most important

---

8 그녀는 중요한 회의에 참석하려고 했지만, 마지막 순간에 급한 일이 생겼습니다.

🔁 그녀는 참석하려고 했어요 + 그 중요한 회의에, + 하지만 +
긴급한 어떤 것이 + 생겼어요 + 마지막 순간에

- something urgent
- at the last minute

'(일 등이) 생기다, 발생하다'
는 come up

---

9 오늘 아침에 체육관에서 운동하려고 했는데, 늦잠을 잤어요.

🔁 나는 운동하려고 했어요 + 그 체육관에서 + 오늘 아침에, +
하지만 + 나는 늦잠을 잤어요.

- work out
- oversleep

---

10 그는 그 오래된 차를 직접 수리하려고 했지만, 전문가의 도움이 필요하다는
것을 깨달았어요.

🔁 그는 수리하려고 했어요 + 그 오래된 차를 + 직접, + 하지만 +
그는 깨달았어요 + 그가 필요했다는 것을 + 전문가의 도움이

- himself
- professional help

재귀대명사(himself 등)는
'스스로, 직접'의 의미로 쓰임

---

11 나는 보고서를 끝내려고 했지만, 고객의 긴급한 전화로 집중이 안 되었어요.

🔁 나는 끝내려고 했어요 + 그 보고서를, + 하지만 + 나는 정신이 산만해졌어요 +
긴급한 전화로 인해 + 한 고객으로부터의

- by an urgent call
  from a client

'집중이 안 되다/정신이 산만
해지다'는 get distracted

---

12 약속 시간에 늦을 줄 알았는데, 기적적으로 때마침 기차를 탔습니다.

🔁 나는 생각했어요 + 내가 늦을 거라고 + 그 약속에, + 하지만 기적적으로, +
나는 잡아탔어요 + 그 기차를 + 때마침

- late for
- miraculously
- catch the train

'때마침, 시간에 꼭 맞춰'는
just in time

① 나는 새로 산 책을 읽으며 오후를 보내려고 했는데, 그러다 예전 친구에게서 예상치 못한 전화를 받았어요. ② 우리는 전화로 밀린 이야기를 나누려고 했지만, 직접 만나면 더 재미있을 것으로 결론을 내렸죠. ③ 만났을 때, 우리는 그냥 커피만 마시려고 했는데, 결국 저녁 내내 대화하고 추억을 떠올리며 시간을 보냈어요. ④ 그것은 신나고도 놀라운 일이었고, 계획이 바뀐 게 기쁘네요.

①

_____

_____

Hint (시간을) ~하는 데 보내다 spend + 시간 + Ving
예상치 못한 전화를 받다 get an unexpected phone call

②

_____

_____

Hint 그동안 못한 이야기를 나누다 catch up   전화로 over the phone   직접 만나다 meet in person

③

_____

_____

Hint 결국 ~하게 되다 end up Ving   저녁 내내 the whole evening
(행복했던 시절에 대한) 추억에 잠기다, 추억을 나누다 reminisce

④

_____

_____

Hint 정말 놀라운 일/신나고도 놀라운 일 wonderful surprise   기쁜 glad

1 **나는 새로 산 책을 읽으며 오후를 보내려고 했는데, 그러다 예전 친구에게서 예상치 못한 전화를 받았어요.**

나는 보내려고 했어요 + 그 오후를 + 읽으면서 + 나의 새 책을, + 하지만 그러다가 + 나는 받았어요 + 예상치 못한 전화 한 통을 + 예전 친구로부터

[was/were going to + 동사원형 ~]은 과거에 어떤 일을 계획했는데, 지나고 보니 그렇게 뜻대로 되지 않은 일'을 나타냅니다. 오후 시간을 새 책을 읽으며 보내려고 했는데 실제로는 하지 못했죠. 이때, I was going to 뒤에 spend the afternoon reading my new book을 붙이면 됩니다. 예상치 못한 전화가 '예전 친구에게서 온' 것이므로 이때 전치사 from으로 연결하면 자연스럽습니다.

2 **우리는 전화로 이야기를 나누려고 했지만, 직접 만나면 더 재미있을 것으로 결론을 내렸죠.**

우리는 밀린 이야기를 나누려 했어요 + 전화로, + 하지만 + 우리는 결론 내렸어요 + 그것은 더 재미있겠다고 + 만나는 것이 + 직접

실제로는 일어나지 않은 과거 속 미래 이야기는 was/were going to ~로 문장의 시제를 잡으세요. but 이후 문장의 뼈대는 we decided that ~으로 세우세요. 동사 decide 뒤에 that절 즉, [주어 + 동사]가 올 수 있으며, '~할 거라고 결심/결정하다, ~일 것이라 결론짓다'의 의미가 됩니다. We decided(우리는 결론을 내렸다)는 과거형이므로 that 뒤에 오는 문장도 과거형이어야 합니다. 이때 that은 생략 가능해요.

3 **만났을 때, 우리는 그냥 커피만 마시려고 했는데, 결국 저녁 내내 대화하고 추억을 떠올리며 시간을 보냈어요.**

우리가 만났을 때, + 우리는 그냥 마시려고 했어요 + 커피를, + 그런데 + 우리는 결국 (시간을) 보내게 되었어요 + 저녁 내내 + 대화하고 추억을 떠올리며

'우리가 만났을 때'는 과거의 한 순간이므로 단순 과거 시제를 써서 When we met이 됩니다. 커피만 마시려고 했는데 결국 그러지 못했으므로 역시 was/were going to를 이용해서 앞 문장의 서술어를 완성하세요. We were going to 뒤에 '그냥 커피만 마시다'의 just have coffee를 연결하면 됩니다. '결국 시간을 보냈다'는 ended up 뒤에 Ving 형태가 와야 하므로 ended up spending을 쓰면 됩니다. '대화하고 추억을 떠올리며' 시간을 보냈으므로 talking and reminiscing까지 써서 더 긴 문장으로 확장하세요.

4 **그것은 신나고도 놀라운 일이었고, 계획이 바뀐 게 기쁘네요.**

그것은 ~이었어요 + 신나고도 놀라운 일, + 그리고 + 나는 기뻐요 + 내 계획들이 바뀌었다는 것이

'나는 ~라서 기뻐요'는 glad 뒤에 문장을 붙여 [I'm glad (that) 주어 + 동사]의 구조로 표현하면 됩니다.

▶ 정답

① I was going to spend the afternoon reading my new book, but then I got an unexpected phone call from an old friend. ② We were going to catch up over the phone, but we decided it would be more fun to meet in person. ③ When we met, we were going to just have coffee, but we ended up spending the whole evening talking and reminiscing. ④ It was a wonderful surprise, and I'm glad my plans changed.

당신이 도착할 때면 내가 입구에서 당신을 기다리고 있을 거예요.

미래의 특정 시점에서 진행 중일 일을 표현할 때, 미래진행형 will be Ving를 쓰며, '~하는 중일 것이다, ~하고 있을 것이다'의 뜻을 나타냅니다. 위의 문장에서 미래의 한 시점인 '당신이 도착하는 그 때'에, 내가 '기다리고 있을 것이다'라고 미래에 진행 중일 동작을 강조합니다. 주어의 의지, 계획, 의도를 나타내는 단순 미래(will/be going to)와는 뉘앙스 차이가 있답니다. will be Ving도 미래 계획을 표현할 수 있는데 이때, 단순 미래보다 더 부드럽게 의미를 전달합니다.

내가 기다리고 있을 거예요 + 당신을 + 그 입구에서
+ 당신이 도착할 때면

STEP 1 전체 문장 완성하기

다음 문장을 힌트 단어를 보면서 완성해 보세요. **MP3 031**

1 내가 기다리고 있을 거예요

• **wait**
will be Ving로 미래에 진행
하고 있을 일을 표현

---

2 내가 기다리고 있을 거예요 / 당신을

• **for you**
'~을 기다리다'는
wait for ~

---

3 내가 기다리고 있을 거예요 / 당신을 / 그 입구에서

• **at the entrance**

---

4 내가 기다리고 있을 거예요 / 당신을 / 그 입구에서 / 당신이 도착할 때면

• **arrive**
'(~하는) 때'는
[when 주어 + 동사]

> **Answer** I will be waiting for you at the entrance when you arrive.

▶ 정답 p. 351

유제 1	당신이 집에 도착할 때면 그녀가 깜짝 저녁 식사를 준비하는 중일 거예요. 그녀는 준비하는 중일 거예요 + 깜짝 저녁 식사를 + 당신이 도착할 때면 + 집에

1 그녀는 준비하는 중일 거예요

- prepare
  will be Ving로 미래에
  진행하고 있을 일을 표현

2 그녀는 준비하는 중일 거예요 / 깜짝 저녁 식사를

- a surprise dinner

3 그녀는 준비하는 중일 거예요 / 깜짝 저녁 식사를 / 당신이 도착할 때면 / 집에

- get home

유제 2	우리는 오늘 저녁 해변에서 일몰을 보는 중일 거예요. 우리는 보는 중일 거예요 + 그 일몰을 + 그 해변에서 + 오늘 저녁에

1 우리는 보는 중일 거예요

- watch
  오늘 저녁이라는 미래의
  시점을 제시

2 우리는 보는 중일 거예요 / 그 일몰을

- the sunset

3 우리는 보는 중일 거예요 / 그 일몰을 / 그 해변에서

- on the beach

4 우리는 보는 중일 거예요 / 그 일몰을 / 그 해변에서 / 오늘 저녁에

- this evening

유제 응용	그 팀은 오늘 오후 늦게 최종 제안서를 검토하는 중일 겁니다. 그 팀은 검토하는 중일 겁니다 + 그 최종 제안서를 + 늦게 + 오늘 오후

- review the final
  proposal
- later

---

1 제가 오늘 밤 늦게까지 일하고 있을 거라서, 저녁 식사에 함께할 수가 없네요.

↻ 나는 일하는 중일 거예요 + 늦게 + 오늘 밤에, + 그래서 +
나는 함께할 수가 없어요 + 당신과 + 저녁 식사에

- work late
- join you for dinner

미래의 특정 시점에 진행하고 있을 일은 will be Ving로 표현

---

2 내일 아침에, 나는 그 설치를 마무리 짓게 새로운 사무실을 방문 중일 거예요.

↻ 내일 아침에, + 나는 방문 중일 거예요 + 그 새로운 사무실을 +
완료하기 위해 + 그 설치를

- finalize the setup

– '마무리 짓다, 완결하다'는 finalize
– '~하기 위해서'는 [to + 동사원형]

---

3 내년 가을에는 우리가 교외에 있는 새 집에서 살고 있을 겁니다.

↻ 내년 가을에는, + 우리는 살고 있을 겁니다 + 우리의 새 집에서 + 교외에 있는

- next fall
- in the suburbs

시간의 부사구를 문장 맨 앞에 위치해 그 의미를 강조

---

4 그 사람들이 회의 중에 새 프로젝트에 대해 논의하고 있을 겁니다.

↻ 그들은 논의하고 있을 겁니다 + 그 새로운 프로젝트를 + 그 회의 중에

- discuss
- during

---

5 그녀는 내일 온종일 프로젝트를 진행하고 있을 거예요.

↻ 그녀는 진행하고 있을 거예요 + 그녀의 프로젝트를 + 온종일 + 내일

- work on
- all day

'~에 노력을 들이다, 진행하다'는 work on ~

---

6 나는 정오에 고객과 만나고 오후 2시쯤 사무실로 돌아가는 중일 거예요.

↻ 나는 만나고 있을 거예요 + 그 고객과 + 정오에 +
그리고 + 돌아가는 중일 거예요 + 그 사무실로 + 오후 2시쯤에

- head back to
- around 2 p.m.

앞의 문장은 단순미래 will/ be going to를 써도 괜찮지만, 미래진행형을 쓰면 더 부드럽게 계획을 전달하는 뉘앙스를 전달

▶ 정답 p. 351

7 오늘 저녁, 우리는 멋진 레스토랑에서 기념일을 축하하는 중일 거예요.

🔄 오늘 저녁, + 우리는 축하하는 중일 거예요 + 우리의 기념일을 + 멋진 레스토랑에서

- celebrate our anniversary

어느 식당인지 특정되지 않았으므로 at a nice restaurant

8 제가 내일 이사회에 발표하고 있을 것입니다. 그러니 그 회의 중에는 문자 보내지 말아 주세요.

🔄 제가 발표하고 있을 것입니다 + 그 이사회에, + 그러니 부디 + 문자 보내지 마세요 + 저에게 + 그 회의 중에

- the board of directors
- text me

–'~에게 발표하다'는 present to ~
–'~하지 마세요'는 [Please don't + 동사원형]

9 나는 내일 스파에서 편안한 하루를 보내는 중일 거예요.

🔄 나는 즐기는 중일 거예요 + 편안한 하루를 + 그 스파에서 + 내일

- a relaxing day

10 그들은 커피를 마시며 다음 큰 모험을 계획하는 중일 거예요.

🔄 그들은 계획하는 중일 거예요 + 그들의 다음 번 큰 모험을 + 커피를 마시며

- next big adventure
- over coffee

while drinking coffee도 가능하지만, 원어민은 over coffee를 더 많이 씀

11 그 CEO가 오늘 늦게 새로운 회사 정책을 발표하고 있을 것입니다.

🔄 그 CEO가 발표하고 있을 것입니다 + 그 새로운 회사 정책을 + 늦게 + 오늘

- announce
- policy
- later today

12 내년에, 그들은 게임 체인저가 될 것으로 예상되는 새로운 제품 라인을 출시하고 있을 것입니다.

🔄 내년에, + 그들은 출시하고 있을 것입니다 + 새로운 제품 라인을 + (예상되는 + 될 것으로 + 게임 체인저가)

- launch a new product line
- that's expected

game changer는 '상황 전개를 완전히 바꿔 놓는 사람, 아이디어 또는 사건' 이라는 뜻

* 11번, 12번 문장처럼 미래에 확정된 일이나 거의 틀림없이 일어날 것으로 예견되는 미래의 일을 언급할 때에도 미래진행형을 씁니다.

① 내일 오후, 저는 중요한 비즈니스 회의를 위해 뉴욕으로 날아가는 중일 거예요. ② 거기 있는 동안, 우리의 새로운 제품 라인을 논의하게 여러 잠재 고객들과 만나고 있을 겁니다. ③ 저녁에는, 회사에서 주최하는 공식 만찬에 참석하는 중일 거고, 업계 지도자들과 네트워킹을 하고 있을 거예요. ④ 집에 돌아올 때면, 팀을 위해 이번 출장에 대한 상세한 보고서를 준비하고 있겠지요.

①

_____

_____

Hint (비행기로) ~에 날아가다 fly to

②

_____

_____

Hint ~하는 동안 while   (논의를 위해) ~와 만나다 meet with ~
몇몇의 잠재 고객들 several potential clients

③

_____

_____

Hint 공식 만찬에 참석하다 attend a formal dinner   ~에 의해 주최된 hosted by ~
인적 정보망을 형성하다 network   업계 지도자, 선두주자 industry leader

④

_____

_____

Hint ~할 때, ~할 때쯤에 by the time 주어 + 동사   돌아오다 return
자세한 detailed   ~에 대한 보고서 a report on ~

1   내일 오후, 저는 중요한 비즈니스 회의를 위해 뉴욕으로 날아가는 중일 거예요.

내일 오후, + 나는 날아가는 중일 거예요 + 뉴욕으로 + 중요한 비즈니스 회의를 위해

내일 오후라는 미래의 특정 시점에 진행되고 있을 일을 표현하기 위해 이 문장의 서술어를 미래진행형 will be Ving로 쓰세요. [주어 + 서술어] 뼈대 뒤에 장소(뉴욕으로)와 목적(비즈니스 회의를 위해)을 나타내는 수식어구를 차례대로 연결하면 됩니다.

2   거기 있는 동안, 우리의 새로운 제품 라인을 논의하게 여러 잠재 고객들과 만나고 있을 겁니다.

내가 있는 동안 + 거기에, + 나는 만나고 있을 겁니다 + 여러 잠재 고객들과 + 논의하기 위해 + 우리의 새로운 제품 라인에 대해

'내가 거기 있는 동안'은 미래의 한 시점을 지칭하며, 접속사 while로 연결합니다. while은 시간의 부사절을 이끄는 접속사로, while 뒤에 오는 문장은 현재 시제가 미래를 대신합니다. 목적이나 이유를 나타내는 '~하기 위해'는 [to + 동사원형]으로 표현하면 됩니다. discuss는 뒤에 전치사 없이 바로 '대상어'가 오는 동사임에 주의하세요.

3   저녁에는, 회사에서 주최하는 공식 만찬에 참석하는 중일 거고, 업계 지도자들과 네트워킹을 하고 있을 거예요.

저녁에는, + 내가 참석하는 중일 거예요 + 한 공식 만찬에 + (주최된 + 그 회사에 의해), + 그리고 + 네트워킹을 하고 있을 거예요 + 업계 지도자들과

이 문장에서 미래의 특정 시점에 진행 중일 두 가지 일이 접속사 and로 연결되었어요. 문장의 뼈대는 I will be Ving로 세우고, and 뒤의 문장은 중복되는 주어(I)와 will be가 생략되어 and Ving ~ 형태로 연결됩니다.

4   집에 돌아올 때면, 팀을 위해 이번 출장에 대한 상세한 보고서를 준비하고 있겠지요.

내가 돌아올 때면 + 집에, + 나는 준비하고 있을 거예요 + 상세한 보고서를 + 이번 출장에 대한 + 내 팀을 위해

'~할 때면, ~할 때쯤에'는 [by the time 주어 + 동사] 구조로 만들어 보세요. by the time으로 시작하는 문장은 시간 부사절이므로, 이 문장 속 서술어의 현재 시제가 미래를 대신합니다.

▶ 정답

① Tomorrow afternoon, I will be flying to New York for an important business meeting. ② While I'm there, I will be meeting with several potential clients to discuss our new product line. ③ In the evening, I'll be attending a formal dinner hosted by the company and networking with industry leaders. ④ By the time I return home, I will be preparing a detailed report on this trip for my team.

연말까지 나는 목록에 있는 모든 책을 다 읽었을 겁니다.

미래완료 시제는 미래의 특정 시점에 어떤 일이 완료될 것임을 표현할 때 사용합니다. 미래완료형 문장의 서술어는 [will have p.p.] 구조이며, 주로 미래의 어느 시점까지 완전히 끝날 일이나 그 시점에 달성될 상태를 나타냅니다. 이렇게 주로 어떤 일이 언제 끝날 것인지 명확히 하고 싶을 때 쓰이므로 by the time ~(~일 때쯤에는), by the end of ~(~ 말까지는), by next year(내년까지는)와 같은 시간 표현과 함께 자주 사용됩니다.

| 나는 읽었을 겁니다 | + 그 모든 책들을 + 내 목록에 있는 + 연말까지는 |

STEP 1 전체 문장 완성하기

다음 문장을 힌트 단어를 보면서 완성해 보세요. **MP3 034**

1 나는 읽었을 겁니다

- **read**
미래완료형은 [will have p.p.]로 미래의 특정 시점에 완료될 일을 표현

2 나는 읽었을 겁니다 / 그 모든 책들을

- **all the books**

3 나는 읽었을 겁니다 / 그 모든 책들을 / 내 목록에 있는

- **on my list**

4 나는 읽었을 겁니다 / 그 모든 책들을 / 내 목록에 있는 / 연말까지는

- **by the end of the year**
이때 by는 '~까지는, ~ 쯤 에는'의 의미

> **Answer** I will have read all the books on my list by the end of the year.

▶ 정답 p. 352

유제 1	내년 6월이면 그녀가 학위를 끝마쳤을 겁니다. 그녀는 끝마쳤을 겁니다 + 그녀의 학위를 + 내년 6월쯤에는

1 그녀는 끝마쳤을 겁니다

- complete
미래의 어느 시점에 완료되어 있을 상황이나 행동은 미래완료 [will have p.p.]로 표현

2 그녀는 끝마쳤을 겁니다 / 그녀의 학위를

- degree

3 그녀는 끝마쳤을 겁니다 / 그녀의 학위를 / 내년 6월쯤에는

- by next June

유제 2	당신이 도착할 때쯤 우리는 공항으로 떠나 있을 거예요. 우리는 떠나 있을 거예요 + 그 공항으로 + 당신이 도착할 때쯤에는

1 우리는 떠나 있을 거예요

- leave
leave의 p.p.형은 left

2 우리는 떠나 있을 거예요 / 그 공항으로

- the airport
'~로 떠나다, ~를 향하여 출발하다'는 leave for ~

3 우리는 떠나 있을 거예요 / 그 공항으로 / 당신이 도착할 때쯤에는

- by the time
－접속사 by the time 뒤에 [주어 + 동사]의 형태로
－시간의 부사절 안에서는 현재 시제가 미래를 대신함에 주의

유제 응용	22살이 될 때쯤에는 그는 대학을 졸업했을 거예요. 그는 졸업했을 거예요 + 대학을 + 그가 될 때쯤에는 + 22살이

- graduate from
turn 22
'(나이가) 몇 살이 되다'는 동사 turn을 사용

1 그들은 이달 말쯤이면 새 집으로 이사했을 거예요. (이사한 상태일 거예요)

↻ 그들은 이사했을 거예요 + 그들의 새 집으로 + 이달 말쯤에는

- move into
- by the end of the month

[will have p.p.]로 미래의 어느 시점에 끝나 있을 상황을 표현

---

2 휴가가 끝날 때쯤이면 우리는 5개국을 여행했을 거예요.

↻ 우리는 여행했을 거예요 + 다섯 개 나라들로 + 우리의 휴가 끝 무렵에는

- travel to

'~의 끝 무렵에'는 by the end of ~

---

3 그들은 오늘 하루가 끝날 때쯤이면 파일을 다 정리해 놨을 거예요.

↻ 그들은 정리해 놨을 거예요 + 그 파일들을 + 오늘 하루가 끝날 때쯤에는

- by the end of the day

---

4 연말이면 내가 대출금을 다 상환했을 거예요.

↻ 내가 상환했을 거예요 + 내 대출금을 + 연말이면

- pay off
- loan

'~의 끝 무렵에'는 by the end of ~

---

5 회의가 끝날 때쯤이면 우리가 모든 중요한 사항을 다 논의했을 거예요.

↻ 우리는 논의했을 거예요 + 그 모든 중요한 사항들을 + 그 회의 끝 무렵에는

- all the important points

'~의 끝 무렵에'는 by the end of ~

---

6 그녀는 이번 학기 말이면 논문을 다 끝낸 상태일 거예요.

↻ 그녀는 끝냈을 거예요 + 그녀의 논문을 + 이번 학기 말이면

- her thesis
- this semester

'논문 등을 마무리하다'는 complete로 표현

---

7 다음 주 이맘 때쯤이면 우리 결혼기념일을 축하한 상태일 거예요.

↻ 우리는 축하했을 거예요 + 우리의 결혼기념일을 + 이맘 때쯤이면 + 다음 주

- celebrate
- wedding anniversary

'이맘 때쯤이면'은 by this time

8 다음 분기면 그들이 신제품을 출시한 상태일 거예요.

↻ 그들은 출시했을 거예요 + 그 신제품을 + 다음 분기면

- launch
- by next quarter

9 그가 연설을 마칠 때쯤이면 청중은 알아야 할 모든 것을 들었을 겁니다.

↻ 그 청중은 들었을 것입니다 + 모든 것을 + (그들이 알아야 하는) + 그가 마칠 때쯤이면 + 그의 연설을

- audience
- they need to know

they need to know가 everything을 수식하는 관계사절로 쓰임

10 내년 여름이면, 우리는 꿈에 그리던 휴가에 쓸 충분한 돈을 다 모았을 거예요.

↻ 내년 여름이면, + 우리는 모았을 거예요 + 충분한 돈을 + 우리의 꿈에 그리던 휴가를 위한

- save
- for our dream vacation

시간의 부사구 by next summer를 문장 앞에 위치해 그 의미를 강조

11 내일 이맘 때쯤이면, 전 보고서를 끝내고 팀 전체에 검토하라고 보내 놨을 겁니다.

↻ 이맘 때쯤이면 + 내일, + 저는 끝내 놨을 겁니다 + 그 보고서를 + 그리고 + 보냈을 것입니다 + 그것을 + 그 전체 팀에게 + 검토를 위해

- the entire team
- for review

'이맘 때쯤이면'은 by this time

12 내년에 우리가 결혼한 지 20년이 됩니다.

↻ 내년에 + 우리는 결혼한 상태일 것입니다 + 20년 동안

- be married

'결혼한 상태이다'는 be married이므로, 미래완료형은 will have been married

> ① 내년 이맘 때쯤이면, 내 온라인 사업을 시작하고 9시부터 5시까지 일하는 직장은 그만뒀을 거예요. ② 팀과 내가 사람들이 시간을 더 효과적으로 관리하도록 돕는 최첨단 앱을 개발해 놨을 거고요. ③ 우리가 주요 기술 컨퍼런스에서 제품을 발표할 때쯤이면, 이미 수천 명의 사용자를 확보한 상태일 거예요. ④ 일단 앱이 완전히 자리 잡으면, 기업가가 되겠다는 내 평생의 꿈을 이뤘을 것입니다.

①

_____

Hint (사업에) 착수하다, 시작하다 launch   나 자신의 ~ my own ~
9시에서 5시까지 일하는 직장 9-to-5 job

②

_____

Hint 개발하다 develop   최첨단의 cutting-edge   앱(application의 약어) app
관리하다 manage   효과적으로 effectively

③

_____

Hint 제품을 발표하다 present a product   주요한 major   기술 tech
확보하다, 얻다 gain   수천 명의 사용자들 thousands of users

④

_____

Hint 일단 ~하면 once 주어 + 동사 ~   완전히 fully   확립된, 자리잡은 established
성취하다, 이루다 achieve   평생의 lifelong   기업가 entrepreneur

1 내년 이맘 때쯤이면, 내 온라인 사업을 시작하고 9시부터 5시까지 일하는 직장은 그만뒀을 거예요.

이맘 때쯤이면 + 내년, + 나는 시작했을 거예요 + 나만의 온라인 사업을 + 그리고 +
그만뒀을 거예요 + 내 9시부터 5시까지 일하는 직장을

내년 이맘 때쯤이라는 미래의 특정 시점에 어떤 일이 완료될 것임을 나타내므로 [will have p.p.] 미래완료 시제로 쓰세요. and 이후의 문장은 문법상 I will have quit인데 앞의 문장과 중복되는 I will have는 생략해서 쓰세요.

2 팀과 내가 사람들이 시간을 더 효과적으로 관리하도록 돕는 최첨단 앱을 개발해 놨을 거고요.

내 팀과 나는 개발했을 거예요 + 최첨단 앱을 + (도와주는 + 사람들을 + 관리하도록 +
그들의 시간을 + 더욱 효과적으로)

최첨단 앱은 a cutting-edge app이며, 이 명사구를 수식하는 관계사절이 따라오는 구조입니다. 영어 구조대로 표현을 연결하면 'that helps people manage ～'가 되고 이 관계사절이 바로 앞의 a cutting-edge app을 수식하는 거죠.

3 우리가 주요 기술 컨퍼런스에서 제품을 발표할 때쯤이면, 이미 수천 명의 사용자를 확보한 상태일 거예요.

우리가 발표할 때쯤이면 + 우리의 제품을 + 주요 기술 컨퍼런스에서 + 우리는 이미 얻었을 거예요 +
수천 명의 사용자들을

'우리가 발표할 때쯤'은 접속사 by the time을 이용해 by the time we present가 됩니다. '우리는 이미 얻었을 거예요'는 [will have p.p.] 미래완료 시제로 쓰세요. 시간의 부사절 안에서는 현재 시제가 미래를 대신하므로, 미래 의미를 나타내는 주절과 잘 어울립니다.

4 일단 앱이 완전히 자리 잡으면, 기업가가 되겠다는 내 평생의 꿈을 이뤘을 것입니다.

일단 그 앱이 완전히 자리잡은 상태라면, + 나는 이뤘을 겁니다 + 내 평생의 꿈을 +
기업가가 되겠다는

[Once 주어 + 동사 ～]는 '일단 ～하면'의 의미로 조건의 부사절이며, 이 부사절 안의 동사도 현재 시제가 미래를 대신함에 주의하세요. '완전히 자리잡은'은 fully established로, 이때 established는 '상태'를 나타내는 형용사로 사용된 거예요. '내 평생의 꿈'인 my lifelong dream 뒤에 무엇에 관한 꿈인지 구체적으로 설명하기 위해 전치사 of로 becoming an entrepreneur(기업가가 되는 것)를 연결하세요.

▶ 정답

① By this time next year, I will have launched my own online business and quit my 9-to-5 job. ② My team and I will have developed a cutting-edge app that helps people manage their time more effectively. ③ By the time we present our product at a major tech conference, we will have already gained thousands of users. ④ Once the app is fully established, I will have achieved my lifelong dream of becoming an entrepreneur.

PART 2

원어민 감각의 영작

CHAPTER 1

사물 주어로 문장을 더 간결하게

교통 체증으로 인해 사무실에 늦게 도착했어요.

영어는 행동을 취하거나 상황을 유도하는 주체로 사물을 쓰는 경우가 굉장히 많습니다. 이렇게 사물을 주어로 쓰면 첫째, 문장이 더 간결해져서 청자/독자에게 정보를 더 명확하고 직접적으로 전달할 수 있고, 둘째, 추상적인 개념이나 상태를 설명할 그 상황을 객관화할 수 있고, 셋째, 어떤 현상이나 원인을 더 명료하게 설명하는 효과가 있습니다. 위의 문장을 I arrived at the office late because of the heavy traffic. 이렇게 해도 문법에 맞지만, 사물 주어를 쓰면 문장이 훨씬 명료하고 의미 전달에 효율적입니다. 사물 주어로 더 명확한 문장 만들기를 연습해 보세요.

> ## 그 극심한 교통량이 지연시켰어요 + 나의 도착을 + 그 사무실에

STEP 1 전체 문장 완성하기

다음 문장을 힌트 단어를 보면서 완성해 보세요. **MP3 037**

1 그 극심한 교통량이 지연시켰어요

• delay
사물 주어 The heavy traffic

---

2 그 극심한 교통량이 지연시켰어요 / 나의 도착을

• my arrival
delay의 대상어는 my arrival

---

3 그 극심한 교통량이 지연시켰어요 / 나의 도착을 / 그 사무실에

• at the office
'~에 도착'은 arrival at ~

> **Answer** The heavy traffic delayed my arrival at the office.

▶ 정답 p. 353

유제 1	보고서에서는 우리가 해결해야 할 주요 문제들을 강조합니다.
	그 보고서는 강조합니다 + 그 주요 문제들을 + (우리가 해결해야 할)

1   그 보고서는 강조합니다

- highlight
- –The report가 사물 주어
- –주어가 3인칭 단수인 점에 주의

2   그 보고서는 강조합니다 / 그 주요 문제들을

- the main issues

3   그 보고서는 강조합니다 / 그 주요 문제들을 / (우리가 해결해야 할)

- need to address

'문제를 해결하다'는 address the issue, 이때 address는 '(문제를) 다루다/고심하다'의 의미

유제 2	승진 소식에 팀 내 모든 사람들이 충격을 받았어요.
	그 소식은 (그 승진에 관한) 충격을 줬어요 + 모든 사람에게 + 그 팀 내의

1   그 소식은 (그 승진에 관한) 충격을 줬어요

- shock

전체 시제는 과거형으로

2   그 소식은 (그 승진에 관한) 충격을 줬어요 / 모든 사람에게

- everyone

3   그 소식은 (그 승진에 관한) 충격을 줬어요 / 모든 사람에게 / 그 팀 내의

- in the team

유제 응용	공사장 소음 때문에 오늘 아침 일찍 잠에서 깼습니다.
	그 소음이 (그 공사장으로부터의) 나를 잠에서 깨웠어요 + 일찍 + 오늘 아침

- from the construction site
- wake me up
- –사물 주어를 써서 내가 아침 일찍 일어난 이유를 명료하게 설명
- –wake의 과거형은 woke

1 거실에 있는 시계가 시간이 틀리는데, 수리하는 것을 계속 깜빡 잊어버립니다.

> 🔾 그 시계가 (그 거실에 있는) 보여 줍니다 + 그 틀린 시간을, + 그리고 + 나는 계속 깜빡 잊어버립니다 + 수리하는 것을 + 그것을

- the wrong time
- keep forgetting
-사물 주어, The clock이 스스로 잘못된 시간을 표시하는 듯한 느낌을 표현
-[forget + to부정사]는 '해야 할 것을 잊다'

---

2 그 기사가 새로운 정책 변경 사항들을 자세히 설명해 줘요.

> 🔾 그 기사는 설명해 줘요 + 그 새로운 정책 변경 사항들을 + 자세히

- The article
- policy changes
- in detail

The article이 사물 주어로 정보 전달의 주체가 되어 설명해 주는 뉘앙스를 전달

---

3 배경에서 나오는 음악으로 전체 발표 동안 청중이 편안했어요.

> 🔾 그 음악은 (나오는 + 그 배경에서) 편안하게 했어요 + 그 청중을 + 그 전체 발표 동안

- playing in the background
- relax
- the entire presentation

---

4 검사 결과로 의심스러운 점이 확인되어 이제 우리는 치료를 진행하는 방법을 알게 되었어요.

> 🔾 그 검사 결과들이 확인시켜 줬어요 + 우리의 의심들을, + 그리고 + 이제 + 우리는 알아요 + 진행하는 방법을 + 그 치료를

- confirm our suspicions
- how to
-'치료를 진행하다'는 proceed with the treatment
-사물 주어 The test results가 의심을 확인시켜 준 듯한 느낌을 표현

---

5 그 광고에 내가 가장 좋아하는 배우 중 한 명이 출연해서 관심이 갔어요.

> 🔾 그 광고는 잡았어요 + 내 관심을 + 그것이 출연시켰기 때문에 + 하나를 + 내가 가장 좋아하는 배우들 중

- The commercial
- catch my attention
-catch의 과거형은 caught
-'출연시키다, 등장시키다'는 feature

---

6 전화 때문에 회의가 방해되었는데, 결국 중요한 일로 밝혀졌어요.

> 🔾 그 전화가 방해했어요 + 우리의 회의를, + 하지만 + 그건 밝혀졌어요 + 중요한 일인 것으로

- interrupt
- something important
-turn out to be는 '~인 것으로 밝혀지다'
-The phone call이 주어로 쓰여 문장이 간결해짐

---

7 인터뷰를 통해 회사의 미래 계획과 다가오는 프로젝트에 대한 흥미로운 사실들이 밝혀졌어요.
- reveal
- upcoming projects

↻ 그 인터뷰가 밝혀냈어요 + 흥미로운 사실들을 + 그 회사의 미래 계획들과 다가오는 프로젝트들에 대한

8 그 이야기는 아이들의 상상력을 사로잡았고, 아이들은 나중에 그것에 대한 이야기가 끝도 없었어요.
- capture
- imagination
- afterward
'~하기를 멈추다'는 stop Ving

↻ 그 이야기는 사로잡았어요 + 그 아이들의 상상력을, + 그리고 + 그들은 멈출 수가 없었어요 + 이야기하는 것을 + 그것에 대해 + 나중에

9 증상이 바이러스 감염을 시사하므로, 휴식을 취하고 수분을 충분히 섭취하는 게 가장 좋습니다.
- The symptoms suggest
- a viral infection
- plenty of fluids
so it's best to ~의 두 번째 문장은 긴 주어 to부정사구가 뒤로 가고 주어 자리에 it이 온 구조

↻ 그 증상들은 시사합니다 + 바이러스 감염을, + 그러므로 + 가장 좋습니다 + 휴식을 취하는 것이 + 그리고 + 마시는 것이 + 충분한 수분을

10 그 증거는 회사가 불법 활동에 연루되었다는 이론을 뒷받침합니다.
- The evidence supports
- illegal activities
'~에 휘말리다, 연루되다'는 be involved in ~

↻ 그 증거는 뒷받침합니다 + 그 이론을 + 그 회사가 연루되었다는 + 불법적인 활동들에

11 그 경험으로 인해 삶에 대한 내 관점이 바뀌었고, 이제 새로운 가능성에 더 개방적입니다.
- my perspective on life
- more open to

↻ 그 경험이 바꿨어요 + 나의 관점을 + 삶에 대한, + 그리고 + 나는 이제 더 개방적입니다 + 새로운 가능성들에

12 그 앱은 당신의 피트니스 진행 상황을 추적하고 당신이 목표 달성을 위해 동기를 유지하는 데 도움이 됩니다.
- The app tracks
- stay motivated
- reach your goals

↻ 그 앱은 추적합니다 + 당신의 피트니스 진행 상황을 + 그리고 + 도와줍니다 + 당신을 + 유지하도록 + 동기 부여된 상태로 + 달성하기 위해 + 당신의 목표들을

뉘앙스를 생각하며 문장을 만들어 보세요. **MP3 039**

> ① 알람이 울려서 아침 일찍 잠에서 깼어요. ② 시계를 보니 벌써 7시 30분이라 재빨리 옷을 입었어요. ③ 날씨 앱에서 나중에 비가 온다고 해서 우산을 챙겼어요. ④ 밖으로 나가니 카페에서 나는 신선한 커피 향이 나를 유혹해 잠시 들러 한 잔 사고 싶어졌어요.

①
_____

_____

Hint 잠을 깨우다 wake up

②
_____

_____

Hint 빨리, 빠르게 quickly　　옷을 입다 get dressed

③
_____

_____

Hint (탁) 들고 가다, 챙기다 grab

④
_____

_____

Hint (동시성을 나타내는 접속사로) ~ 때에, ~하자 as　　밖으로 나가다 step outside
유혹하다, (~할) 생각이 나게 하다 tempt　　잠시 들르다 stop by

1 **알람이 울려서 아침 일찍 잠에서 깼어요.**

그 알람이 나를 잠에서 깨웠어요 + 일찍 + 아침에

사물 주어 The alarm이 나를 깨웠다로 문장을 시작하세요. wake up은 '누구를 잠에서 깨우다'라는 뜻으로 쓸 수 있는데, 대명사가 wake up의 대상어(목적어)로 올 때는 wake me up처럼 분리되는 구동사입니다. 시간의 부사구 early in the morning은 주로 문장 뒤에 위치합니다.

2 **시계를 보니 벌써 7시 30분이라 재빨리 옷을 입었어요.**

그 시계는 보여 줬어요 + 벌써 7시 30분이라는 것을, + 그래서 + 나는 재빨리 옷을 입었어요

시계가 시간을 보여 준다는 의미로 The clock showed로 문장을 시작해 보세요. 동사 show 뒤에 that으로 연결된 완전한 문장이 올 수 있어요. 이때 명사절을 이끄는 접속사 that은 생략 가능합니다. 시간을 표현할 때 it을 써서 it was already 7:30로 이미 지나간 과거 일을 과거형 동사로 나타냅니다. 두 번째 문장은 접속사 so로 연결해 주세요.

3 **날씨 앱에서 나중에 비가 온다고 해서 우산을 챙겼어요.**

그 날씨 앱이 알려줬어요 + 비가 올 거라고 + 나중에, + 그래서 + 나는 챙겼어요 + 내 우산을

The weather app said ～ 는 날씨 앱이 날씨 정보를 전달했다는 의미로, 사물이 주어로 사용되었어요. 비인칭 주어 it을 이용해 it would rain later로 나중에 비가 올 것이라는 문장을 쓰세요. 우산을 챙기는 걸 여기서는 동사 grab an umbrella로 표현했는데, grab 대신 take, bring, pick up 등으로 바꿔 써도 '우산을 챙기다'의 의미를 전달할 수 있어요.

4 **밖으로 나가니 카페에서 나는 신선한 커피 향이 나를 유혹해 잠시 들러 한 잔 사고 싶어졌어요.**

내가 나가니 + 밖으로, + 그 향이 (신선한 커피의 + 그 카페로부터의) 유혹했어요 + 나를 + 잠시 들르도록 + 그리고 + 사고 싶도록 + 한 잔

접속사 as가 시간의 부사절을 이끌 때, '～하자, ～할 때, ～하자마자' 등 동시성을 강조하는 의미를 갖습니다. As I stepped outside로 시작하고, 긴 명사구로 이루어진 사물 주어를 만드세요. '그 카페에서 나는 신선한 커피 향'이 주어인데, 영어 구조는 the aroma에서 시작해 수식어구를 붙여 나가야 합니다. 동사 tempt는 뒤에 [대상어 + to부정사구]의 구조를 취할 수 있고, 이때 '～가 …할 생각이 나게 하다'의 의미가 됩니다. '커피 한 잔을 빨리 사다'는 grab a cup으로 표현 가능해요.

▶ 정답

① The alarm woke me up early in the morning. ② The clock showed it was already 7:30, so I quickly got dressed. ③ The weather app said it would rain later, so I grabbed my umbrella. ④ As I stepped outside, the aroma of fresh coffee from the café tempted me to stop by and grab a cup.

UNIT 2

사물 주어로
문장 만들기 2
(사물 주어 +
서술어 +
전치사구)

버스는 평일 오전 8시 정각에 중앙역에서 출발합니다.

'버스가 오전 8시에 출발한다, 열쇠가 소파 아래로 떨어졌다, 소포가 도착했다' 등은 모두 사물이 주어가 되어 문장을 이끕니다. 한국어와 같은 사고로 이루어지는 문장 구조로 보다 쉽게 이해하고 영작할 수 있어요. [사물 주어 + 서술어]의 기본 뼈대를 세우고, 사물 주어가 취하는 동사의 성격에 따라 보충어나 대상어는 없지만 전치사구로 문장을 더 확장합니다.

 그 버스는 출발합니다 + 그 중앙역에서 + 오전 8시 정각에 + 평일마다

STEP 1
전체 문장 완성하기

다음 문장을 힌트 단어를 보면서 완성해 보세요. **MP3 040**

1 그 버스는 출발합니다

• **The bus leaves**
버스, 기차, 비행기 등이
'출발하다'는 leave (depart
도 가능)

---

2 그 버스는 출발합니다 / 그 중앙역에서

• **from the main
station**
'(출발지) ~에서,
~에서부터'는 from ~

---

3 그 버스는 출발합니다 / 그 중앙역에서 / 오전 8시 정각에

• **sharp**
sharp는 특정 시간 표현
뒤에 쓰여 '정각'의 의미 표현

---

4 그 버스는 출발합니다 / 그 중앙역에서 / 오전 8시 정각에 / 평일마다

• **every weekday**

> **Answer** The bus leaves from the main station at 8 a.m. sharp every weekday.

▶ 정답 p. 353

유제 1

비행기는 모든 승객이 탑승한 후 5번 게이트에서 출발합니다.

그 비행기는 출발합니다 + 5번 게이트에서 + 모든 승객들이 탑승을 완료한 후에

1 그 비행기는 출발합니다
• depart

2 그 비행기는 출발합니다 / 5번 게이트에서
• from gate 5

3 그 비행기는 출발합니다 / 5번 게이트에서 / 모든 승객들이 탑승을 완료한 후에
• all passengers
- '배나 비행기에 탑승하다'는 board
- [after + 문장]을 현재완료형으로 써서 승객들이 탑승을 완료한 후에 비행기가 출발한다는 것을 강조

유제 2

차는 블록을 한 바퀴 돌고 난 후 주차장으로 들어갔어요.

그 차는 들어갔어요 + 그 주차장으로 + 돌고 난 후 + 그 블록을 + 한 번

1 그 차는 들어갔어요
• turn into
turn into는 '(운전해서/걸어서) 들어가다'의 의미

2 그 차는 들어갔어요 / 그 주차장으로
• parking lot

3 그 차는 들어갔어요 / 그 주차장으로 / 돌고 난 후 / 그 블록을 / 한 번
• circling the block once

유제 응용

앉아 있다가 동전들을 떨어뜨렸을 때 동전이 소파 밑으로 굴러갔어요.

그 동전들이 굴러갔어요 + 그 소파 아래로 + 내가 떨어뜨렸을 때 + 그것들을 + 앉아 있으면서
• The coins rolled
• when I dropped
소파에 '앉아 있는 동안' 동전을 떨어뜨렸으므로
while sitting down

1 문서가 오늘 아침 본사에서 왔습니다.

　↻ 그 문서는 왔습니다 + 그 본사에서 + 오늘 아침에

- from the headquarters

---

2 소포가 어제 오후에 예상보다 일찍 집에 도착했네요.

　↻ 그 소포는 도착했어요 + 내 집에 + 어제 오후에, + 더 일찍 + 예상보다

- The package
- earlier than expected

---

3 읽다가 손에서 미끄러져 책이 바닥에 떨어졌어요.

　↻ 그 책이 떨어졌어요 + 그 바닥에 + 그것이 미끄러졌을 때 + 내 손에서 + 읽는 도중에

- fall
- slip
- while reading

---

4 폭우가 쏟아지는 밤을 보낸 후 물이 언덕에서 강으로 흘러 들어갔어요.

　↻ 그 물이 흘러 들어갔어요 + 그 강으로 + 그 언덕들에서 + 폭우의 한 밤 후에

- flow into
- from the hills
- after a night of heavy rain

보통 비가 많이 내린 후 여러 언덕에서 물이 흘러내려 강으로 모이므로, hills로 씀

---

5 몇 가지 중요한 주제들에 대해 추가 논의가 필요해서 회의가 예정된 시간을 넘어서 끝났어요.

　↻ 그 회의가 끝났어요 + 예정된 시간을 넘어서 + 몇 가지 중요한 주제들이 필요로 했기 때문에 + 추가적인 논의를

- end
- over the scheduled time
- further discussion

접속사 because로 이유 문장을 연결

---

6 열린 창문을 통해 바람이 불어와 방이 시원하고 상쾌해졌어요.

　↻ 그 바람이 불었어요 + 그 열린 창문을 통해, + [그리고 나서] + 만들었어요 + 그 방을 + 느껴지도록 + 시원하고 상쾌하게

- The wind blew
- making the room

앞 문장에 추가 내용을 붙일 때, Ving 형태의 분사구문을 활용

---

* 앞 문장 뒤에 대등 접속사 and로 연결해 and it (the wind) made the room ~ 문장을 덧붙여도 됩니다. 이때 and는 '그것으로 인해, 그리고 나서'의 의미인데, 원어민은 문장 뒤에 콤마(,) Ving ~ 구조의 분사구문을 연결해서 정보를 추가합니다.

▶ 정답 p. 353

7 오늘 아침 상사로부터 이메일이 와서, 곧 있을 회의를 나에게 상기시켜 줬어요.

↻ 그 이메일은 왔어요 + 나의 상사로부터 + 오늘 아침에, + [이로 인해] + 상기시켜줬어요 + 나에게 + 그 곧 있을 회의를

- from my boss
- reminding me
  – '~에게 …를 생각나게 하다'는 remind ~ of …
  – reminding (= and it reminded)

---

8 기차는 해안을 따라 이동하여, 승객들에게 굉장히 멋진 바다 전망을 제공합니다.

↻ 그 기차는 이동합니다 + 그 해안을 따라, + [이로 인해] + 제공합니다 + 승객들에게 + 굉장히 멋진 바다 전망들을

- travel along the coast
- stunning ocean views
  – '~에게 …를 제공하다'는 provide ~ with …
  – providing (= and it provides)

---

9 그 길은 시내 중심으로 이어지며, 일부 경치 좋은 지역을 지나갑니다.

↻ 그 길은 이어집니다 + 그 시내 중심으로, + [그러면서] + 지나갑니다 + 일부 경치 좋은 지역들을 관통해

- lead to
- some scenic areas
  – '~을 거쳐가다/지나가다' 는 pass through ~
  – passing (= and it passes)

---

10 메시지가 내 휴대폰에 팝업으로 떠서 새로운 이벤트를 알려 줬어요.

↻ 그 메시지가 떴어요 + 내 휴대폰에, + [이로 인해] + 알려 줬어요 + 나에게 + 새로운 이벤트를

- pop up
- notifying me
  – '~에게 …를 통지하다, 알리다'는 notify ~ of …
  – notifying (= and it notified)

---

11 밤새도록 수도꼭지에서 물이 뚝뚝 떨어져 리듬 있는 소리를 냈어요.

↻ 그 물이 뚝뚝 떨어졌어요 + 그 수도꼭지에서 + 밤새도록, + [그러면서] 만들어 냈어요 + 리듬 있는 소리를

- drip from the faucet
- creating a rhythmic sound
  – creating (= and it created)

---

12 풍선이 하늘로 떠올라, 위쪽 구름 속으로 사라졌습니다.

↻ 그 풍선이 떠올랐어요 + 하늘로, + [그리고 나서] + 사라졌어요 + 그 구름들 속으로

- float up
- into the sky
- disappear
  – disappearing (= and it disappeared)

---

① 알람이 오전 6시에 울려서 하루를 시작하도록 나를 깨웠어요. ② 다행히도 버스가 정류장에 딱 맞춰 도착해서 오래 기다릴 필요가 없었어요. ③ 출근하는 길에, 휴대폰에 오전 10시에 있을 회의 알림이 떴어요. ④ 사무실에 도착하자, 상사로부터 온 이메일이 수신함에 도착해서, 하루가 끝나기 전에 완료해야 할 업무들을 상세히 알려 줬어요.

①

_____

_____

Hint (전화가/소리가) 울리다 ring

②

_____

_____

Hint (시간을) 딱 맞춰서, 때마침 just in time　～할 필요가 없었다 didn't have to ～

③

_____

_____

Hint 출근하는 길에 on the way to work　알림 notification

④

_____

_____

Hint ～하자마자, ～할 때 once 주어 + 동사　받은 편지함(수신된 이메일이 있는 곳) inbox　업무, 일 task
완료하다 complete　하루가 끝나기 전에 before the end of the day

1   알람이 오전 6시에 울려서 하루를 시작하도록 나를 깨웠어요.

그 알람이 울렸어요 + 오전 6시에, + [이로 인해] + 나를 잠에서 깨웠어요 + 하루 시작을 위해

사물 주어 The alarm이 주어인 문장으로 전체 시제는 과거형으로 쓰세요. 알람이 울려서 잠에서 깼다는 의미이므로 앞 문장 The alarm rang at 6 a.m. 뒤에 [, Ving] 형태의 분사구문을 붙여 내용을 간결하게 덧붙일 수 있어요. '하루를 시작하도록'은 for the day로 표현할 수 있어요.

2   다행히도 버스가 정류장에 딱 맞춰 도착해서 오래 기다릴 필요가 없었어요.

다행히도, + 그 버스가 도착했어요 + 그 정류장에 + 딱 맞춰, + 그래서 + 나는 기다릴 필요가 없었어요 + 오래

'시간 맞춰서 딱'의 의미로 just in time을 활용하고 뒤의 문장은 접속사 so로 연결하세요. '~할 필요가 없다/~하지 않아도 된다'는 don't/doesn't have to ~이므로 이것의 과거형 didn't have to ~를 활용하시면 됩니다.

3   출근하는 길에, 휴대폰에 오전 10시에 있을 회의 알림이 떴어요.

가는 길에 + 직장으로, + 알림 하나가 떴어요 + 내 휴대폰에 + 한 회의에 대해 + 오전 10시에

'알림 하나'가 주어이므로 a notification popped up으로 문장의 뼈대를 만들고 그 뒤에 전치사구를 이용해 수식어구를 붙여 나가세요.

4   사무실에 도착하자 상사로부터 온 이메일이 수신함에 도착해서, 하루가 끝나기 전에 완료해야 할 업무들을 상세히 알려 줬어요.

내가 도착하자 + 그 사무실에, 이 메일 하나가 (나의 상사로부터) 도착했어요 + 나의 수신함에, + [그리고] + 상세히 알려줬어요 + 그 업무들을 + (내가 완료해야 할 + 하루가 끝나기 전에)

'사무실에 도착하자'는 접속사 once를 활용해 Once I reached the office로 쓸 수 있어요. reach는 뒤에 전치사 없이 쓰는 동사로 '~에 도착하다/이르다'의 의미입니다. '이메일이 도착하다'는 동사 land를 이용할 수 있어요. '상사로부터 온 메일이 수신함에 도착했다'는 an email from my boss landed in my inbox로 표현하면 됩니다. 앞 문장 뒤에 붙는 부연 설명은 , detailing ~의 분사구문으로 연결하세요.

▶ 정답

① The alarm rang at 6 a.m., waking me up for the day. ② Fortunately, the bus arrived at the stop just in time, so I didn't have to wait long. ③ On the way to work, a notification popped up on my phone about a meeting at 10 a.m. ④ Once I reached the office, an email from my boss landed in my inbox, detailing the tasks I needed to complete before the end of the day.

UNIT 3
사물 주어로
문장 만들기 3
(사물 주어 +
서술어 + I.O +
D.O)

숙면으로 하루의 에너지를 얻어요.

영어에서 사물이 주어인 구문을 해석할 때 한국어 사고 방식으로 이해하면 어색할 때가 있습니다. '숙면은 나에게 하루의 에너지를 줍니다'는 영어 문장 구조를 그대로 직역한 것입니다. 이런 문장은 사물 주어를 부사적으로 해석하면 간단해요. 마찬가지로 영어 문장을 만들 때, 한국어 구조처럼 부사구나 부사절을 쓰기보다 사물 주어 형태로 표현하는 연습을 해 보세요. 원어민의 영어식 문장 구조와 사고에 대한 감각을 키울 수 있습니다.

숙면은 주어요 + 나에게 + 에너지를 + 하루를 위한

STEP 1 전체 문장 완성하기

다음 문장을 힌트 단어를 보면서 완성해 보세요. **MP3 043**

1 숙면은 주어요

• **A good night's sleep**
내가 얻는 것은 상대가 주는 것으로 발상의 전환 필요

---

2 숙면은 주어요 / 나에게

• **me**

---

3 숙면은 주어요 / 나에게 / 에너지를 / 하루를 위한

• **energy for the day**

Answer **A good night's sleep gives me energy for the day.**

I have more energy for the day after a good night's sleep.처럼 부사구를 붙여 사람 주어의 문장을 만들어도 되지만, 사물 주어를 쓰면 위의 예와 같이 문장이 더 간결해집니다. 네이티브들은 부사구 또는 부사절을 쓰기보다 사물 주어로 표현하는 것에 익숙한데, 사람이 주어가 아니라서 명확한 정보 전달이 가능하며 추상적인 개념이나 상황을 설명할 때 효과적이기 때문입니다.

▶ 정답 p. 354

유제 1	낮잠을 짧게 자면 에너지가 솟아요. → 짧은 낮잠은 나에게 에너지를 충전해 주어요. **짧은 낮잠은 주어요 + 나에게 + 충전을 + 에너지의**

1 짧은 낮잠은 주어요

- **A quick nap gives**
After taking a quick nap 의 부사구보다 사물 주어로 더 간결하게 표현

2 짧은 낮잠은 주어요 / 나에게

- me

3 짧은 낮잠은 주어요 / 나에게 / 충전을 / 에너지의

- **a boost of energy**
'밀어올림, 증대'를 뜻하는 boost를 이용해 '에너지 증가/충전'은 a boost of energy

유제 2	아침에 뜨거운 샤워를 하면 하루를 새롭게 시작할 수 있어요. → 아침에 하는 뜨거운 샤워는 나에게 하루의 상쾌한 시작을 줍니다. **뜨거운 샤워는 (아침에) 주어요 + 나에게 + 상쾌한 시작을 + 하루의**

1 뜨거운 샤워는 (아침에) 주어요 / 나에게

- **A hot shower in the morning**
When I take a hot shower in the morning 부사절로 길게 쓰기보다 사물 주어로 명료하게 표현

2 뜨거운 샤워는 (아침에) 주어요 / 나에게 / 상쾌한 시작을

- a fresh start

3 뜨거운 샤워는 (아침에) 주어요 / 나에게 / 상쾌한 시작을 / 하루의

- **to the day**
상쾌한 시작이 어디로 향하는지 방향 또는 목적지를 연결해야 하므로 to the day

유제 응용	밖에 비가 오고 있어서 실내에 머물 이유가 생겼어요. → 비 오는 날씨는 내가 실내에 머무를 이유를 주어요. **비 오는 날씨는 주어요 + 나에게 + 이유를 + 머무를 + 실내에**

- **to stay inside**
Since/Because it is raining, I have a reason to stay inside. 문장을 사물 주어로 더 간결하게

1 매일 밤 독서를 하면 잠자기 전에 평온함을 느껴요.
→ 매일 밤 독서는 나에게 잠자기 전에 평온함을 주어요.

🔄 독서는 (매일 밤) 주어요 + 나에게 + 평온함을 + 잠자기 전에

- Reading
- a sense of peace
- before bed

When I read every night 을 사물 주어로 바꾸면 문장이 더 간결하고, 의미 전달에 효과적

2 프로젝트 마감일 때문에 긴박감이 들었어요.
→ 프로젝트 마감일은 나에게 긴박감을 주었어요.

🔄 그 프로젝트 마감일은 주었어요 + 나에게 + 긴박감을

- a sense of urgency

3 이 새로운 레시피로 우리 저녁 식사에 흥미로운 반전이 생겨요.

🔄 이 새로운 레시피는 줍니다 + 우리의 저녁 식사에 + 흥미로운 반전을

- recipe
- an interesting twist

4 아침에 따뜻한 차 한 잔으로 마음이 편안해져요.

🔄 따뜻한 차 한 잔이 (아침에) 주어요 + 나에게 + 편안함을

- A warm cup of tea
- comfort

5 짧게 휴식을 취하면 내 뇌가 잠시 쉴 시간을 갖게 되죠.
→ 짧은 휴식은 내 뇌가 쉴 시간을 좀 주어요.

🔄 짧은 휴식은 주어요 + 내 뇌에 + 약간의 시간을 + 쉴

- A short break
- relax

6 긍정적인 피드백을 받으면 우리는 계속 열심히 일할 수 있는 동기를 받아요.
→ 긍정적인 피드백을 받는 것은 우리가 계속해서 열심히 일할 동기를 주어요.

🔄 받는 것은 + 긍정적인 피드백을 + 주어요 + 우리에게 + 동기를 +
(계속 일할 + 열심히)

- positive feedback
- to keep working hard

7 교통 체증 때문에 도로에서 1시간이 더 걸렸어요.
→ 교통 체증은 내가 도로에서 한 시간을 더 보내게 했어요.

○ 그 교통 체증은 들게 했어요 + 나에게 + 한 시간을 더 + 그 도로에서

- The traffic jam
- an extra hour

'~에게 (시간·노력 등)을 들게 하다, 요하다'의 의미로 [cost + 사람 대상어 + 사물 대상어]의 구조 활용

8 출퇴근 시간이 길어서 매일 귀중한 시간을 허비합니다.
→ 장거리 통근은 매일 나에게 귀중한 시간이 들게 합니다.

○ 그 장거리 통근은 들게 합니다 + 나에게 + 귀중한 시간을 + 매일

- The long commute
- precious time

[사물 주어 + cost + 사람 대상어 + 사물 대상어] 구조는 비용·시간을 빼앗기는 상황 표현에 자주 쓰임

9 고장 난 가전제품 수리하는 데 우리, 비용이 많이 들었어요.

○ 그 고장 난 가전제품은 들게 했어요 + 우리에게 + 많은 돈이 + 수리하는 데

- The broken appliance
- a lot of money

10 이 지름길로 가면 출근길에 몇 분이 절약돼요.

○ 이 지름길은 절약하게 해 주어요 + 우리에게 + 몇 분을 + 가는 길에 + 직장에

- This shortcut
- on the way to work

[사물 주어 + save + 사람 대상어 + 사물 대상어] 구조는 비용·시간을 아껴 주는 상황 표현에 자주 쓰임

11 자동 청구 때문에 수동 결제의 번거로움이 덜해요.

○ 자동 청구는 덜어줘요 + 우리에게 + 그 번거로움을 + 수동 결제의

- Automated billing
- the hassle of manual payments

[사물 주어 + save + 사람 대상어 + 사물 대상어] 구조는 번거로움을 덜어주는 의미로도 사용

12 특별 할인으로 제 식료품 비용을 조금 절약했어요.

○ 그 특별 할인은 절약하게 해 주었어요 + 나에게 + 약간의 돈을 + 식료품에

- The special discount
- on groceries

① 오늘 아침에 열쇠를 깜빡해서 20분을 허비했어요. 다시 집에 돌아가서 열쇠를 가져와야 했거든요. ② 다행히 버스를 타서 주차비는 절약했지요. ③ 아침 회의에서 우리는 이번 주 프로젝트의 명확한 방향을 알게 됐어요. ④ 긴 하루를 보낸 후, 체육관에서 짧게 운동하고서 새로운 하루를 시작하는 데 필요한 에너지를 얻어요.

①

Hint 집에 돌아가다 go back home

②

Hint 다행히, 운 좋게도 luckily

③

Hint 명확한/분명한 방향을 제시하다 give a clear direction

④

Hint 짧은/잠깐 하는 운동 a quick workout

1 오늘 아침에 열쇠를 깜빡해서 20분을 허비했어요. 다시 집에 돌아가서 열쇠를 가져와야 했거든요.

깜빡한 것이 + 내 열쇠들을 + 오늘 아침에 + 들게 했어요 + 나에게 + 20분을 + 내가 돌아가야 했기 때문에 + 집으로 + 가지러 + 그것들을(열쇠들)

이유에 해당하는 부사절(Because I forgot my keys)을 사물 주어로 바꾸면 전체 문장이 간결해지고 의미 전달에도 효과적입니다. 사물 주어 Forgetting my keys ~ 뒤에 동사 cost를 연결해 문장을 완성하면 됩니다. [사물 주어 + cost + 사람 대상어 + 사물 대상어] 구조는 비용이나 시간을 빼앗기는 상황 표현에 자주 쓰입니다.

2 다행히 버스를 타서 주차비는 절약했지요.

다행히, + 타는 것이 + 그 버스를 + 절약해 줬어요 + 나에게 + 약간의 돈을 + 주차에

[사물 주어 + save + 사람 대상어 + 사물 대상어] 구조로 비용이나 시간을 절약하는 상황을 표현하세요. 이미 지나간 일이므로 전체 시제는 과거형이에요. 주차비에 쓸 돈을 절약했으므로 money 뒤에 on을 붙여 saved money on parking으로 써야 합니다. save(~에 돈·시간을 절약하다), spend(~에 돈·시간을 쓰다)에서 무엇 또는 어디에 대한 돈인지 그 관계를 나타낼 때는 전치사 on을 씁니다.

3 아침 회의에서 우리는 이번 주 프로젝트의 명확한 방향을 알게 됐어요.

그 아침 회의는 주었어요 + 우리에게 + 명확한 방향을 + 그 프로젝트를 위한 + 이번 주의

사물 주어 The morning meeting으로 시작하고 동사 give를 활용해 [give + 사람 대상어 + 사물 대상어] 구조 대로 영어 의미 단위를 배열하세요. '~에 대한 명확한 방향을 제시하다'는 give a clear direction for로 표현하세요.

4 긴 하루를 보낸 후, 체육관에서 짧게 운동하고서 가족과 시간을 보내는 데 필요한 에너지를 얻어요.

긴 하루 후에, + 짧은 운동이 (그 체육관에서) 주어요 + 나에게 + 그 에너지를 + (내가 필요로 하는 + 보내는 데 + 시간을 + 내 가족과 + 새로운 하루를)

A quick workout at the gym이 사물 주어! '나에게 그 에너지를 주어요'에서 the energy를 꾸며 주는 문장이 뒤에 따라옵니다. '가족과 시간을 보내는 데 에너지가 필요하다'는 I need the energy to spend time with my family로 표현할 수 있어요. 이 문장에서 need의 대상어(목적어) the energy가 앞으로 나가고, 나머지 문장은 형용사절로 the energy를 수식하는 구조입니다.

▶ 정답

① Forgetting my keys this morning cost me 20 minutes because I had to go back home to get them. ② Luckily, taking the bus saved me some money on parking. ③ The morning meeting gave us a clear direction for the project this week. ④ After a long day, a quick workout at the gym gives me the energy I need to spend time with my family.

UNIT 4

사물 주어로
문장 만들기 4

(make/help/
cause/drive로
5형식 문장)

갑작스러운 정전으로 컴퓨터가 꺼졌어요.

위 문장의 첫 부분을 Because there was a sudden power outage,라고 해도 틀리지 않아요. 하지만 네이티브가 선호하는 영어다운 문장 구조는 부사절이 아닌, 사물 주어를 써서 간결하고 명확하게 만든 것입니다. 그래서 바꾸면 The sudden power outage가 됩니다. 사물 주어 문장에서 자주 쓰이는 구조로 일명 '5형식'으로 알려진 [주어 + 동사 + 대상어(목적어) + 보충어]가 있습니다. 5형식의 대표 동사 make, help, cause, drive 등으로 다양한 사물 주어 문장을 만들어 보세요.

| 그 갑작스러운 정전이 만들었어요 | + 그 컴퓨터가 + 꺼지도록 |

STEP 1 전체 문장 완성하기

다음 문장을 힌트 단어를 보면서 완성해 보세요. **MP3 046**

---

1 그 갑작스러운 정전이 만들었어요

• **The sudden power outage**

사물 주어가 원인을 제공하여 어떤 일을 하게 하면 make를 활용

---

2 그 갑작스러운 정전이 만들었어요 / 그 컴퓨터가

• **the computer**

make 뒤에 대상어가 나오고 그 뒤에 동사원형으로 대상어를 보충

---

3 그 갑작스러운 정전이 만들었어요 / 그 컴퓨터가 / 꺼지도록

• **shut down**

'(기계가) 멈추다, 정지하다'는 shut down

| **Answer** The sudden power outage made the computer shut down. |

▶ 정답 p. 354

유제 1	새로운 출석 규칙으로 인해 학생들은 더 엄격한 일정을 따르게 되었어요. 그 새로운 출석 규칙이 만들었어요 + 학생들이 + 따르도록 + 더 엄격한 일정을

1 그 새로운 출석 규칙이 만들었어요

• The new attendance rule

---

2 그 새로운 출석 규칙이 만들었어요 / 학생들이

• students

사물 주어가 원인을 제공하여 어떤 일을 하게 하면 make를 활용

---

3 그 새로운 출석 규칙이 만들었어요 / 학생들이 / 따르도록 / 더 엄격한 일정을

• follow a stricter schedule

make 뒤에 [대상어 + 동사원형] 구조

유제 2	그 영화 속 울컥하는 장면 때문에 그가 울었어요. 그 울컥하게 하는 장면이 (그 영화에서) 만들었어요 + 그가 + 울도록

1 그 울컥하게 하는 장면이 (그 영화에서) 만들었어요

• The emotional scene

emotional은 '감정을 불러일으키는, 울컥하게 하는'

---

2 그 울컥하게 하는 장면이 (그 영화에서) 만들었어요 / 그가 / 울도록

• him

유제 응용	매서운 날씨로 인해 자동차 배터리가 작동을 멈췄어요. 그 매서운 날씨가 만들었어요 + 그 자동차 배터리가 + 멈추도록 + 작동하기를	• The freezing weather '~하기를 멈추다, (하던 일을) 중단하다'는 stop Ving

1 방 안으로 들어오는 밝은 햇빛 때문에 지금 눈을 찡그리고 있어요.

↻ 그 밝은 햇빛이 (그 방 안에) 만들고 있어요 + 내가 + 눈을 찡그리도록 + 지금

- The bright sunlight
- squint

---

2 회사에서 온 예상치 못한 소식에 모두가 불안해했어요.

↻ 그 예상치 못한 소식은 (그 회사로부터의) 만들었어요 + 모두들 + 불안한 상태로

- The unexpected news
- anxious

from the company는 소식이 어디에서 온 것인지 출처를 설명

---

3 앱에서 온 알림 덕분에 내가 회의를 잊지 않게 도움이 되었어요.

↻ 그 알림이 (그 앱에서 온) 도와줬어요 + 내가 + 잊지 않도록 + 그 회의를

- The reminder from the app
- not forget

'～가 …하도록 도와주다'는 [help + 대상어 + 동사원형] 구조로

---

4 튜토리얼 영상이 도움이 돼서 우리가 주제를 더 잘 이해하게 되었어요.

↻ 그 튜토리얼 영상은 도와줬어요 + 우리가 + 이해하도록 + 그 주제를 + 더 잘

- The tutorial video
- better

---

5 처방 약 덕분에 그가 더 빨리 회복하는 데 도움이 되었어요.

↻ 그 처방된 약이 도와줬어요 + 그가 + 회복하도록 + 더 빨리

- The prescribed medication
- recover

---

6 고속도로에서 발생한 사고로 인해 교통이 수 마일이나 정체되었어요.

↻ 그 사고는 (그 고속도로에서의) 일으켰어요 + 그 교통이 + 정체되는 것을 + 수 마일 동안

- on the highway
- for miles
- 비자발적이거나 자연적인 원인에 의해 어떤 일을 하게 하면, [cause + 대상어 + to + 동사원형] 구조로
- '차가 밀리다, 교통이 정체되다'는 back up

▶ 정답 p. 354

7 바이러스 발생으로 인해 회사가 일시적으로 문을 닫았습니다.

↻ 그 바이러스 발생이 초래했어요 + 그 회사가 + 문을 닫는 것을 + 일시적으로

- The virus outbreak
- temporarily

비자발적이거나 자연적인 원인을 제공하여 어떤 일을 '야기하다, 초래하다, 일으키다'는 cause

---

8 싱크대 누수로 인해 주방 바닥이 젖었어요.

↻ 그 누수가 (그 싱크대에서의) 일으켰어요 + 그 주방 바닥이 + 젖게 되도록

- The leak in the sink
- become wet

[cause + 대상어 + to부정사] 구조로

---

9 소프트웨어 오류로 시스템이 망가졌어요.

↻ 그 오류가 (그 소프트웨어에 있는) 일으켰어요 + 그 시스템이 + 망가지도록

- The error
- crash

'(시스템, 컴퓨터 등이) 갑자기 서 버리다, 고장 나다' 는 crash

---

10 이웃집의 짖는 개 때문에 동네 사람들이 모두 미쳐 버렸어요.

↻ 그 이웃의 짖는 개가 만들었어요 + 모든 사람들을 + (그 동네에 있는) + 미치게

- The neighbor's barking dog
- everyone in the neighborhood

'~를 … 상태로 몰아가다'는 [drive + 대상어 + 상태 형용사]로 표현

---

11 압도적인 업무량 때문에 그는 지금 지쳐가고 있어요.

↻ 그 압도적인 업무량이 몰아가고 있어요 + 그를 + 극도의 탈진 상태로 + 지금

- The overwhelming workload
- to exhaustion

– '어떤 상태로 몰아가다, 추진하다'는 [drive + 대상어 + to ~]의 구조로
– exhaustion은 '극도의 피로, 탈진'의 의미

---

12 상사의 압박 때문에 그녀는 직장을 그만두었어요.

↻ 그 압박이 (그녀의 상사로부터의) 몰아갔어요 + 그녀가 + 그만두도록 + 그 직장을

- The pressure
- quit the job

'~가 …하도록 몰아가다, 유도하다'는 [drive + 대상어 + to부정사]

---

① 프로젝트가 일정보다 뒤처졌어요. **이로 인해 팀은 만회하기 위해 초과 근무를 하게 되었어요.**

② 프레젠테이션이 제대로 구성되지 않았고 불분명했어요. **이 때문에 청중이 흥미를 빨리 잃게 되었어요.**

③ 폭우로 인해 거리가 침수되었어요. **이로 인해 교통이 완전히 멈췄어요.**

④ 새로운 마케팅 전략은 효과가 없었어요. **이로 인해 회사 매출은 급격히 하락했어요.**

The project ran behind schedule.

① _____

Hint 앞 문장 내용을 대명사 it 또는 this로 받고, '이로 인해' 생긴 결과를 설명하는 구조의 문장을 만드세요.
이때 it/this는 '이로 인해'로 해석하고 it/this 뒤에는 동사 make나 cause가 주로 옵니다. 여기서는 this를 씁니다.
초과 근무하다 work overtime   따라잡다, 만회하다 catch up

The presentation was poorly organized and unclear.

② _____

Hint 흥미를 잃다 lose interest   빨리, 빠르게 quickly

The heavy rainfall flooded the streets.

③ _____

Hint 물에 잠기다/잠기게 하다, 침수되다/침수시키다 flood   멈추다, 정지하다 come to a standstill   정지, 멈춤 standstill

The new marketing strategy was ineffective.

④ _____

Hint 판매량, 매출액 sales   크게 하락하다, 급락하다 drop significantly   상당히 significantly

1 이로 인해 팀은 만회하기 위해 초과 근무를 하게 되었어요.

이것은 만들었어요 + 그 팀이 + 일하도록 + 초과 근무를 + 만회하기 위해

앞 문장 내용 '프로젝트가 일정보다 뒤쳐졌음'을 원인으로 그 결과를 나타내는 문장을 만드세요. This made the team 뒤에 the team의 보충어를 동사원형으로 붙이면 됩니다. 그 팀이 초과 근무하는 목적은 to부정사로 뒤에 덧붙이세요. catch up은 뒤쳐졌던 것을 '따라잡다'의 의미예요.

2 이 때문에 청중이 흥미를 빨리 잃게 되었어요.

이것은 만들었어요 + 그 청중이 + 잃도록 + 흥미를 + 빨리

앞 문장의 내용 '프레젠테이션의 구성이 제대로 되지 않고 불분명함'을 사물 주어 This로 받아 '그리고 ~되었다'의 원인에 따른 결과를 설명하는 문장을 만드세요. This made the audience 뒤에 동사원형을 보충어로 추가하면 됩니다.

3 이로 인해 교통이 완전히 멈췄어요.

이것은 초래했어요 + 그 교통이 + 되는 것을 + 멈춤이

'폭우로 거리가 침수된 일'을 주어 This로 받아 문장을 만드세요. This caused the traffic 뒤에 the traffic의 보충어가 와야 하는데 cause는 대상어의 보충어로 to부정사를 취하는 동사입니다. 그러므로 '교통이 완전히 멈추는 일을 초래했다'의 의미가 되려면 to come to a standstill을 연결하면 됩니다. 이때 come은 '(어떤 상태에) 이르다, (어떤 상태가) 되다'의 의미입니다.

4 이로 인해 회사 매출이 급격히 하락했어요.

이것이 초래했어요 + 그 회사의 매출이 + 하락하는 것을 + 급격히

'새로운 마케팅 전략이 효과가 없었다'가 원인이고 이를 사물 주어 This로 받아 문장을 만드세요. 서술어는 동사 cause를 활용하고, cause는 대상어의 보충어로 to부정사를 취하는 동사이므로 이 구조에 맞게 문장을 쓰세요. '급락하다'는 drop significantly를 활용하면 됩니다.

▶ 정답

① The project ran behind schedule. **This made the team work overtime to catch up.**
② The presentation was poorly organized and unclear. **This made the audience lose interest quickly.**
③ The heavy rainfall flooded the streets. **This caused the traffic to come to a standstill.**
④ The new marketing strategy was ineffective. **This caused the company's sales to drop significantly.**

UNIT 5

사물 주어로
문장 만들기 5

(사물 주어 +
enable + 대상어
+ to V)

유연한 스케줄을 통해 직원들은 일과 삶의 균형을 맞출 수 있어요.

사물 주어와 잘 어울리는 대표적인 동사 enable은 '사물이 사람에게 ~할 수 있게 하다, 가능하게 하다'의 의미로 자주 활용됩니다. 이때의 문장 구조는 [사물 주어 + enable + 대상어 + 보충어]이고 보충어는 [to + 동사원형]이 와야 합니다. 이런 구조의 사물 주어 문장에 잘 쓰이는 동사로는 enable 외에도 force(~가 …하게 강제하다), compel(~가 …하게 강제하다), oblige(의무적으로 ~가 …하게 하다) 등이 있습니다. 각 동사의 뉘앙스와 쓰이는 경우를 파악하고 다양한 문장을 만들어 보세요.

그 유연한 스케줄이 가능하게 해 주어요 + 직원들이 +

균형을 맞추는 것을 + 일과 삶을

STEP 1 전체 문장 완성하기

다음 문장을 힌트 단어를 보면서 완성해 보세요. **MP3 049**

1 그 유연한 스케줄이 가능하게 해 주어요

- **The flexible schedule**

  사물 주어가 '(사람)에게 ~할 수 있게 하다/가능하게 하다' 는 [enable + 사람 + to V]

2 그 유연한 스케줄이 가능하게 해 주어요 / 직원들이

- **employees**

3 그 유연한 스케줄이 가능하게 해 주어요 / 직원들이 / 균형을 맞추는 것을 / 일과 삶

- **balance work and life**

> **Answer** The flexible schedule enables employees to balance work and life.

누군가에게 어떤 행동을 하도록 강제하는 의미를 지닌 동사들로 force, compel, oblige가 있습니다. 이들 동사들도 [사물 주어 + force/compel/oblige + 대상어 + to부정사] 구조로 문장을 이룹니다. 각 동사마다 뉘앙스와 쓰이는 상황에 차이가 있어요.

* **force**: 물리적인 힘이나 상황에 따른 압력을 통해 다른 선택의 여지가 없을 때 주로 쓰입니다.

* **compel**: 강한 필요성이나 도덕적 의무감, 내적인 압력으로 어떤 행동을 하게 만든다는 뜻입니다. 강제의 정도가 force보다는 낮고, 심리적 압박의 뉘앙스가 강합니다.

* **oblige**: 법적, 도덕적 의무 또는 사회적 규범에 따라 어떤 행동을 하도록 만든다는 뜻입니다. 강제성은 낮고, 주로 규칙이나 계약에 따른 의무감을 나타냅니다.

유제 1	새로운 기술을 배우면 직원들이 자신의 경력에서 발전할 수가 있어요. 배우는 것은 + 새로운 기술들을 + 가능하게 해 주어요 + 직원들이 + 발전하는 것을 + 그들의 경력에서

1 배우는 것은 / 새로운 기술들을 / 가능하게 해 주어요

- Learning new skills

2 배우는 것은 / 새로운 기술들을 / 가능하게 해 주어요 / 직원들이

- employees

3 배우는 것은 / 새로운 기술들을 / 가능하게 해 주어요 / 직원들이 / 발전하는 것을 / 그들의 경력에서

- advance in their careers

여기서 advance는 '진보하다, 발전하다, 승진하다'의 뜻

유제 2	적절한 시간 관리를 통해 팀은 마감일을 맞출 수 있었어요. 적절한 시간 관리가 가능하게 했어요 + 그 팀이 + 맞추는 것을 + 그 마감일을

1 적절한 시간 관리가 가능하게 했어요

- Proper time management

전체 시제는 과거형으로

2 적절한 시간 관리가 가능하게 했어요 / 그 팀이

- the team

3 적절한 시간 관리가 가능하게 했어요 / 그 팀이 / 맞추는 것을 / 그 마감일을

- meet the deadline

유제 응용	균형 잡힌 식단으로 아이들이 강하고 건강해질 수 있습니다. 균형 잡힌 식단은 가능하게 합니다 + 아이들이 + 되는 것을 + 강하고 건강한 상태로

- A well-balanced diet
- strong and healthy

[grow + 형용사]는 '~해지다, ~하게 되다'의 의미

뉘앙스를 생각하며 문장을 만들어 보세요. **MP3 050**

1 신중하게 계획을 세운 덕분에 우리는 일정보다 빨리 프로젝트를 완료할 수 있었어요.

 ↻ 신중한 계획 세우기가 가능하게 했어요 + 우리가 + 완료하는 것을 +
 그 프로젝트를 + 일정보다 빨리

- Careful planning
- ahead of schedule

---

2 클라우드 서비스로 사용자는 데이터를 안전하게 저장할 수 있습니다.

 ↻ 그 클라우드 서비스는 가능하게 합니다 + 사용자들이 + 저장하는 것을 +
 데이터를 + 안전하게

- store data
- securely

---

3 예산을 따르면 가족들이 매달 더 많은 돈을 저축할 수 있어요.

 ↻ 따르는 것이 + 예산을 + 가능하게 해요 + 가족들이 + 저축하는 것을 +
 더 많은 돈을 + 매달

- Following a
  budget
- each month

여러 가족들을 일반적으로
언급하는 것이므로 families

---

4 갑작스러운 임대료 상승으로 세입자들은 더 저렴한 아파트로 이사해야 했어요.

 ↻ 갑작스러운 상승은 (임대료에서) 어쩔 수 없이 ~하게 했어요 +
 그 세입자들이 + 이사하도록 + 더 저렴한 아파트로

- A sudden rise in
  rent
- more affordable

- '~에게 …를 강요하다/
  어쩔 수 없이 하게 만들다'
  는 [force + 대상어 +
  to V]
- '세입자'는 tenant

---

5 의료 응급 상황으로 인해 비행기가 비상 착륙을 해야 했어요.

 ↻ 의료 응급 상황이 어쩔 수 없이 ~하게 했어요 + 그 비행기가 + 하도록 + 비상 착륙을

- A medical
  emergency
- an emergency
  landing

- 상황적 압력으로 다른 선택
  의 여지가 없을 때는 force
- '비상 착륙을 하다'의
  '하다'는 make로

---

6 난방 시스템이 고장 나서 사무실 직원들이 다른 건물로 이동해야 했어요.

 ↻ 고장 난 난방 시스템이 어쩔 수 없이 ~하게 했어요 + 그 사무실 직원들이 +
 이동하도록 + 다른 건물로

- A broken heating
  system
- relocate to

staff는 집합 명사로
'전체 직원'이며, 여럿이 모인
하나로 단수 형태로 표현

▶ 정답 p. 355

7 새로운 증거가 발견되어 경찰이 사건 수사를 재개해야 했어요.

   ↻ 그 발견이 (새로운 증거의) ~하게 만들었어요 + 그 경찰이 + 재개하도록 + 그 사건을

- The discovery of new evidence
- reopen the case

'(필요에 따라) 하게 만들다, 무리하게 시키다'는 [compel + 대상어 + to V]

---

8 큰 재정 손실로 인해 회사는 인력 구조조정을 해야만 했어요.

   ↻ 큰 재정적 손실이 ~할 수밖에 없게 만들었어요 + 그 회사가 + 구조조정하는 것을 + 그것(회사)의 인력을

- A major financial loss
- restructure its workforce

---

9 대중의 압력 때문에 정부는 즉각적인 조치를 취할 수밖에 없었어요.

   ↻ 대중의 압력이 강요했어요 + 그 정부가 + 취하도록 + 즉각적인 조치를

- Public pressure
- take immediate action

한 국가에 있는 하나의 정부이므로, the를 붙여 the government

---

10 임대 계약 조건에 따라 세입자는 아파트를 좋은 상태로 유지해야 했어요.

   ↻ 그 계약 조건이 (그 임대차의) 의무를 지웠어요 + 그 세입자가 + 유지하도록 + 그 아파트를 + 좋은 상태로

- The terms of the lease
- in good condition

'~에게 …할 의무를 지우다'는 [oblige + 대상어 + to V]

---

11 건강 보험 정책에 따라 회사는 의무적으로 모든 직원들에게 보험 혜택을 제공해야 합니다.

   ↻ 그 건강 보험 정책은 의무적으로 ~하게 합니다 + 회사들이 + 제공하도록 + 보험 혜택을 + 모든 직원들을 위한

- The health insurance policy
- provide coverage

coverage는 '의료 보험 혜택' 또는 '보장 범위'의 의미

---

12 환경법상 공장들은 의무적으로 공해 물질 배출량을 줄여야 합니다.

   ↻ 그 환경법은 의무적으로 ~하게 합니다 + 공장들이 + 줄이도록 + 그들의 공해 물질 배출량을

- The environmental law
- pollutant emissions

① 탄력 근무 시간제 덕분에 직원들은 시간을 더 효과적으로 관리할 수 있었어요. ② 하지만 예상치 못한 업무량 급증으로 인해 팀은 몇 주 동안 초과 근무를 해야 했죠. ③ 늘어나는 고객 요구로 인해 회사는 추가 직원을 고용할 수밖에 없었어요. ④ 고용 계약에 따라 회사는 신규 직원들에게 적절한 교육을 제공해야 했어요.

①

_____

_____

Hint 탄력 근무 시간제 flexible working hours   ~가 …할 수 있게 하다/가능하게 하다 enable + 대상어 + to V
효과적으로, 효율적으로 effectively

②

_____

_____

Hint 그러나, 하지만 however   급상승 surge   업무량, 작업량 workload   ~에게 …를 강요하다/어쩔 수 없이 하게 만들다 force + 대상어 + to V
몇 주 동안 for several weeks

③

_____

_____

Hint (크기, 양, 정도가) 커지는, 성장하는 growing
(강한 필요성, 심리적 압박으로) 하게 만들다, 무리하게 시키다 compel + 대상어 + to V

④

_____

_____

Hint 고용 계약 employment contract   (법, 도덕, 사회적 규범에 따라) ~에게 …할 의무를 지우다 oblige + 대상어 + to V
적절한 proper   (회사의) 신입 사원 hire

▶ 정답 p. 355

1   탄력 근무 시간제 덕분에 직원들은 시간을 더 효율적으로 관리할 수 있었어요.

그 탄력적 근무 시간제가 가능하게 했어요 + 직원들이 + 관리하는 것을 + 그들의 시간을 + 더 효과적으로

동사 enable을 서술어로 쓰면 쉽게 해결할 수 있는 문장입니다. 시제에 주의하여 쓰세요. 이 문장의 뼈대는 The flexible working hours enabled입니다.

2   하지만 예상치 못한 업무량 급증으로 인해 팀은 몇 주 동안 초과 근무를 해야 했죠.

하지만, + 예상치 못한 급상승은 (업무량에서) 어쩔 수 없이 ~하게 했어요 + 그 팀이 + 일하는 것을 + 초과 근무를 + 몇 주 동안

다소 긴 주어인데 먼저 '예상치 못한 급상승'은 an unexpected surge로 쓸 수 있고 이를 수식하는 '업무량에서'는 in workload로 연결하세요. an unexpected surge in workload가 주어이며, 이것이 어쩔 수 없는 상황으로 초과 근무를 하게 만든 것이므로 동사 force를 서술어로 활용하세요.

3   늘어나는 고객 요구로 인해 회사는 추가 직원을 고용할 수밖에 없었어요.

그 늘어나는 고객의 요구들이 ~할 수밖에 없게 했어요 + 그 회사가 + 고용하는 것을 + 추가 직원을

'강한 필요성, 심리적 압박으로 ~하게 만들다, 무리하게 시키다'의 의미와 뉘앙스는 동사 compel을 활용해 [사물 주어 + compel + 대상어 + to V]의 구조로 만드세요. 문장의 주어, '그 늘어나는 고객의 요구들'은 The growing client demands로 시작하세요. '추가 직원을 고용하다'는 hire additional staff가 됩니다.

4   고용 계약에 따라 회사는 신규 직원들에게 적절한 교육을 제공해야 했어요.

그 고용 계약은 의무화했어요 + 그 회사가 + 제공하는 것을 + 적절한 교육을 + 모든 신규 직원들을 위해

동사 oblige를 활용해 '(법, 도덕, 사회적 규범에 따라) ~에게 …할 의무를 지우다'의 의미가 드러나게 문장을 만드세요. '적절한 교육을 제공하다'는 provide proper training으로 써서 문장을 완성해 보세요.

▶ 정답

① The flexible working hours enabled employees to manage their time more effectively. ② However, an unexpected surge in workload forced the team to work overtime for several weeks. ③ The growing client demands compelled the company to hire additional staff. ④ The employment contract obliged the company to provide proper training for all new hires.

UNIT 6

사물 주어로
문장 만들기 6
(prevent/keep/
prohibit/hinder
+ 대상어 + from
Ving)

경험 부족으로 인해 그녀는 승진하지 못했어요.

위의 문장에서 '경험 부족으로 인해'를 Because of her lack of experience라고 표현할 수도 있지만 사물 주어로 표현하면 전체 문장이 간결해지고 네이티브가 선호하는 구조가 됩니다. 영어의 사물 주어 문장은 부사적으로 해석하면 보다 쉽고 자연스럽게 해결돼요. 사물 주어 다음에 keep, prevent, prohibit, hinder 등의 동사들이 오면 그 뒤에 [대상어 + from Ving]의 구조가 따라오는 경우가 많습니다. 상황에 따라 조금씩 다른 뉘앙스로 쓰이지만, 모두 방해와 차단의 의미가 있습니다.

| 경험 부족이 막았어요 | + 그녀가 + 얻는 것을 + 그 승진을 |

STEP 1 전체 문장 완성하기

다음 문장을 힌트 단어를 보면서 완성해 보세요. **MP3 052**

1 경험 부족이 막았어요

• **The lack of
experience**
특정 상황이나 조건이 대상어가 하는 것을 방해하거나 막을 때, keep ~ from Ving

---

2 경험 부족이 막았어요 / 그녀가

• **her**

---

3 경험 부족이 막았어요 / 그녀가 / 얻는 것을 / 그 승진을

• **from getting the
promotion**

Answer The lack of experience kept her from getting the promotion.

다음 동사는 모두 방해와 차단의 의미를 품지만, 뉘앙스 차이가 있어요.

* **사물 주어 + keep + 대상어 + from Ving**: 특정 상황이나 조건에서 어떤 일이 일어나는 것을 방해하다 (일상적 방해)

* **사물 주어 + prevent + 대상어 + from Ving**: 미리 차단하여 어떤 일이 일어나지 않도록 예방하다

* **사물 주어 + prohibit + 대상어 + from Ving**: 법적, 규칙적 제한으로 무언가를 금지하다

* **사물 주어 + hinder + 대상어 + from Ving**: 무언가가 원활하게 진행되지 않도록 방해하다 (장애물 또는 어려움)

유제 1

비행에 대한 두려움 때문에 그녀는 해외 여행을 할 수가 없었어요.

그녀의 두려움이 (비행에 대한) 막았어요 + 그녀가 + 여행 가는 것을 + 해외로

1 그녀의 두려움이 (비행에 대한) 막았어요

• Her fear of flying

특정 상황이나 조건이 대상어가 하는 것을 방해하거나 막을 때, keep ~ from Ving

2 그녀의 두려움이 (비행에 대한) 막았어요 / 그녀가

• her

3 그녀의 두려움이 (비행에 대한) 막았어요 / 그녀가 / 여행 가는 것을 / 해외로

• from traveling abroad

'해외 여행하다, 해외로 여행 가다'는 travel abroad

유제 2

바쁜 일정으로 인해 그는 회의에 참석하지 못했어요.

그의 바쁜 일정이 막았어요 + 그가 + 참석하는 것을 + 그 회의에

1 그의 바쁜 일정이 막았어요

• His busy schedule

2 그의 바쁜 일정이 막았어요 / 그가

• him

3 그의 바쁜 일정이 막았어요 / 그가 / 참석하는 것을 / 그 회의에

• from attending the meeting

유제 응용

장마철에는 관광객들이 섬을 방문하지 못합니다.

그 장마철이 막습니다 + 관광객들이 + 방문하는 것을 + 그 섬을

• The rainy season
• tourists

1 업무량이 많아 직원들이 일찍 퇴근하지 못했어요.

↻ 그 과중한 업무량이 막았어요 + 그 직원들이 + 떠나는 것을 + 일찍

- The heavy workload

특정 상황이나 조건이 대상어가 하는 것을 방해하거나 막을 때, keep ~ from Ving

---

2 막판에 변경된 사항으로 인해 직원들은 제시간에 업무를 완료하지 못했어요.

↻ 그 마지막 순간의 변경들이 막았어요 + 그 직원들이 + 완료하는 것을 + 그들의 업무들을 + 제시간에

- The last-minute changes
- completing their tasks

---

3 생활비 상승으로 인해 많은 가정이 저축을 하지 못하고 있어요.

↻ 상승하는 비용이 (생활의) 막고 있어요 + 많은 가정들이 + 저축하는 것을 + 돈을

- The rising cost of living

---

4 비밀번호 보호 기능을 통해 권한이 없는 사용자가 데이터에 접근하지 못하게 했어요.

↻ 그 비밀번호 보호 기능이 막았어요 + 권한이 없는 사용자들이 + 접근하는 것을 + 그 데이터에

- The password protection
- unauthorized users
− 미리 차단해 막거나 방해할 때는 prevent ~ from Ving 형태 사용
− '~에 접근하다'의 access 는 전치사 없이 바로 목적어가 옴

---

5 강풍으로 인해 우리는 텐트를 설치할 수가 없었어요.

↻ 그 강풍이 막았어요 + 우리가 + 설치하는 것을 + 그 텐트를

- The strong wind
- set up

---

6 높은 비용으로 인해 많은 사람들이 제품을 구매하지 못했어요.

↻ 그 높은 비용이 막았어요 + 많은 사람들이 + 사는 것을 + 그 제품을

- The high cost
- the product

---

* 4〜6번은 사물 주어 뒤에 오는 동사로 keep, prevent 모두 가능한데, prevent 〜 from Ving을 쓰면 더 공식적이고 사전에 차단하는 느낌을 줍니다. keep은 더 일상적인 상황에 많이 활용됩니다.

7 그 식당은 고객의 외부 음식 반입을 금합니다.

  ↻ 그 식당은 금지합니다 + 고객들이 + 가져오는 것을 + 외부 음식을

- prohibit
- outside food

법적 또는 규칙적 제한으로 '〜가 하는 것을 금지하다'는 prohibit 〜 from Ving

---

8 서비스 약관은 사용자들이 계정 정보를 공유하는 것을 금지합니다.

  ↻ 그 약관은 (서비스의) 금지합니다 + 사용자들이 + 공유하는 것을 + 그들의 계정 정보를

- The terms of service
- account information

---

9 보안 조치에 따라 승인받지 않은 사람은 건물에 출입할 수 없습니다.

  ↻ 그 보안 조치들은 금지합니다 + 승인받지 않은 사람들이 + 들어가는 것을 + 그 건물에

- The security measures

– '승인되지 않은, 권한이 없는'은 unauthorized

– '(회사의) 전 직원, 사람들'은 집합 명사로 쓰이는 personnel

---

10 인터넷 연결이 좋지 않아 우리는 보고서를 제때 제출하지 못했어요.

  ↻ 그 열악한 인터넷 연결이 방해했어요 + 우리가 + 제출하는 것을 + 그 보고서를 + 제때

- The poor Internet connection
- submit

장애물, 어려움이 무언가 원활하게 진행되지 않도록 방해할 때는 hinder 〜 from Ving

---

11 수줍어서 그녀는 회의에서 크게 목소리를 낼 수 없었어요.

  ↻ 그녀의 수줍음이 방해했어요 + 그녀가 + 크게 목소리를 내는 것을 + 회의들에서

- Her shyness

– '큰 소리로 말하다'는 speak up

– '일반적인 모든 회의들에서' 라는 의미로 in meetings

---

12 계속 산만해서 그녀는 일에 집중하지 못했어요.

  ↻ 그 계속되는 산만함들이 방해했어요 + 그녀가 + 집중하는 것을 + 그녀의 일에

- The constant distractions

'〜에 집중하다'는 focus on 〜

> ① 교통 체증으로 인해 우리는 제시간에 식당에 도착하지 못했어요. ② 거기에 도착했을 때쯤, 비가 와서 계획했던 대로 밖에 앉을 수가 없었지요. ③ 그 식당은 고객의 음료 반입을 금지해서, 메뉴에서 주문해야 했습니다. ④ 아쉽게도, 서비스가 열악해서 식사를 온전히 즐길 수가 없었답니다.

①

_____

_____

Hint 극심한 교통량, 교통 체증 heavy traffic   (어떤 조건, 상황이) ~가 …하는 것을 막다, 못하게 하다 keep ~ from Ving

②

_____

_____

Hint ~할 때쯤 by the time 주어 + 동사   (미리 차단 또는 방해하여) ~가 …하는 것을 막다, 못하게 하다 prevent ~ from Ving

③

_____

_____

Hint (법적 또는 규칙적 제한으로) ~가 …하는 것을 금지하다 prohibit ~ from Ving

④

_____

_____

Hint 아쉽게도 unfortunately   (장애물, 어려움이) ~가 …하는 것을 방해하다 hinder ~ from Ving
완전히, 충분히 fully

1 교통 체증으로 인해 우리는 제시간에 식당에 도착하지 못했어요.

그 극심한 교통량이 막았어요 + 우리가 + 도착하는 것을 + 그 식당에 + 제시간에

문장의 뼈대인 [주어 + 서술어]를 The heavy traffic kept로 시작하세요. 동사 keep 뒤에 대명사는 목적격으로 쓰고 '~가 못하게 하다, 막다'의 의미가 되도록 뒤에 ~ from Ving의 구조로 쓰세요. 그래서 '그 식당에 도착하는 것'은 동명사구 arriving at the restaurant로 만들면 됩니다.

2 거기에 도착했을 때쯤, 비가 와서 계획했던 대로 밖에 앉을 수가 없었지요.

우리가 도착했을 때쯤 + 거기에, + 그 비가 못하게 했어요 + 우리가 + 앉는 것을 + 밖에 + 계획했던 대로

비가 와서 야외에 앉는 것을 미리 차단 또는 방해했다는 의미이므로, 동사 prevent를 활용해 문장을 만들어 보세요. '밖에 앉는 것'은 sitting outside로 from 뒤에 위치합니다.

3 그 식당은 고객의 음료 반입을 금지해서, 메뉴에서 주문해야 했습니다.

그 식당은 금지합니다 + 고객들이 + 가져오는 것을 + 자신들의 음료들을, + 그래서 + 우리는 주문해야 했어요 + 그 메뉴에서

'그 식당은 금지합니다'는 식당의 일반적인 규칙이므로, 시제는 단순 현재로 The restaurant prohibits로 쓰세요. '음료를 가져오는 것'은 bringing their own drinks로 표현할 수 있어요. '메뉴에서 골라서 주문하다'는 order from the menu입니다.

4 아쉽게도, 서비스가 열악해서 식사를 온전히 즐길 수가 없었답니다.

아쉽게도, + 그 열악한 서비스는 방해했어요 + 우리가 + 온전히 즐기는 것을 + 그 식사를

'장애물, 어려움이 무언가 원활하게 진행되지 않도록 방해한다'는 뉘앙스를 전달하기 위해 동사 hinder를 이용해써 보세요. '식사를 온전히 즐기다'는 fully enjoy the meal로 표현할 수 있어요.

▶ 정답

① The heavy traffic kept us from arriving at the restaurant on time. ② By the time we got there, the rain prevented us from sitting outside as planned. ③ The restaurant prohibits customers from bringing their own drinks, so we had to order from the menu. ④ Unfortunately, the poor service hindered us from fully enjoying the meal.

몇 분만 쉬면 상쾌한 기분을 느낄 수 있을 거예요.

영어에서 사물 주어를 쓰는 건 간결함과 직관성 때문입니다. 이렇게 하면 부사구/부사절로 쓰는 것보다 더 간단한 표현으로 명확한 의미 전달이 가능하기에 일상 대화, 이메일, 설명 등에 자주 쓰입니다. 위의 문장도 조건의 부사절 대신 사물 주어를 써서 말할 수 있어요. 물론 메시지를 전달하는 상황에 따라 논리적 연결을 분명히 해야 할 때 즉, 공식적인 글쓰기, 논문, 보고서 등에는 부사절이 더 자주 쓰인다는 것도 참고로 알아두세요.

| 몇 분의 휴식이 도와줄 거예요 | + 당신이 + 느끼도록 + 상쾌한 (기분으로) |

STEP 1 전체 문장 완성하기

다음 문장을 힌트 단어를 보면서 완성해 보세요. **MP3 055**

1 몇 분의 휴식이 도와줄 거예요

• **A few minutes of rest**
If you rest for a few minutes의 조건 부사절 대신 사물 주어로

---

2 몇 분의 휴식이 도와줄 거예요 / 당신이

• **you**

---

3 몇 분의 휴식이 도와줄 거예요 / 당신이 / 느끼도록 / 상쾌한 (기분으로)

• **feel refreshed**

> **Answer** A few minutes of rest will help you feel refreshed.
> (= If you rest for a few minutes, you will feel refreshed.)

▶ 정답 p. 356

 유제 1 하룻밤 푹 자면 내일은 생산성이 높아질 거예요.
하룻밤 숙면이 높여줄 거예요 + 당신의 생산성을 + 내일

1 하룻밤 숙면이 높여줄 거예요

• **will boost**
If you sleep well tonight
→ A good night's sleep
조건 부사절을 사물 주어로

2 하룻밤 숙면이 높여줄 거예요 / 당신의 생산성을

• **productivity**

3 하룻밤 숙면이 높여줄 거예요 / 당신의 생산성을 / 내일

• **tomorrow**

유제 2 일정을 잠깐 보면 오늘 회의가 기억날 거예요.
잠깐 보는 것이 (당신의 일정을) 기억나게 해 줄 거예요 + 당신에게 + 오늘의 회의를

1 잠깐 보는 것이 (당신의 일정을)

• **A quick look at**

2 잠깐 보는 것이 (당신의 일정을) / 기억나게 해 줄 거예요

• **remind**
'~에게 …를 생각나게 하다,
상기시키다'는 remind ~
of …

3 잠깐 보는 것이 (당신의 일정을) / 기억나게 해 줄 거예요 / 당신에게 /
오늘의 회의를

• **today's meeting**

유제 응용 매니저와 잠깐 대화하면 문제가 해결될 겁니다.
잠깐의 대화가 (그 매니저와) 해결할 겁니다 + 그 문제를

• **A quick
conversation**
• **the issue**

1 몇 마디 격려의 말이면 팀에 동기 부여가 될 것입니다.

   🗘 몇 마디 말들이 (격려의) 동기를 부여할 것입니다 + 그 팀에

- encouragement
- motivate

'몇 마디 말'은 a few words 로 표현

---

2 계약서를 자세히 검토하면 향후 문제를 예방할 거예요.

   🗘 꼼꼼한 검토가 (그 계약서의) 예방할 거예요 + 향후 문제들을

- A detailed review
- future issues

'미리 막다, 예방하다'는 prevent

---

3 잘 작성된 이력서라면 채용될 가능성이 높아질 겁니다.

   🗘 잘 작성된 이력서는 높여줄 것입니다 + 당신의 가능성들을 + 채용될

- A well-crafted resume

'~할 가능성'은 chance of, '채용되다'는 get hired로 of 뒤에 연결하기 위해 getting hired 형태로

---

4 잠깐 산책하면 마음이 맑아질 거예요.

   🗘 짧은 산책이 맑게 할 거예요 + 당신의 마음을

- A short walk
- clear

---

5 긍정적인 태도를 취하면 관계들이 개선될 거예요.

   🗘 긍정적인 태도가 개선할 거예요 + 당신의 관계들을

- improve
- relationships

---

6 균형 잡힌 식단을 하면 전반적인 웰빙을 향상시킬 수 있어요.

   🗘 균형 잡힌 식단은 향상시킬 수 있어요 + 당신의 전반적인 웰빙을

- A balanced diet
- overall well-being

---

7 자주 소통하면 모두가 같은 의견을 유지할 겁니다.

🗣 빈번한 의사소통은 유지하게 해 줄 겁니다 + 모두가 + 같은 의견에 있도록

- Frequent communication
- keep

on the same page는 '의견이 같은, 일치하는'의 의미

---

8 시간을 제대로 관리하면 성공할 겁니다.

🗣 그 적절한 관리가 (당신 시간의) 도와줄 것입니다 + 당신이 + 성공하는 것을

- The proper management
- succeed

---

9 소득의 일부를 저축하면 비상 자금을 마련하는 데 도움이 될 거예요.

🗣 저축하는 것이 + 일부를 + 당신 소득의 + 도와줄 것입니다 + 당신이 + 마련하는 것을 + 비상 자금을

- Saving a portion of your income

'비상 자금을 마련하다/ 조성하다'는 build an emergency fund

---

10 목표를 명확히 설정하면 동기 부여를 유지하는 데 도움이 됩니다.

🗣 설정하는 것이 + 명확한 목표들을 + 도와줍니다 + 당신이 + 유지하는 것을 + 동기 부여된 (상태로)

- Setting clear goals
- stay motivated

---

11 작업 공간을 깨끗이 유지하면 집중력이 향상될 겁니다.

🗣 유지하는 것이 + 깨끗한 작업 공간을 + 향상시킬 것입니다 + 당신의 집중력을

- Maintaining a clean workspace
- focus

---

12 다른 사람들에게 친절하면, 더 호감 가는 사람이 될 거예요.

🗣 친절하게 대하는 것이 + 다른 사람들에게 + 만들어 줄 것입니다 + 당신을 + 더 호감이 가는 (상태로)

- Being kind to others
- likable

> ① 아침 식사를 잘 하면 하루를 시작하는 데 필요한 에너지를 줄 거예요. ② 일정이 잘 계획돼 있다면 체계적이고 목표에 맞춰 나아가게 될 거고요. ③ 아침 루틴이 생산적이면 하루 동안 자신감을 높여줄 겁니다. ④ 하루를 마무리할 때 잠시 성찰하는 시간을 가지면 진행 상황을 평가하는 데 도움이 될 거예요.

①

Hint 좋은 아침 식사 a good breakfast   ~에게 …을 제공하다 provide ~ with …   하루를 시작하다 start the day

②

Hint 잘 계획된 일정 a well-planned schedule   정리된, 체계적인 organized   제대로 진행되는, 목표대로 진행되는 on track

③

Hint 생산적인 productive   증진시키다, 높이다 boost   남은 하루 동안 for the rest of the day

④

Hint 성찰, 숙고 reflection   평가하다 evaluate

1 아침 식사를 잘 하면 하루를 시작하는 데 필요한 에너지를 줄 거예요.

좋은 아침 식사가 제공할 거예요 + 당신에게 + 그 에너지를 + (당신이 필요한 + 시작하기 위해 + 하루를)

A good breakfast를 주어로 시작하여 동사 provide를 이용하여 쓰는 문장입니다. the energy 뒤에 수식어구가 다소 길게 붙는데, 먼저 '당신이 필요한 에너지'는 the energy you need가 되며 '하루를 시작하기 위해'로 그 목적을 덧붙입니다. 그래서 the energy you need to start the day가 됩니다.

2 일정이 잘 계획돼 있다면 체계적이고 목표에 맞춰 나아가게 될 거고요.

잘 계획된 일정은 유지하게 해 줄 거예요 + 당신을 + 체계적이고 목표대로 진행하는 (상태로)

'어떤 상태를 유지하다, 유지하게 하다'는 동사 keep을 활용합니다. A well-planned schedule will keep you 뒤에 you를 어떤 상태로 유지시키는지 보충어를 써 주세요. on track은 기차가 철로 위를 따라 목적지로 가는 것처럼 '경로를 벗어나지 않고 목표대로 가는' 것을 뜻합니다.

3 아침 루틴이 생산적이면 하루 동안 자신감을 높여줄 겁니다.

생산적인 아침 루틴은 높여줄 겁니다 + 당신의 자신감을 + 나머지 하루 동안

구체적인 사물 주어를 써서 조건의 의미가 명확하게 전달되게 하세요. 주어 '생산적인 아침 루틴'은 A productive morning routine, 서술어 '높여줄 겁니다'는 will boost가 됩니다.

4 하루를 마무리할 때 잠시 성찰하는 시간을 가지면 진행 상황을 평가하는 데 도움이 될 거예요.

조금의 시간이 + (성찰을 위한) + 그날의 끝에 + 도와줄 것입니다 + 당신이 + 평가하는 것을 + 당신의 진행 상황을

부사절로 설명하는 대신 사물 주어로 조건의 의미를 나타내니까 주어가 길어졌어요. 영어 구조대로 쓰면 [A little time + for reflection]이 되고, 그다음 '하루를 마무리할 때, 하루가 끝날 무렵'을 덧붙입니다. 그러면 at the end of the day까지 추가되어 긴 주어가 됩니다. '당신의 진행 상황을 평가하다'는 evaluate your progress로 쓰세요.

▶ 정답

① A good breakfast will provide you with the energy you need to start the day. ② A well-planned schedule will keep you organized and on track. ③ A productive morning routine will boost your confidence for the rest of the day. ④ A little time for reflection at the end of the day will help you evaluate your progress.

CHAPTER 2

수동태

현지 및 해외 뉴스는 매시간 우리 웹사이트에 업데이트됩니다.

어떤 행동이나 상황의 대상자를 주어로 쓰고 그 뒤에 주어의 수와 시제에 따라 [be동사 + p.p.]로 쓰는 것이 수동태의 기본 구조입니다. 영어에서 이런 수동태 문장을 쓸 때는 바로 누가 행동을 했는지 모르거나 알아도 그게 중요하지 않을 때입니다 예를 들어, A decision was made.(결정은 내려졌다.)라고 할 때는 누가 결정했는지보다 결정이 내려진 것 자체가 중요하다는 의미예요. 또 The book was published in 1943 by Penguin.(이 책은 1943년에 펭귄 출판사에서 출판되었다.)와 같이 행위자를 언급하더라도 나중에 하고 싶을 때, 수동태를 씁니다. 행위의 주체보다 행위 자체를 언급하기 위해 쓰는 수동태 문장을 직접 만들면서 익혀 보세요.

그 현지 및 해외 뉴스는 업데이트됩니다 + 우리의 웹사이트에
+ 매시간마다

STEP 1 전체 문장 완성하기

다음 문장을 힌트 단어를 보면서 완성해 보세요. MP3 058

1 그 현지 및 해외 뉴스는 업데이트됩니다

• local and international
일반적인 사실, 반복되는 행동이나 상태를 나타낼 때는 단순 현재 시제이며, 수동태의 단순 현재형은 [be동사 현재형 + p.p.]

2 그 현지 및 해외 뉴스는 업데이트됩니다 / 우리의 웹사이트에

• on our website

3 그 현지 및 해외 뉴스는 업데이트됩니다 / 우리의 웹사이트에 / 매시간마다

• every hour

Answer The local and international news is updated on our website every hour.

▶ 정답 p. 357

유제 1

호텔 다이닝 룸에서 오전 7시부터 10시까지 맛있는 아침 식사가 제공됩니다.

맛있는 아침 식사가 제공됩니다 + 그 호텔 다이닝 룸에서 + 오전 7시부터 10시까지

---

1 맛있는 아침 식사가 제공됩니다

- **A delicious breakfast**
'(식당 등에서 음식을) 제공하다'는 serve, '제공되다'는 be served

---

2 맛있는 아침 식사가 제공됩니다 / 그 호텔 다이닝 룸에서

- **in the hotel dining room**

---

3 맛있는 아침 식사가 제공됩니다 / 그 호텔 다이닝 룸에서 / 오전 7시부터 10시까지

- **from 7 to 10 a.m.**

유제 2

그 오래된 집은 작년에 아주 좋은 가격에 팔렸어요.

그 오래된 집은 팔렸어요 + 작년에 + 아주 좋은 가격에

---

1 그 오래된 집은 팔렸어요

- **be sold**
－이미 지나간 과거의 일이므로 과거형으로
－수동태의 단순과거형은 [be동사 과거형 + p.p.]

---

2 그 오래된 집은 팔렸어요 / 작년에

- **last year**

---

3 그 오래된 집은 팔렸어요 / 작년에 / 아주 좋은 가격에

- **at a very good price**
집이 팔린 시기를 강조하는 의도로 last year가 먼저 온 어순 (판매 가격을 강조할 때는 at a very good price 가 먼저 올 수도 있음)

유제 응용

보고서는 매주 검토되며, 지난달에는 최신 데이터를 포함하도록 업데이트되었어요.

그 보고서는 검토됩니다 + 매주, + 그리고 + 지난달에는 +
그것(보고서)이 업데이트되었어요 + 포함하기 위해 + 최신 데이터를

- **weekly**
- **include the latest data**
보고서가 매주 검토되는 것은 현재형으로, 지난달에 업데이트된 상황은 과거형으로

1 콘서트 티켓은 오직 온라인으로만 판매됩니다.

🔁 콘서트 티켓들은 판매됩니다 + 독점적으로 + 온라인에서

- exclusively
 −일반적인 콘서트 티켓을 통칭하는 의미이므로 복수형 Concert tickets로
 −일반적인 사실을 설명하므로 현재형으로

---

2 모든 월별 청구서는 자동 이체로 자동 결제됩니다.

🔁 모든 월별 청구서들은 결제됩니다 + 자동적으로 + 자동 이체로

- All monthly bills
- by direct debit
 −현재 반복적으로 일어나는 일은 현재형으로

---

3 네트워크 비밀번호는 보안을 위해 매달 정기적으로 변경됩니다.

🔁 그 네트워크 비밀번호는 변경됩니다 + 정기적으로 + 매달 + 보안을 위해

- regularly
- for security

---

4 모나리자는 레오나르도 다 빈치가 그렸어요. (모나리자가 그려진 것을 강조)

🔁 모나리자는 그려졌어요 + 레오나르도 다 빈치(Leonardo Da Vinci)에 의해

- The Mona Lisa
 모나리자는 고유명사지만 특별하고 유일한 예술 작품임을 나타내기 위해 the를 붙임

---

5 전 서울이라는 번화한 도시에서 나고 자랐어요. 당신은 어디에서 태어났어요?

🔁 나는 태어나고 자랐어요 + 그 번화한 도시에서 + 서울이라는. 어디에서 + 당신은 태어났나요?

- I was born
- in the bustling city of Seoul
 '~가 태어났다'는 과거에 이미 일어난 일이므로, 항상 과거형 was/were born으로 표현

---

6 유리창은 어제 우리 유지 보수팀이 완전히 청소했어요. (유리창이 청소된 것을 강조)

🔁 그 유리창들은 청소되었어요 + 완전히 + 어제 + 우리의 유지 보수 팀에 의해

- thoroughly
- our maintenance team
 수동태는 무슨 일이 일어났는지 먼저 밝히고, 누가 그 일을 했는지는 나중에 언급 (대체로 by를 씀)

---

7 필요한 모든 문서는 모든 관련 당사자들이 서명했습니다. (문서가 서명된 것을 강조)

🗘 모든 그 필요한 문서들은 서명되었습니다 + 모든 관련 당사자들에 의해

- **all involved parties**
'(소송, 계약 등의) 당사자'는 party

---

8 내년 국제 컨퍼런스는 뉴욕에서 개최될 겁니다.

🗘 내년의 국제 컨퍼런스는 개최될 것입니다 + 뉴욕에서

- **will be hosted**
미래에 일어날 일이나 상태를 말할 때 '~될 것이다'는 [will be p.p.] 구조로

---

9 귀하의 신청서는 영업일 기준 이틀 내에 처리될 것입니다.

🗘 귀하의 신청서는 처리될 것입니다 + 영업일로 이틀 내에

- **application**
- **within two business days**
'(문서, 요청 사항 등을 공식적으로) 처리하다'는 process

---

10 그 밴드의 신곡은 다음 달에 스트리밍 플랫폼에서 발매될 거예요.

🗘 그 밴드의 신곡은 발매될 것입니다 + 스트리밍 플랫폼들에서 + 다음 달에

- **on streaming platforms**
'(노래, 음반 등을) 발매하다, (영화 등을) 개봉하다'는 release

---

11 매우 기대되는 책이 내년 봄에 출판될 겁니다.

🗘 그 매우 기대되는 책이 출판될 것입니다 + 봄에 + 내년의

- **The highly anticipated book**
- **in the spring**
수식 받는 대상이 한정되므로 the를 붙여 the ~ book, the spring으로 표현

---

* next spring으로 써도 되지만 in the spring of the next year를 쓰면 더 형식적, 문어적인 느낌을 줍니다. next spring은 일상 대화에서 더 흔히 씁니다.

12 최종 결정은 다음 주 수요일에 집행 위원회가 내릴 것입니다. (결정이 내려질 것을 강조)

🗘 그 최종 결정은 내려질 것입니다 + 그 집행 위원회에 의해 + 다음 주 수요일에

- **The final decision**
- **by the executive committee**
'결정을 내리다'는 make a decision, 결정이 '내려질 것이다'는 ~ will be made

① 커뮤니티 정원은 지역 자원 봉사자들이 관리합니다. ② 작년에 새 과일나무 몇 그루가 심어졌지요. ③ 다음 달에는 물 사용을 개선하기 위해 새로운 관개 시스템이 설치될 거예요. ④ 그 정원에서 재배된 모든 농산물은 지역 식량 은행에 기부된답니다.

①

___

Hint 유지하다, 관리하다 maintain → 유지되다, 관리되다 be maintained   지역 자원 봉사자 local volunteer

②

___

Hint (나무, 씨앗 등을) 심다 plan → 심기다 be planted

③

___

Hint 관개 시스템 irrigation system   설치하다 install → 설치되다 be installed   물 사용 water usage

④

___

Hint 농작물, 농산물 produce (셀 수 없는 명사)   생산된, 재배된 grown   기부하다 donate → 기부되다 be donated
식량 은행 food bank (미국에 있는 푸드 뱅크로 가난한 사람들이 무료로 음식을 얻는 곳)

1 커뮤니티 정원은 지역 자원 봉사자들이 관리합니다.

그 커뮤니티 정원은 관리됩니다 + 지역 자원 봉사자들에 의해

행위의 주체보다 행위 자체를 강조하는 수동태 문장 역시 [주어 + 서술어] 뼈대부터 잡으세요. The community garden is maintained 뒤에 누구에 의해 관리되는지 [by + 행위자]를 덧붙이세요.

2 작년에 새 과일나무 몇 그루가 심어졌지요.

작년에, + 몇 그루의 새 과일나무들이 심어졌어요

'몇 그루의 새 과일나무들'은 several new fruit tress로 한국어 어순 그대로 해당 표현을 배열하면 됩니다. 작년에 심어진 것이므로 be동사 과거형으로 수동태를 만들면 several new fruit trees were planted가 됩니다.

3 다음 달에는 물 사용을 개선하기 위해 새로운 관개 시스템이 설치될 거예요.

새로운 관개 시스템이 설치될 거예요 + 다음 달에 + 개선하기 위해 + 물 사용을

'설치될 것이다'는 미래 시제이므로 will be p.p.의 구조로 A new irrigation system will be installed가 됩니다. '물 사용을 개선하기 위해'는 [to + 동사원형]을 이용해 to improve water usage로 쓰세요.

4 그 정원에서 재배된 모든 농산물은 지역 식량 은행에 기부된답니다.

모든 농산물은 (재배된 + 그 정원에서) 기부됩니다 + 그 지역 식량 은행에

주어 All produce 뒤에 수식어구가 붙어 긴 주어가 됩니다. '재배된'은 수동의 의미로 grow의 p.p.인 grown이며 그 뒤에 장소 표현 in the garden까지 써 주세요. All produce grown in the garden 뒤에 서술어를 수동태로 쓰면 is donated가 됩니다. produce는 셀 수 없는 명사로 단수 취급하므로 단수 동사 is와 함께 씁니다.

▶ 정답

① The community garden is maintained by local volunteers. ② Last year, several new fruit trees were planted. ③ A new irrigation system will be installed next month to improve water usage. ④ All produce grown in the garden is donated to the local food bank.

차량이 현재 지역 정비소에서 수리 중입니다.

현재진행형 수동태는 필자/화자가 말하는 시점에서 진행되는 일일 때 쓰입니다. [be동사 현재형 + being + p.p.]로 어떤 일이 일어나고 있는 상황이나 과정에 초점을 맞춥니다.
현재완료 수동태는 과거의 어느 시점에 시작된 행동이 최근에 완료되었거나 그 결과가 현재까지 이어지고 있을 때 쓰입니다. [have/has + been + p.p.]의 구조로 표현하며, 현재 그 일이 완료되었는지 또는 일의 결과가 현재까지 지속되는지에 초점을 둡니다.

그 차량은 현재 수리되고 있어요 ┃ + 그 지역 정비소에서

STEP 1 전체 문장 완성하기

다음 문장을 힌트 단어를 보면서 완성해 보세요. **MP3 061**

1 그 차량은 현재 수리되고 있어요

- **repaired**
- '~되는 중이다'는 현재진행형 수동태 [be동사(am/is/are) + being + p.p.]로
- 부사 currently는 is와 being 사이에 위치해, 동작이 현재 진행 중임을 강조

---

2 그 차량은 현재 수리되고 있어요 / 그 지역 정비소에서

- **at the local garage**
garage는 '차고'라는 뜻 외에 '정비소'의 의미로도 자주 쓰임

> **Answer** The car is currently being repaired at the local garage.

▶ 정답 p. 357

유제 1	서류는 사무실 직원이 처리하는 중입니다. (서류가 처리되는 것에 초점) 그 서류들이 처리되고 있는 중입니다 + 그 사무실 직원에 의해

1 그 서류들이 처리되고 있는 중입니다

- The documents
'처리하다'는 process →
'처리되는 중이다'는 be
being processed

2 그 서류들이 처리되고 있는 중입니다 / 그 사무실 직원에 의해

- by the office clerk

유제 2	다음 달 우리 휴가를 위해 티켓이 예약되었어요. 그 티켓들은 예약되었어요 + 우리의 휴가를 위해 + 다음 달

1 그 티켓들은 예약되었어요

- have been booked
예약을 해서 지금은 예약이
완료된 상태이므로 현재완료
수동태 have been p.p.로

2 그 티켓들은 예약되었어요 / 우리의 휴가를 위해

- for our vacation

3 그 티켓들은 예약되었어요 / 우리의 휴가를 위해 / 다음 달

- next month

유제 응용	새로운 소프트웨어 버전이 일반 대중에게 공개되었고, 초기 사용자들에게 테스트 받는 중입니다. 그 새로운 소프트웨어 버전이 공개되었어요 + 일반 대중에게, + 그리고 + 테스트되고 있는 중입니다 + 초기 사용자들에 의해

- has been released
- by early adopters
－과거에 공개가 되어 현재
 테스트를 받는 중이므로,
 앞의 문장은 현재완료
 수동태로 표현
－'일반 사람들, 대중'은
 the public

뉘앙스를 생각하며 문장을 만들어 보세요. **MP3 062**

---

1   오늘 아침 우리 신규 조경 서비스를 통해 잔디가 깎이고 있어요.

    ↻   그 잔디는 깎이고 있어요 + 오늘 아침 + 우리의 새로운 조경 서비스에 의해

- landscaping service
  – '잔디를 깎다'는 mow the lawn
  – '~되고 있는 중이다'는 [be동사 being p.p.]

---

2   우리 주간 식료품이 지금 현지 매장에서 배달되고 있어요.

    ↻   우리의 주간 식료품들이 배달되고 있어요 + 지금 + 그 현지 매장에 의해

- weekly groceries
- deliver
- the local store

---

3   모든 입사 지원서가 인사부서에서 현재 검토 중입니다.

    ↻   모든 입사 지원서들이 현재 검토되는 중입니다 + 그 인사부서에 의해

- review
- HR department

---

4   과제는 선생님이 채점하고 있고요, 결과는 내일 발표될 겁니다.

    ↻   그 과제들은 채점되고 있어요 + 그 선생님에 의해 + 그리고 +
        결과들은 발표될 것입니다 + 내일

- assignments
  – '채점되고 있다'는 [be동사 현재형 being graded]의 수동태 현재진행형
  – '발표될 것이다'는 will be announced로 수동태 미래형

---

5   새 블록버스터 영화가 도시 전역의 세 개 극장에서 상영 중입니다.

    ↻   그 새 블록버스터 영화가 상영되는 중입니다 + 세 개의 다른 극장들에서 +
        그 도시 전역에 걸쳐

- in three different theaters
- across the city
  '상영하다'는 show →
  '상영되고 있다'는 [be동사 being shown]

---

6   내일 아침으로 예정된 회의를 위해 회의실이 마련되고 있어요.

    ↻   그 회의실이 마련되고 있어요 + 그 회의를 위해 + (예정된 + 내일 아침으로)

- The conference room
- scheduled for tomorrow morning
  '준비하다, 마련하다'는
  set up → '마련되고 있다'는
  [be동사 being set up]

---

7 최신 뉴스레터가 오늘 아침 모든 구독자에게 발송되었어요.

　　🗘 그 최신 뉴스레터가 발송되었어요 + 모든 구독자들에게 + 오늘 아침

* The latest
  newsletter
* subscribers

과거의 어느 시점에 시작된
일이 현재 완료된 상태일 때
has/have been p.p. 현재
완료 수동태로

---

8 모든 파일이 각각의 폴더로 정리되었어요.

　　🗘 그 모든 파일들이 정리되었어요 + 그것들 각각의 폴더들로

* All the files
* into their
  respective folders

organize는 '(특정한 순서, 구
조로) 정리하다, 체계화하다'

---

9 기념일 축하를 위한 저녁 식사 예약이 되었어요.

　　🗘 그 저녁 식사 예약이 되었어요 + 우리의 기념을 축하를 위한

* reservation
* anniversary
  celebration

---

10 집은 팔렸고 열쇠는 다음 주에 넘겨질 거예요.

　　🗘 그 집은 팔렸어요, + 그리고 + 그 열쇠들은 넘겨질 거예요 + 다음 주에

* hand over

–sell: 팔다 → be sold:
  팔리다
–hand over: 넘겨주다 →
  will be handed over:
  넘겨질 것이다

---

11 그 연구 결과들이 저명한 과학 저널에 게재되었어요.

　　🗘 그 연구 결과들이 게재되었어요 + 저명한 과학 저널에

* findings
* in a renowned
  scientific journal

–publish는 '(신문, 잡지에)
  게재하다, 싣다'
–게재되었고, 현재 완료된
  일이므로 have been p.p.
  현재완료 수동태로

---

12 거실을 더 넓게 만들려고 가구가 재배치되었어요.

　　🗘 그 가구는 재배치되었어요 + 만들기 위해 + 그 거실을 + 더 넓은 상태로

* rearrange
* more spacious

furniture(가구)는
집합 명사로 단수 취급

> ① 집은 숙련된 작업자팀이 개조하고 있어요. ② 방을 밝게 하려고 벽이 연한 파란색으로 칠해지고 있고요. ③ 오래된 바닥재는 새로운 견목 바닥재에 자리를 내주기 위해 제거되었어요. ④ 필요한 모든 허가는 지역 의회로부터 받았습니다.

①

_____

_____

Hint 개조하다 renovate → 개조되고 있다 be동사 being renovated   숙련된 작업자들 skilled workers

②

_____

_____

Hint 연한 파란색 a light blue   밝히다, 밝게 하다 brighten

③

_____

_____

Hint 바닥재 flooring   ~에 길을 열어 주다/자리를 내주다 make way for ~   견목 바닥재 hardwood flooring

④

_____

_____

Hint 필요한 necessary   허가 permit   얻다, 획득하다 obtain   지역 의회 local council

1 집은 숙련된 작업자팀이 개조하고 있어요.

그 집은 개조되고 있어요 + 한 팀에 의해 + 숙련된 작업자들의

'개조되고 있다'는 진행의 의미이므로 [be동사 being p.p.]의 구조로 쓰세요. '그 집은 개조되고 있어요'는 The house is being renovated가 되며, 여기에 '누구에 의해'는 [by + 행위자]를 씁니다. 숙련된 작업자들이 한 팀을 이루고 있으므로 by a team of skilled workers가 됩니다.

2 방을 밝게 하려고 벽이 연한 파란색으로 칠해지고 있고요.

그 벽들은 페인트칠되고 있어요 + 연한 파란색으로 + 밝게 하기 위해 + 그 방들을

'페인트칠되고 있어요'도 현재 진행되는 일이므로 [be동사 being p.p.]의 구조로 써서 The walls are being painted가 됩니다. '~하기 위해서는 to부정사로 표현해 to brighten the rooms를 문장 뒤에 추가하세요. '연한 파란색'은 a light blue로 관사 a를 같이 써야 자연스럽습니다.

3 오래된 바닥재는 새로운 견목 바닥재에 자리를 내주기 위해 제거되었어요.

그 오래된 바닥재는 제거되었어요 + 자리를 내주기 + 그 새로운 견목 바닥을 위한

이미 제거된 상태를 표현해야 하므로 수동태의 현재완료 시제를 써서 표현하세요. '그 오래된 바닥재는 제거되었어요'는 The old flooring has been removed가 됩니다. 그 뒤의 추가 설명은 to부정사로 연결하세요.

4 필요한 모든 허가는 지역 의회로부터 받았습니다.

모든 필요한 허가들은 얻어졌습니다 + 그 지역 의회로부터

영어 어순대로 '모든 필요한 허가들'은 All necessary permits가 되고 서술어 '얻어졌다'는 수동태 현재완료형으로 써서 지금도 유효하다는 것을 표현합니다. 허가를 받은 출처는 from으로 표현할 수 있어요.

▶ 정답

① The house is being renovated by a team of skilled workers. ② The walls are being painted a light blue to brighten the rooms. ③ The old flooring has been removed to make way for new hardwood flooring. ④ All necessary permits have been obtained from the local council.

UNIT 3

be동사 대신
get을 쓰는
수동태 문장
만들기

그녀의 여권이 유럽 여행 중 도난당했어요.

수동태의 기본 형태 [be + p.p.]에서 be동사 대신 get을 사용할 수 있는데, 의미상 미묘한 차이가 있습니다. be동사를 사용한 수동태는 객관적이고 정확한 정보 전달에 초점을 맞추고 행위 자체나 그 결과에 중점을 둡니다. 반면, get을 사용한 수동태는 보다 일상적인 대화와 상황에 자주 쓰입니다. 또 문장에 따라 특정한 일이나 변화가 주체(수동태의 주어)에게 미치는 영향을 강조하기도 해서, 예상치 못한 일, 제어할 수 없는 일, 좋거나 나쁜 결과를 유발하는 일을 표현해요.

그녀의 여권이 도난당했어요 + 여행하는 중에 + 유럽에서

STEP 1 전체 문장 완성하기

다음 문장을 힌트 단어를 보면서 완성해 보세요. **MP3 064**

---

1 그녀의 여권이 도난당했어요

• **get stolen**
지나간 과거에 일어난
일이므로 get의 과거형을 쓴
got p.p.로

---

2 그녀의 여권이 도난당했어요 / 여행하는 중에

• **while traveling**

---

3 그녀의 여권이 도난당했어요 / 여행하는 중에 / 유럽에서

• **in Europe**

> **Answer** Her passport got stolen while traveling in Europe.

▶ 정답 p. 358

유제 1

비밀번호가 어젯밤에 변경되어서, 모든 기기를 업데이트해야 했어요.

그 비밀번호가 변경되었어요 + 어젯밤에, + 그래서 + 나는 업데이트해야 했어요 + 모든 내 기기들을

1 그 비밀번호가 변경되었어요 / 어젯밤에

• **get changed**
be p.p. 대신 get p.p.를 쓰면 더 구어적이고 일상적인 뉘앙스

2 그 비밀번호가 변경되었어요 / 어젯밤에, / 그래서 / 나는 업데이트해야 했어요

• **I had to update**
'~해야 한다'는 have to ~, '~해야 했다'는 had to ~

3 그 비밀번호가 변경되었어요 / 어젯밤에, / 그래서 / 나는 업데이트해야 했어요 / 모든 내 기기들을

• **all my devices**

유제 2

바쁜 주중에는 그녀의 이메일이 간과되는 경우가 많아서, 그녀가 수신자들에게 상기시켜 줘야 합니다.

그녀의 이메일들은 자주 간과됩니다 + 바쁜 주 동안에는, + 그래서 +
그녀는 상기시켜야 합니다 + 그 수신자들에게

1 그녀의 이메일들은 자주 간과됩니다

• **get overlooked**
'간과하다, 못 보고 넘어가다' 는 overlook

2 그녀의 이메일들은 자주 간과됩니다 / 바쁜 주 동안에는

• **during busy weeks**

3 그녀의 이메일들은 자주 간과됩니다 / 바쁜 주 동안에는, / 그래서 /
그녀는 상기시켜야 합니다 / 그 수신자들에게

• **remind the recipients**
–'~해야 한다'는 have to
–'상기시키다, (기억하도록) 다시 한 번 알려 주다'는 remind

유제 응용

그들의 제안은 매 회의 때마다 고려되지만, 아직 결정이 내려지지는 않았어요.

그들의 제안은 고려돼요 + 모든 회의에서 + 하지만 +
아무 결정이 내려지지 않았어요 + 아직

• **get considered**
• **at every meeting**
• **has been made**
but 뒤의 문장은 no decision으로 시작하는 부정문

---

1 **그녀의 글은 연구 논문에서 자주 인용됩니다.**

    ⟳ 그녀의 글은 인용됩니다 + 연구 논문들에서 + 자주

- in research papers
- frequently
–'(학술지, 책의) 소논문, 논문'은 article
–'인용하다'는 cite

---

2 **우리 차가 어젯밤에 견인되었는데, 주차 금지 구역에 주차되어 있었기 때문이에요.**

    ⟳ 우리 차가 견인되었어요 + 어젯밤에 + 그것(우리 차)이 주차되어 있었기 때문에
+ 주차 금지 구역에

- get towed
- in a no-parking zone

---

3 **그는 수개월간의 힘든 훈련 끝에 학교 축구팀에 선발되었어요.**

    ⟳ 그는 선발되었어요 + 그 학교의 축구팀에 + 수개월 후 + 힘든 훈련의

- after months of hard training
'~에 선발되다'는 get selected for

---

4 **마침내 문서가 프로젝트 기한에 딱 맞춰 승인 받았어요.**

    ⟳ 그 문서들이 마침에 승인 받았어요 + 딱 맞춰 + 그 프로젝트 기한에

- get approved
- just in time for

---

5 **내 주문이 식당에서 잘못 처리되어서 다시 만들어야 했어요.**

    ⟳ 내 주문이 잘못 처리되었어요 + 그 식당에 의해, + 그래서 +
그들은(식당에서) 다시 만들어야 했어요 + 그것을

- get misplaced
- remake
–misplace는 '잘못 두다, 분실하다'의 의미
–접속사 and는 '그래서'의 의미로도 쓰임

---

6 **어제 우리가 집을 나섰을 때 문이 실수로 잠겼어요.**

    ⟳ 그 문이 잠겼어요 + 실수로 + 우리가 나섰을 때 + 그 집을 + 어제

- get locked
- accidentally
'집을 나가다/나서다'는 leave the house

---

7 유리창이 아이들의 축구 경기 도중 빗나간 공에 박살이 났어요.

↻ 그 유리창이 박살이 났어요 + 빗나간 공 하나에 의해 +
그 아이들의 축구 경기 도중에

- get smashed
- by a stray ball

8 우리 예약이 예기치 않게 취소되어 빨리 다른 장소를 찾아야 했어요.

↻ 우리의 예약이 취소됐어요 + 예기치 못하게, + 그래서 +
우리는 찾아야 했어요 + 다른 장소를 + 빨리

- unexpectedly
- quickly

9 그 사람 아이디어는 위원회가 거부할 거예요.

↻ 그의 아이디어는 거부될 거예요 + 그 위원회에 의해

- get rejected
- committee

'~될 것이다, ~당할 것이다'
는 will get p.p. 미래형
수동태로

10 주소가 제대로 기재되지 않으면, 소포가 우편에서 분실될 거예요.

↻ 그 소포는 분실될 거예요 + 그 우편에서 + 제대로 주소가 기재되지 않으면

- get lost
- if not properly addressed

'주소가 기재되다'는
be addressed

* if it is not properly addressed에서 앞 문장(주절)과 같은 주어 it과 be동사는 생략 가능합니다.

11 그녀의 공연은 라이브로 녹화될 것이고, 온라인에서 시청할 수 있습니다.

↻ 그녀의 공연은 녹화될 것입니다 + 라이브로 + 그리고 +
이용 가능할(시청 가능할) 것입니다 + 온라인에서

- get recorded live
- available

12 결제는 청구 주기가 끝나기 직전인 다음 금요일까지 처리될 것입니다.

↻ 그 결제는 처리될 것입니다 + 다음 주 금요일까지, +
그 청구 주기가 끝나기 직전에

- payment
- the billing cycle closes

'직전에'는 just before

① 톰과 제나는 마침내 작년에 약혼했고 올 여름 해변에서 결혼할 계획이에요. ② 결혼식 당일 아침에, 제나는 할머니의 빈티지 드레스를 입을 거고요. ③ 모든 친구와 가족이 특별한 날을 축하하도록 초대받았어요. ④ 예식 후에는 모두가 해변에서 일몰 만찬을 대접받을 겁니다.

①
_____

_____

Hint 약혼하다 get engaged   ~하기를 계획하다 plan to + 동사원형   결혼하다 get married

②
_____

_____

Hint 옷을 입다 get dressed   빈티지 드레스 vintage gown

③
_____

_____

Hint 축하하다 celebrate

④
_____

_____

Hint 예식 ceremony   ~을 대접받다 get treated to ~

1 톰과 제나는 마침내 작년에 약혼했고 올 여름 해변에서 결혼할 계획이에요.

톰과 제나는 마침내 약혼했어요 + 작년에 + 그리고 + 계획하고 있어요 + 결혼하기를 + 그 해변에서 + 올 여름에

'약혼했다'는 get p.p.를 이용해 Tom and Jenna got engaged로 쓸 수 있어요. 지금 '계획하고 있다'이므로 and 이후의 문장은 현재진행형으로 갑니다. '결혼하다' 즉, '결혼식을 하다'는 get married이고, be married는 '결혼한 상태다'라는 뜻에 주의하세요. '해변에서'를 쓸 때 at the beach는 '해변에서, 해변 근처에서' 등 장소의 범위를 넓게 보는 표현이고, on the beach는 '(해변의) 모래 위에서'를 뜻합니다. 결혼식이 해변 근처에서 열릴 수도 있고, 모래 위나 근처 시설에서 열릴 가능성을 모두 포함하는 의미는 at the beach입니다.

2 결혼식 당일 아침에, 제나는 할머니의 빈티지 드레스를 입을 거고요.

그 아침에 + 그 결혼식 날의, + 제나는 입을 것입니다 + 빈티지 드레스를 + (속해 있던 + 그녀의 할머니에게)

on은 날짜를 포함한 특정한 날의 부분을 표현할 때 씁니다. on the afternoon of July 5th(7월 5일 오후에), on the evening of my birthday(내 생일 저녁에)와 같이요. 그래서 '결혼식 당일 아침에'는 on the morning of the wedding이 됩니다. 어떤 옷을 입는지까지 표현하려면 get dressed in 뒤에 특정한 옷을 쓰세요. '할머니의 빈티지 드레스'는 the vintage gown that belonged to her grandmother로 표현하세요. belong to는 '~의 것이다'의 뜻으로 자주 쓰이는 표현입니다.

3 모든 친구와 가족이 특별한 날을 축하하도록 초대받았어요.

모든 그들의 친구들과 가족은 초대받았어요 + 축하하기 위해 + 그들의 특별한 날을

주어 '모든 그들의 친구들과 가족'은 All of their friends and family이고 서술어 '초대받았다'는 이전에 초대받아서 현재까지 지속된 상태를 의미하므로 현재완료 시제로 쓰는 것이 자연스러워요. 긴 주어 뒤에 현재완료 수동태 have been invited를 서술어로 붙이세요. '축하하기 위해'는 to부정사를 이용해 쓰세요.

4 예식 후에는 모두가 해변에서 일몰 만찬을 대접받을 겁니다.

그 예식 후에, + 모두가 대접받을 것입니다 + 일몰 만찬을 + 그 해변에서

'모두가 대접받을 것입니다'는 수동태 미래 시제로 써서 everyone will get treated가 됩니다. '일몰 만찬은' a sunset dinner, '해변에서'는 해변 모래 위의 의미로 on the beach로 써 보세요.

▶ 정답

① Tom and Jenna finally got engaged last year and are planning to get married at the beach this summer. ② On the morning of the wedding, Jenna will get dressed in a vintage gown that belonged to her grandmother. ③ All of their friends and family have been invited to celebrate their special day. ④ After the ceremony, everyone will get treated to a sunset dinner on the beach.

그는 다음 경기에서 팀을 이끌라고 요청받았어요.

일상생활에서 자주 쓰는 동사들인 ask(부탁하다), tell(말하다), choose(선택하다), allow(허락하다), make(만들다) 등은 수동태인 [be동사 + 과거분사(p.p.)]의 구조로도 많이 쓰입니다. 그래서 ask → be asked(부탁받다), tell → be told(말을 듣다), choose → be chosen(선택받다), allow → be allowed(허락받다)의 의미가 됩니다. 이런 류의 동사들은 [be동사 + p.p. + to부정사]의 구조를 이뤄 '어떤 행위를 하도록 부탁받다/지시받다/선택받다/허락받다'의 뜻이 됩니다.

 그는 요청받았어요 + 이끌도록 + 그 팀을 + 그 다음 경기에서

STEP 1 전체 문장 완성하기

다음 문장을 힌트 단어를 보면서 완성해 보세요. **MP3 067**

1 그는 요청받았어요

• **asked**
'요청받았다'는 과거에 일어난 일이므로 [be동사 과거형 + p.p.]의 구조로

---

2 그는 요청받았어요 / 이끌도록 / 그 팀을

• **to lead the team**

---

3 그는 요청받았어요 / 이끌도록 / 그 팀을 / 그 다음 경기에서

• **in the next game**

Answer **He was asked to lead the team in the next game.**

▶ 정답 p. 359

유제 1	우리는 워크숍에 개인 노트북을 가져오라고 요청받았어요.
	우리는 요청받았어요 + 가져오도록 + 우리의 개인 노트북들을 + 그 워크숍에

1 우리는 요청받았어요

• asked

주어가 we일 때 be동사 과거형은 were

2 우리는 요청받았어요 / 가져오도록 / 우리의 개인 노트북들을

• to bring our own laptops

3 우리는 요청받았어요 / 가져오도록 / 우리의 개인 노트북들을 / 그 워크숍에

• to the workshop

유제 2	우리는 즉시 건물 밖으로 대피하라는 지시를 받았어요.
	우리는 말을 들었어요 + 대피하라고 + 그 건물을 + 즉시

1 우리는 말을 들었어요

• told

tell의 p.p.는 told로 '~하라는 말을 듣다/지시를 받다/당부를 받다'는 [be told to +동사원형]

2 우리는 말을 들었어요 / 대피하라고 / 그 건물을

• evacuate the building

'(위험 장소를) 떠나다, 피난하다'는 evacuate

3 우리는 말을 들었어요 / 대피하라고 / 그 건물을 / 즉시

• immediately

유제 응용	그는 아침에 가장 먼저 상사에게 보고하라는 지시를 받았어요.	• report to the supervisor
	그는 지시를 받았어요 + 보고하라고 + 그 상사에게 + 가장 먼저 + 아침에	• first thing

STEP 2 응용하여 쓰기

뉘앙스를 생각하며 문장을 만들어 보세요. **MP3 068**

---

1 컨퍼런스에서 귀하의 연구 결과를 발표하라고 요청받을 겁니다.

⟳ 당신은 요청받을 것입니다 + 발표하도록 + 당신의 연구 결과들을 +
그 컨퍼런스에서

- present your findings

'~하도록 요청받다'는 [be asked to + 동사원형]

---

2 그들은 회계 연도 말까지는 비용을 20% 줄이라는 지시를 받았어요.

⟳ 그들은 지시를 받았어요 + 줄이라고 + 비용들을 + 20%만큼 + 말까지 +
그 회계 연도의

- reduce expenses
- by 20%
- the fiscal year
 –'(특정한 일, 목적 등에 드는) 비용, (업무상의) 경비'는 expenses (복수형으로)
 –'~ 말까지'는 by the end of ~

---

3 그녀는 외부인과 어떤 기밀 정보도 공유하지 말라는 지시를 받았어요.

⟳ 그녀는 지시를 받았어요 + 공유하지 말라고 + 어떤 기밀 정보도 + 외부인들과

- not to share
- outsiders

'기밀 정보'는 confidential information

---

4 그녀는 학교 위원회에서 우리 반을 대표하도록 선택되었어요.

⟳ 그녀는 선택되었어요 + 대표하도록 + 우리 반을 + 그 학교 위원회에서

- represent
- at the school council

'~하도록 선택되다/선택받다'는 [be chosen to + 동사원형]

---

5 이 분야에서의 경험 때문에 내가 프로젝트를 이끌도록 선택받은 겁니다.

⟳ 나는 선택받았어요 + 이끌도록 + 그 프로젝트를 + 나의 경험 때문에 +
이 분야에서의

- lead
- in this field

'~ 때문에'는 [because of + 명사(구)]로 연결

---

6 그는 엘리트 연구팀 일원이 되도록 선택받았어요.

⟳ 그는 선택받았어요 + 되도록 + 일원이 + 그 엘리트 연구팀의

- part of the elite research team

---

7 그들은 방문 중에 제한 구역에 접근하는 것을 허락받았어요.

🔄 그들은 허락받았어요 + 접근하는 것을 + 그 제한 구역에 + 그 방문 중에

- access the restricted area

'~하는 것을 허락받다/ ~하는 것이 허용되다'는 [be allowed to + 동사원형]

8 그녀는 추가 비용 없이 항공편을 변경하는 것이 허용되었어요.

🔄 그녀는 허용되었어요 + 변경하는 것이 + 그녀의 항공편을 + 어떠한 추가 비용들 없이

- without any additional charges

9 직원들은 주 2회 재택근무를 하는 것이 허용됩니다.

🔄 직원들은 허용됩니다 + 근무하는 것이 + 집에서 + 주 2회

- twice a week

'재택근무하다, 집에서 일하다'는 work from home

10 우리는 개막일을 위해 자정까지 리허설을 하도록 강요받았어요.

🔄 우리는 강요받았어요 + 리허설을 하도록 + 자정까지 + 그 개막일을 위해

- rehearse
- for the opening day

누군가의 요구나 명령에 의해 강제로 행동하게 될 때는 '~하도록 강요받다'의 [be made to + 동사원형]

11 나는 공항에서 철저한 보안 검색을 받도록 강요받았어요.

🔄 나는 강요받았어요 + 거치도록 + 철저한 보안 검색을 + 그 공항에서

- a detailed security check

'(일련의 행동, 절차를) 거치다, 겪다'는 go through

12 계약자들은 프로젝트를 시작하기 전에 기밀 유지 계약서에 서명하도록 강요받았어요.

🔄 그 계약자들은 강요받았어요 + 서명하도록 + 기밀 유지 계약서에 + 시작하기 전에 + 그 프로젝트를

- The contractors
- sign

'기밀 유지 계약서, 비공개 협약서'는 non-disclosure agreement

① 지난주 금요일에 중요한 회의에 참석하라는 요청을 받았어요. ② 회의 중에 전 새 프로젝트를 이끌도록 선택되었고요. ③ 그후, 다음 주까지 세부 계획을 준비하라는 지시를 받았어요. ④ 다행히도, 프로젝트에 집중할 수 있도록 재택근무를 허락받았어요.

①

Hint ~하도록 요청받다 be asked to + 동사원형

②

Hint ~을 이끌다 lead

③

Hint 그후에, 나중에 afterward   세부 계획 a detailed plan

④

Hint 다행히도 thankfully   재택근무하다 work from home   ~에 집중하다 focus on ~

▶ 정답 p. 359

1 지난주 금요일에 중요한 회의에 참석하라는 요청을 받았어요.

나는 요청을 받았어요 + 참석하도록 + 중요한 회의에 + 지난주 금요일에

요청을 받은 일은 이미 지나간 과거이므로 동사의 시제를 과거형으로 쓰세요. I was asked가 되며 '~하도록 요청받은' 것이므로 [to + 동사원형]으로 연결하세요.

2 회의 중에 전 새 프로젝트를 이끌도록 선택되었고요.

그 회의 도중에, + 나는 선택되었어요 + 이끌도록 + 그 새 프로젝트를

특정한 회의를 지칭하므로, 정관사 the와 함께 During the meeting으로 쓰세요. '선택되다, 선택받다'는 수동의 의미이므로 [be동사 + p.p.]의 구조로 써서 '나는 선택되었다'는 I was chosen이 됩니다. '~하도록 선택된' 것이므로 to부정사로 문장을 완성하세요.

3 그후, 다음 주까지 세부 계획을 준비하라는 지시를 받았어요.

그후에, + 나는 지시를 받았어요 + 준비하도록 + 세부 계획을 + 다음 주까지

'~하라는 말을 듣다, 지시를 받다'는 [be told to + 동사원형]의 구조로 쓰세요. I was told to prepare ~로 수동태 문장을 만들면 됩니다.

4 다행히도, 프로젝트에 집중할 수 있도록 재택근무를 허락받았어요.

다행히도, + 나는 허락받았어요 + 근무하는 것을 + 집에서 + 내가 집중할 수 있도록 + 그 프로젝트에

'~하는 것을 허락받다, ~하는 것이 허용되다'는 [be allowed to + 동사원형]의 구조로 쓰면 됩니다. 과거에 허락받아서 현재의 상황을 설명하므로, 현재완료형인 I have been allowed to 뒤에 '재택근무하다'의 work from home을 연결하세요. '내가 집중할 수 있도록'은 [so that 주어 + can ~]의 구조를 활용해 so that I can focus ~로 쓰면 됩니다.

▶ 정답

① I was asked to attend an important meeting last Friday. ② During the meeting, I was chosen to lead the new project. ③ Afterward, I was told to prepare a detailed plan by next week. ④ Thankfully, I have been allowed to work from home so that I can focus on the project.

그 영화는 실화를 바탕으로 한다고 합니다.

수동태 구문 중에 '~라고 한다/~라고 알려져 있다/~라고 예상된다'로 해석되는 It is said that ~, It is known that ~, It is expected that ~ 유형은 뉴스 보도, 일반 정보, 또는 공식적인 글에서 정보를 전달하는 데 자주 쓰입니다. It is believed that ~(~라고 믿어진다), It is considered that ~(~로 여겨지다), It is thought that ~(~라고 생각되다), It is reported that ~(~라고 보도되다)도 정보 전달과 뉴스 보도에 자주 쓰이는 구조입니다. 이런 수동태 구문은 [주어 + be동사 + p.p. + to부정사]의 구조로 바뀌어도 같은 의미를 전달합니다.

It is said that she speaks five languages. (문어체나 공식적인 글쓰기에서 자주 사용)
= She is said to speak five languages. (간결하고 직접적이라 구어체에서 선호)
그녀는 5개 국어를 말한다고 합니다.

(그것은) ~라고 합니다 + 그 영화는 기반을 둔다 + 실화에

STEP 1 전체 문장 완성하기

다음 문장을 힌트 단어를 보면서 완성해 보세요. **MP3 070**

1 (그것은) ~라고 합니다

• **It is said that**
It is said that ~은 People say that ~의 의미로, it은 가주어

---

2 (그것은) ~라고 합니다 / 그 영화는 기반을 둔다

• **the movie is based**

---

3 (그것은) ~라고 합니다 / 그 영화는 기반을 둔다 / 실화에

• **on a true story**

> **Answer** It is said that the movie is based on a true story.
> (= The movie is said to be based on a true story.)

유제 1	새로 생긴 카페는 커피가 훌륭하다고 합니다. (그것은) ~라고 합니다 + 그 새로운 카페는 가지고 있다 + 훌륭한 커피를

1 (그것은) ~라고 합니다

• It is said that

2 (그것은) ~라고 합니다 / 그 새로운 카페는 가지고 있다

• the new café has

3 (그것은) ~라고 합니다 / 그 새로운 카페는 가지고 있다 / 훌륭한 커피를

• great coffee

유제 2	그 치료법이 곧 발견될 것으로 믿습니다. (그것은) ~라고 믿어집니다 + 그 치료법이 발견될 것이다 + 곧

1 (그것은) ~라고 믿어집니다

• It is believed that
'~라고 믿어진다/알려져
있다'의 의미로, 일반적인
신념 또는 이해에 기반한
정보를 전달하는 데 쓰임

2 (그것은) ~라고 믿어집니다 / 그 치료법이 발견될 것이다

• the cure will be
discovered

3 (그것은) ~라고 믿어집니다 / 그 치료법이 발견될 것이다 / 곧

• soon

유제 응용	지구 나이는 45억 년이라고 믿어집니다. (그것은) ~라고 믿어집니다 + 지구는 ~이다 + 45억 년	• 4.5 billion years old −'지구'는 the Earth로 표현 −'10억'은 billion

1 그는 희귀 도서 컬렉션을 소장하고 있다고 합니다.

🔁 ~라고 합니다 + 그가 소장하고 있다 + 컬렉션을 + 희귀한 책들의

- It is said that
- rare books
'~의 모음, 컬렉션'은
a collection of ~

He is said to

2 그녀는 여러 온라인 사업을 운영하는 것으로 알려져 있어요.

🔁 ~라는 것으로 알려져 있어요 + 그녀가 운영한다 + 여러 온라인 사업들을

- run several online businesses
'~라고 믿어진다/
알려져 있다'는
It is believed that ~

She is believed to

3 이것이 최고의 해결책이라고 여겨집니다.

🔁 ~라고 여겨집니다 + 이것이 ~이다 + 최고의 해결책

- the best solution
'~라고 간주되다/여겨지다'
는 It is considered that ~

This is considered to

4 이 건물은 역사적인 랜드마크로 여겨집니다.

🔁 ~라고 여겨집니다 + 이 건물이 ~이다 + 역사적인 랜드마크

- a historic landmark

This building is considered

5 그들이 새로운 소프트웨어를 개발하고 있다고 알려져 있어요.

🔁 ~라고 알려져 있어요 + 그들이 개발하고 있다 + 새로운 소프트웨어를

- develop
'~라고 알려져 있다'는
It is known that ~

They are known to

6 그는 50개국 넘게 여행한 것으로 알려져 있습니다.

🔁 ~라고 알려져 있습니다 + 그가 여행했다 + 50개국 이상을

- he has traveled

He is known to

* He is known 뒤에 오는 to부정사 역시 to have p.p.의 완료 부정사를 써서 현재 시점 이전에 이미 여행을 완료한 상태임을 표현합니다.

7 그 회사는 곧 합병을 발표할 것으로 생각됩니다.

⟳ ~라고 생각됩니다 + 그 회사는 발표할 것이다 + 합병을 + 곧

• a merger
'~라고 생각되다'는
It is thought that ~

The company is thought to

8 이 결정이 회사에 도움이 될 것으로 생각됩니다.

⟳ ~라고 생각됩니다 + 이 결정이 이익이 될 것이다 + 그 회사에

• will benefit
'~에게 이롭다, 이익이 되다'
는 benefit

The decision is thought to

9 새로운 전화기가 다음 달에 출시될 것으로 예상됩니다.

⟳ ~라고 예상됩니다 + 그 새로운 전화기가 출시될 것이다 + 다음 달에

• will be released
'~라고 예상되다'는
It is expected that ~

The new phone is expected to

10 그 결과가 곧 발표될 것으로 예상됩니다.

⟳ ~라고 예상됩니다 + 그 결과들이 발표될 것이다 + 곧

• will be announced

The results are expected to

11 그 도시는 내일 폭우를 겪을 것으로 보도됩니다.

⟳ ~라고 보도됩니다 + 그 도시는 겪을 것이다 + 폭우를 + 내일

• the city will experience
• heavy rain
'~라고 보도되다'는
It is reported that ~

The city is reported to

12 그 용의자가 어젯밤 체포되었다고 보도되네요.

⟳ ~라고 보도되네요 + 그 용의자가 체포되었다 + 어젯밤에

• the suspect was arrested

The suspect is reported to

* 보도된 시점보다 '체포된 것'이 먼저 일어난 사건이므로 완료 부정사 수동형인 to have been p.p.로 표현합니다.

① 시내에 새로 생긴 레스토랑에 도시에서 가장 맛있는 피자가 있다고 합니다. ② 셰프는 이탈리아에서 교육을 받았다고 알려져 있는데, 이것이 진정한 맛을 설명해 줍니다. ③ 이 레스토랑은 현지인과 관광객 모두에게 인기 있는 장소가 될 것으로 여겨집니다. ④ 예약이 앞으로 2주 동안 이미 꽉 찬 것으로 보도되었어요.

①

_____

_____

Hint 시내에 downtown

②

_____

_____

Hint 교육받다, 훈련받다 be trained   진정한, 진짜의 authentic

③

_____

_____

Hint ~라고 간주되다/여겨지다 It is considered that 주어 + 동사   인기 있는 장소 a popular spot   주민, 현지인 local   둘 다, 똑같이 alike

④

_____

_____

Hint 모두 예약된, 예약이 다 찬 fully booked

1 시내에 새로 생긴 레스토랑에 도시에서 가장 맛있는 피자가 있다고 합니다.

~라고 합니다 + 그 새로운 레스토랑은 (시내에 있는) 가지고 있다 + 최고의 피자를 + 그 도시에서

It is said that ~을 이용해 '(사람들이 그러는데) ~라고 한다'라는 뜻의 문장을 만드세요. that 뒤에 문장이 와야 하므로 It is said that the new restaurant downtown has the best pizza로 씁니다. 여기서 장소를 나타내는 downtown은 restaurant을 뒤에서 수식합니다.

2 셰프는 이탈리아에서 교육을 받았다고 알려져 있는데, 이것이 진정한 맛을 설명해 줍니다.

~라고 알려져 있어요 + 그 셰프가 교육받았다 + 이탈리아에서, + 이것이 설명해 줍니다 + 그 진정한 맛을

It is believed that 뒤에 하나의 온전한 문장을 연결하세요. [그 셰프는 교육받았다 + 이탈리아에서]는 the chef was trained in Italy가 됩니다. 앞 문장 내용을 받아 추가 설명을 덧붙일 때 [콤마(,) which]로 쓰면 부연 설명을 깔끔하게 연결할 수 있어요. 그래서 '이것(셰프가 이탈리아에서 교육받은 것)이 진정한 맛을 설명해 줍니다'는 , which explains the authentic taste로 쓰면 좋습니다.

3 이 레스토랑은 현지인과 관광객 모두에게 인기 있는 장소가 될 것으로 여겨집니다.

~라고 여겨집니다 + 이 레스토랑이 될 것이다 + 인기 있는 장소가 + 현지인들과 관광객들에게 + 똑같이

'~라고 여겨진다'는 It is considered that ~으로 시작하세요. that 뒤에 [주어 + 동사] 어순대로 문장을 만들고 맨 뒤에 '현지인들과 관광객들 모두에게'는 for locals and tourists alike로 쓰면 됩니다. alike는 '둘 다, 똑같이' 의 의미로 문장에서 alike 앞에 두 사람, 두 집단에 대한 언급이 나오는 구조로 씁니다.

4 예약이 앞으로 2주 동안 이미 꽉 찬 것으로 보도되었어요.

~라고 보도되었어요 + 예약들이 이미 꽉 차 있다 + 그 다음 2주 동안

It is reported that 뒤에 '예약들이 이미 꽉 차 있다'는 reservations are already fully booked로 표현하면 됩니다.

▶ 정답

① It is said that the new restaurant downtown has the best pizza in the city.
② It is believed that the chef was trained in Italy, which explains the authentic taste.
③ It is considered that this restaurant will become a popular spot for locals and tourists alike. ④ It is reported that reservations are already fully booked for the next two weeks.

CHAPTER 3

준동사의 시제를 다양하게

UNIT 1
시제와 만난
to부정사 구문
만들기 1

회의가 시작될 때 그 고객에게 전화하고 계시면 좋겠어요.

to부정사는 [to + 동사원형]의 형태로 문장에서 명사, 형용사, 부사로 기능할 수 있고요, 또 원래 동사에서 온 거라서 부정형, 과거형(완료형), 진행형, 수동형으로도 표현할 수 있어요. [I want you to부정사] 구조는 '당신이 ~하면 좋겠다/~하기를 원한다'의 의미인데, 위의 문장에서는 '전화하고 있는'의 진행형이니까, to 뒤에 동사원형을 써야 하는 규칙은 지키면서 진행의 의미를 나타내는 to be Ving의 형태를 쓸 수 있습니다. 그럼, '이미 전화했기를 원한다'라고 표현하려면 어떻게 해야 할까요? 그렇습니다. to 뒤에 동사원형이 온다는 규칙을 지키면서 먼저 일어난 과거의 일을 표현하는 완료 부정사 to have p.p.의 구조를 씁니다. 여러 문장 만들기 훈련을 통해 준동사의 시제를 다양하게 표현해 보세요.

 | **나는 원해요** + 당신이 + 전화하고 있기를 + 그 고객에게
+ 그 회의가 시작될 때

STEP 1 전체 문장 완성하기

다음 문장을 힌트 단어를 보면서 완성해 보세요. **MP3 073**

1 나는 원해요

• want

---

2 나는 원해요 / 당신이 / 전화하고 있기를

• **to be calling**
하고 있는 일, 진행되고 있는
일은 to be Ving의
진행 부정사로

---

3 나는 원해요 / 당신이 / 전화하고 있기를 / 그 고객에게

• **the client**

---

4 나는 원해요 / 당신이 / 전화하고 있기를 / 그 고객에게 / 그 회의가 시작될 때

• **when the meeting starts**

Answer I want you to be calling the client when the meeting starts.

유제 1	도착하면 그가 공항에서 나를 기다리고 있으면 좋겠어요. 나는 원해요 + 그가 + 기다리고 있기를 + 나를 + 그 공항에서 + 내가 도착할 때면

1 나는 원해요
- I want

2 나는 원해요 / 그가 / 기다리고 있기를 / 나를
- to be waiting for me

3 나는 원해요 / 그가 / 기다리고 있기를 / 나를 / 그 공항에서
- at the airport

4 나는 원해요 / 그가 / 기다리고 있기를 / 나를 / 그 공항에서 / 내가 도착할 때면
- when I arrive

유제 2	월요일에 오지 못해서 미안해요. 내가 미안해요 + 오지 못해서 + 월요일에

1 내가 미안해요
- I'm sorry

2 내가 미안해요 / 오지 못해서
- not to have come
  - to부정사의 부정형은 부정사 앞에 not을 붙임
  - 과거에 완료된 일은 to have p.p. 완료 부정사로

3 내가 미안해요 / 오지 못해서 / 월요일에
- on Monday

유제 응용	차를 잠그지 않았다니 너 어리석구나. 당신은 어리석어요 + 잠그지 않았다니 + 당신의 차를	• not to have locked '문을 잠그지 않았던' 과거 일을 언급하므로 to have p.p. 완료 부정사로

1 저는 그가 지금 프로젝트 작업을 하고 있을 거라고 예상해요.

🔄 나는 예상해요 + 그가 + 작업하고 있을 거라고 + 그 프로젝트를 + 지금

- expect
- **to be working on**
하고 있는 일, 진행되고 있는
일은 to be Ving의
진행 부정사로

---

2 그 팀은 다음 주에 있을 대회를 준비하고 있을 것으로 예상됩니다.

🔄 그 팀은 예상됩니다 + 준비하고 있을 것으로 + 그 대회를 + 다음 주의

- competition
- '~을 준비하다'는 prepare
  for ~
- 현재 진행 중이거나
  미래에서 진행 중일 일은
  to be Ving 진행 부정사로

---

3 그가 새로 받은 일자리 제안을 고려하고 있는 것 같아요.

🔄 그는 ~인 것 같아요 + 고려하고 있는 중인 + 새로운 일자리 제안을

- **to be considering**
'~인 것 같다, ~인 듯하다'
는 [seem to + 동사원형]

---

4 그녀는 최근에 집에서 더 많은 시간을 보내고 있는 것 같아요.

🔄 그녀는 ~인 것 같아요 + 보내는 중인 + 더 많은 시간을 + 집에서 + 최근에

- lately

---

5 아이들이 뒷마당에서 놀고 있는 것 같아요.

🔄 그 아이들은 ~인 것 같아요 + 노는 중인 + 그 뒷마당에서

- **to be playing**

---

6 그녀는 지금 보고서를 작성하고 있어야 합니다.

🔄 그녀는 ~하기로 되어 있어요 + 작성하는 중인 + 그 보고서를 + 지금

- **to be writing**
- '(규칙, 관습 등에 따라) ~
  하기로 되어 있다/해야 한
  다'는 be supposed to ~
- 작성 중인 진행을 뜻하므로
  to be Ving

---

7 그녀는 이미 발표를 끝낸 것 같아요.

　🔄　그녀는 ~인 것 같아요 + 끝낸 + 그녀의 발표를 + 이미

- to have finished

과거에 이미 완료된 일을 언급할 때는 to have p.p. 완료 부정사로

---

8 그녀는 20개국 이상을 여행한 것으로 알려져 있어요.

　🔄　그녀는 알려져 있어요 + 여행한 것으로 + 20개국 이상에

- She is known
- more than 20 countries

'과거에' 여행했다고 '지금' 알려져 있으므로 to have traveled 완료 부정사로

---

9 CEO는 지난달에 사임한 것으로 보도되었어요.

　🔄　그 CEO는 보도되었어요 + 사임한 것으로 + 지난달에

- is reported
- resign

보도되기 전에 사임했으므로 과거의 일 표현은 to have p.p. 완료 부정사로

---

10 그는 수년 동안 많은 돈을 저축한 것으로 알려져 있습니다. (세간의 믿음 표현)

　🔄　그는 믿어집니다 + 저축한 것으로 + 많은 돈을 + 수년 동안

- He is believed
- over the years

과거에 저축한 것을 사람들이 현재 믿고 있는 것이므로 to have saved

---

11 그 팀이 지금쯤 보고서를 완료했을 것으로 예상됩니다.

　🔄　그 팀은 예상됩니다 + 완료했을 것으로 + 그 보고서를 + 지금쯤

- by now

과거에 완료했을 거라고 현재 예상하므로 to have finished

---

12 그녀는 학교에서 최우수 학생이었던 것으로 알려져 있어요

　🔄　그녀는 알려져 있어요 + ~이었던 것으로 + 최고의 학생 + 그녀의 학교에서

- a top student
 − 과거에 최우수 학생이었다는 것을 완료 부정사로 표현
 − top student는 성적 최우수뿐 아니라 리더십 등 다양한 방면에서의 우수한 학생을 지칭

① 친구가 카페에서 나를 기다리고 있을 거라고 기대했지만, 도착했을 때는 친구가 없었어요.
② 나는 친구에게 전화를 걸었고, 걔가 장소를 찾는 데 어려움을 겪는 것 같았어요. ③ 친구는
내게 늦겠다고 말했어요. ④ 걔가 도착했을 때쯤, 나도 모르게 커피를 다 마신 것 같았어요.

①

_____

_____

Hint 기대/예상하다 expect

②

_____

_____

Hint ~하는 데 힘든 시간을 겪다/어려움을 겪다 have hard time Ving

③

_____

_____

Hint 늦다 run late

④

_____

_____

Hint ~때쯤에 by the time 주어 + 동사   알아차리다 realize

▶ 정답 p. 360

1 친구가 카페에서 나를 기다리고 있을 거라고 기대했지만, 도착했을 때는 친구가 없었어요.

나는 기대했어요 + 내 친구가 + 기다리고 있을 거라고 + 나를 + 그 카페에서, + 하지만 + 내가 도착했을 때, + 그는 없었어요 + 거기에

친구가 나를 '기다리고 있을 거라고' 기대했으므로 to be Ving 진행의 의미로 써야 합니다. I expected my friend to be waiting이 되고 그 뒤에 장소 표현을 덧붙이세요. '하지만 내가 도착했을 때'는 but when I arrived 로 뒤에 새로운 문장을 다시 써서 전체 문장을 완성하세요.

2 나는 친구에게 전화를 걸었고, 걔가 장소를 찾는 데 어려움을 겪는 것 같았어요.

나는 전화했어요 + 그에게, + 그리고 + 그는 ~인 것 같았어요 + 겪고 있는 중 + 어려움을 + 찾는 데 그 장소를

'~인 것 같다'는 동사 seem을 이용해 [seem to + 동사원형] 구조로 쓰세요. 이 문장은 과거의 일을 설명하고 있으므로 he seemed가 됩니다. '어려움을 겪고 있는 중'은 진행의 의미이므로 to be having a hard time으로 쓰세요. '~하는 데 힘든 시간을 겪다/어려움을 겪다'는 have hard time Ving의 형태로 말하므로 hard time 뒤에 finding the place가 와야 합니다.

3 친구는 내게 늦겠다고 말했어요.

그는 말했어요 + 나에게 + 그는 늦어지고 있다고

'그는 나에게 말했어요'는 과거형 문장으로 He told me를 써서 '~라고 말했다'의 의미를 만드세요. He told me 뒤에 [that 주어 + 동사]의 구조를 붙이면 되는데, 이때 that은 생략 가능합니다. run late는 '늦다, 지각하다'의 의미로, 주로 진행형으로 쓰이며, 비격식체 문장에서 많이 쓰입니다.

4 걔가 도착했을 때쯤, 나도 모르게 커피를 다 마신 것 같았어요.

그가 도착했을 때쯤에, + 나는 ~인 것 같았어요 + 다 마신 것 + 내 커피를 + 심지어 깨닫지도 못하고 + 그것을(커피를 다 마신 것)

'남아 있던 것까지 먹다, 마시다'의 의미를 표현할 때 동사 finish를 씁니다. I seemed 뒤에 '다 마셨다'의 의미로 완료 부정사를 쓰세요. '나도 모르게'는 풀어 쓰면 '알아차리지 못한 채'라서 without을 활용해 without even realizing it이라고 표현합니다.

▶ 정답

① I expected my friend to be waiting for me at the café, but when I arrived, he wasn't there. ② I called him, and he seemed to be having a hard time finding the place. ③ He told me he was running late. ④ By the time he arrived, I seemed to have finished my coffee without even realizing it.

모든 사람은 사랑받고 존중받을 자격이 있어요.

[주어 + 서술어]의 기본 뼈대에 의미를 보충하거나 수식하는 어구를 붙일 때 가장 많이 쓰는 것이 to부정사입니다. 위의 문장에서 '사랑받고 존중받을'처럼 to부정사를 취하는 특정한 서술어 뒤에서 어떤 동작이나 상태가 수동의 의미로 표현되어야 할 때는 to be p.p.의 구조가 되지요. [to + 동사원형]의 기본 규칙은 지키면서 수동태 [be동사 + p.p.]의 구조를 연결해야 하므로 수동 부정사는 [to be p.p.]의 형태가 되는 것입니다.

| 모든 사람은 자격이 있어요 | + 사랑받을 + 그리고 존중받을 |

STEP 1 전체 문장 완성하기

다음 문장을 힌트 단어를 보면서 완성해 보세요. MP3 076

1 모든 사람은 자격이 있어요

• **Everyone deserves**
'~할 만하다, 누릴 자격이 있다'는 deserve

2 모든 사람은 자격이 있어요 / 사랑받을

• **to be loved**
'사랑하다'는 love,
'사랑받다'는 be loved

3 모든 사람은 자격이 있어요 / 사랑받을 / 그리고 존중받을

• **and respected**
접속사 and를 기준으로
반복되는 부분은 생략되어
and (to be) respected

Answer Everyone deserves to be loved and respected.

▶ 정답 p. 360

<table>
<tr><td>유제
1</td><td colspan="2">그녀는 자기가 하는 일이 아닌, 있는 그대로의 모습으로 사랑받기를 원할 뿐입니다.
그녀는 그저 원합니다 + 사랑받기를 + 그녀가 누구인지로 + 그녀가 하는 일이 아니라</td></tr>
</table>

1 그녀는 그저 원합니다

• just want
주어가 3인칭 단수인 것에 주의

2 그녀는 그저 원합니다 / 사랑받기를

• to be loved

3 그녀는 그저 원합니다 / 사랑받기를 / 그녀가 누구인지로,

• for who she is
who she is는 직역하면, '그녀가 누구인지/어떤 사람인지'로 '그녀의 진짜 모습, 있는 그대로의 자신'의 의미

4 그녀는 그저 원합니다 / 사랑받기를 / 그녀가 누구인지로, / 그녀가 하는 일이 아니라

• not for what she does
what she does: 그녀가 하는 일

<table>
<tr><td>유제
2</td><td colspan="2">그녀는 노력을 인정받아 기뻤어요.
그녀는 기뻤어요 + 인정받아서 + 그녀의 노력들을</td></tr>
</table>

1 그녀는 기뻤어요

• She was happy

2 그녀는 기뻤어요 / 인정받아서

• to be appreciated
'인정하다'는 appreciate, '인정받다'는 be appreciated

3 그녀는 기뻤어요 / 인정받아서 / 그녀의 노력들을

• for her efforts
'~으로 인정받다'는 be appreciated for

<table>
<tr><td>유제
응용</td><td colspan="2">당신이 쏟아 부은 노고를 인정받는 건 중요합니다.
중요합니다 + 인정받는 것은 + 그 노고를 + (당신이 쏟아 부은)</td></tr>
</table>

• It's important
• the hard work
'(많은 시간, 노력을) 쏟다/들이다'는 put in

177

1 내가 하지 않은 일로 비난받고 싶지 않아요.

🗘 나는 원하지 않아요 + 비난받는 것을 + 어떤 일로 + (내가 하지 않았던)

- something I didn't do

'~으로 비난받다'는 be blamed for ~

2 그는 자신의 성과에 대해 비판받고 싶어하지 않아요.

🗘 그는 원하지 않아요 + 비판받는 것을 + 그의 성과에 대해

- performance

'~으로 비판받다'는 be criticized for

3 그는 팀 리더로 선출된 것을 자랑스러워했어요.

🗘 그는 자랑스러워했어요 + 선출된 것을 + 그 팀 리더로

- to be elected

4 보고서가 데이터 부족으로 인해 거절될 것으로 예상됩니다.

🗘 그 보고서는 예상됩니다 + 거절될 것으로 + 불충분한 데이터로 인해

- to be rejected
- insufficient data

'~로 인해, ~ 때문에'는 due to ~

5 아무도 거절당하는 것을 좋아하지 않지만, 누구에게나 언젠가는 그런 일이 일어납니다.

🗘 아무도 좋아하지 않아요 + 거절당하는 것을, + 하지만 + 그것은 일어납니다 + 모두에게 + 언젠가는

- Nobody likes

'언젠가는, 어느 순간에'는 at some point

6 그녀는 이번에 관리직으로 승진하기를 바랍니다.

🗘 그녀는 희망합니다 + 승진되기를 + 관리직으로 + 이번에

- hope
- to a managerial position

promote는 '승진/진급시키다'의 의미이므로, '승진하다'하는 be promoted

7 CEO가 지난달에 해고되었다는 소문이 있어요.

   ◐ 그 CEO가 소문이 나 있어요+ 해고되었다는 + 지난달에

- to have been fired
  - [사람 주어 + be rumored]는 '주어가 ~라는 소문이 있다'
  - 문장의 동사보다 더 과거에 일어난 일은 to have been p.p.로 표현

8 그 예술 작품은 갤러리에서 도난당한 것으로 생각됩니다.

   ◐ 그 예술 작품은 생각됩니다 + 도난당한 것으로 + 그 갤러리에서

- The artwork is thought
- stolen
  도난당한 것이 문장의 동사보다 먼저 일어난 일이므로 to have been p.p.로 표현

9 그 건물은 100년도 더 이전에 지어진 것으로 알려져 있습니다. (세간의 믿음)

   ◐ 그 건물은 믿어집니다 + 건설되었다고 + 100년도 더 이전에

- to have been constructed
- over 100 years ago

10 그 팀은 최근에 재편성된 것으로 보고되고 있어요.

   ◐ 그 팀은 보고되고 있어요 + 재편성되었던 것으로 + 최근에

- reorganized recently
  문장의 동사보다 재편성된 일이 더 과거의 일이므로 to have been p.p.로 표현

11 문서들이 회의 중에 잘못 놓인 것으로 보고되고 있어요.

   ◐ 그 문서들은 보고되고 있어요 + 잘못 놓였던 것으로 + 그 회의 중에

- to have been misplaced

12 그 돈은 해외 계좌로 이체된 것으로 여겨집니다.

   ◐ 그 돈은 여겨집니다 + 이체되었던 것으로 + 해외 계좌로

- to have been transferred
- to an offshore account

① 이 정장은 다음 주 결혼식 전에 드라이클리닝을 해야 하고요. ② 초대장은 내일까지 발송될 것으로 예상됩니다. ③ 케이크는 아침 일찍 행사장으로 배달되기로 되어 있어요. ④ 장식이 완벽하게 정리된 것 같아서 거의 모든 것이 준비되었습니다.

①

Hint ~할 필요가 있다, ~해야 한다 need to + 동사원형   드라이클리닝하다 dry-clean

②

Hint 초대장을 보내다 send out invitations

③

Hint 배달하다 deliver   장소, 행사장 venue

④

Hint 장식 decoration   정리하다, 배열하다 arrange

1 이 정장은 다음 주 결혼식 전에 드라이클리닝을 해야 하고요.

이 정장은 드라이클리닝이 되어야 합니다 + 그 결혼식 전에 + 다음 주

This suit needs 뒤에 to be p.p.의 구조가 와야 '드라이클리닝 되는'이라는 수동의 의미로 연결할 수 있어요. This suit needs to be dry-cleaned로 쓰면 [to + 동사원형]의 기본 규칙은 지키면서 수동태 [be동사 + p.p.]의 구조를 연결해 수동의 의미를 살릴 수 있습니다

2 초대장은 내일까지 발송될 것으로 예상됩니다.

그 초대장들은 예상됩니다 + 발송될 것으로 + 내일까지

'예상하다'는 expect이므로 '예상되다'는 be expected로 써야 합니다. '발송될 것으로' 역시 수동의 의미로 연결된 to부정사이므로 to be sent out으로 쓰면 됩니다. 언제까지인지 기한을 나타낼 때는 전치사 by를 사용하므로 '내일까지'는 by tomorrow입니다.

3 케이크는 아침 일찍 행사장으로 배달되기로 되어 있어요.

그 케이크는 되어 있어요 + 배달되기로 + 그 행사장에 + 일찍 + 아침에

'~하기로 되어 있다'는 be supposed to를 활용해 써 보세요. '배달되기로'는 수동의 의미로 수동 부정사로 표현해 to be delivered가 됩니다. '어떤 장소에' 배달되는 것이므로 [delivered to + 장소]가 나오면 됩니다.

4 장식이 완벽하게 정리된 것 같아서 거의 모든 것이 준비되었습니다.

그 장식들은 ~인 것 같아요 + 정리되었던 + 완벽하게, + 그래서 + 거의 모든 것이 준비되었어요

'~인 것 같다'는 동사 seem을 이용하고요, '~인 것 같다'라고 생각하거나 말하기 전에 이미 '정리가 된 상태였음'을 나타내기 위해 seem 뒤에 to have been arranged로 연결합니다. 이렇게 문장의 동사보다 더 과거에 일어난 일이 수동의 의미일 때, to have been p.p.로 연결하세요.

▶ 정답

① This suit needs to be dry-cleaned before the wedding next week. ② The invitations are expected to be sent out by tomorrow. ③ The cake is supposed to be delivered to the venue early in the morning. ④ The decorations seem to have been arranged perfectly, so almost everything is ready.

그는 어젯밤 늦게까지 일한 것에 신경 쓰지 않아요.

화자/필자의 의도에 따라 준동사의 시제를 달리할 수 있는데요, 동명사도 to부정사처럼 완료 동명사를 사용해 문장의 동사보다 더 먼저 일어난 일을 나타낼 수 있습니다. 동명사 Ving의 형태를 유지하면서 문장의 동사보다 더 과거임을 확실하게 나타내는 완료 동명사는 having p.p.로 표현합니다.

Learning a new language opens up many opportunities. 새로운 언어를 배우는 것은 많은 기회를 열어 줍니다. (Learning a new language와 opens up의 시간대 차이가 없음)

Having learned a new language opens up many opportunities. 새로운 언어를 배웠던 것이 많은 기회를 열어 줍니다. (Having learned a new language가 opens up보다 더 먼저 일어난 일)

| 그는 신경 쓰지 않아요 | + 일한 것을 + 늦게까지 + 어젯밤 |

STEP 1 전체 문장 완성하기

다음 문장을 힌트 단어를 보면서 완성해 보세요. **MP3 079**

1 그는 신경 쓰지 않아요

• **mind**
[mind + Ving(동명사)]
구조로 mind는 '꺼리다,
싫어하다'의 의미

---

2 그는 신경 쓰지 않아요 / 일한 것을 / 늦게까지

• **having worked late**
문장의 동사보다 더 먼저
일어난 일이므로 having
p.p. 완료 동명사로

---

3 그는 신경 쓰지 않아요 / 일한 것을 / 늦게까지 / 어젯밤

• **last night**

> **Answer** He doesn't mind having worked late last night.

참고로, He doesn't mind working late.는 '그는 늦게까지 일하는 것을 꺼리지 않는다'는 뜻으로 '늦게까지 일하는 것'과 '꺼리지 않는다'는 상태 사이에 시간 차이가 없습니다.

유제 1	그들은 예정보다 일찍 프로젝트를 완료한 것을 축하했습니다. 그들은 축하했습니다 + 완료한 것을 + 그 프로젝트를 + 예정보다 일찍

1 그들은 축하했습니다

• celebrated

celebrate는 뒤에 동명사를
취할 수 있는 동사

---

2 그들은 축하했습니다 / 완료한 것을 / 그 프로젝트를

• having completed

celebrated보다 더 먼저
일어난 일로 having p.p.
완료 동명사로

---

3 그들은 축하했습니다 / 완료한 것을 / 그 프로젝트를 / 예정보다 일찍

• ahead of schedule

유제 2	그들은 필요한 지원을 받은 것에 감사히 여깁니다. 그들은 감사히 여깁니다 + 받은 것에 + 그 지원을 + (그들이 필요로 했던)

1 그들은 감사히 여깁니다

• They are grateful

'~을/~에 감사히 여기다,
감사하다'는 be grateful
for ~

---

2 그들은 감사히 여깁니다 / 받은 것에

• for having received

전치사 뒤에 (동)명사 형태가
올 수 있고, 문장의 동사보다
더 과거 일이므로 having
p.p.로

---

3 그들은 감사히 여깁니다 / 받은 것에 / 그 지원을 / (그들이 필요로 했던)

• the support they
  needed

(that) they needed가
the support를 수식

유제 응용	그녀는 그 행사 동안 아주 많은 사람을 도왔다는 것을 자랑스러워합니다. 그녀는 자랑스러워합니다 + 도왔다는 것을 + 아주 많은 사람을 + 그 행사 동안	• proud of • having helped

1 그는 그녀의 생일을 잊어버린 것에 죄책감을 느꼈어요.

🔄 그는 느꼈어요 + 죄책감이 드는 (상태로) + 잊어버린 것에 + 그녀의 생일을

- feel guilty for

'죄책감을 느낀 것'보다 '잊어버린 것'이 더 먼저 일어난 일이므로, having forgotten 완료 동명사로

---

2 그녀는 지시 사항을 잘못 이해한 것에 대해 사과했어요.

🔄 그녀는 사과했어요 + 잘못 이해했던 것에 대해 + 그 지시 사항들을

- apologize for
- misunderstand the instructions

'잘못 이해한 것'이 '사과했던 것'보다 더 과거 일임을 having p.p.로 표현

---

3 그녀는 어렸을 때 유럽에 여행 갔던 것을 기억해요.

🔄 그녀는 기억해요 + 여행 갔던 것을 + 유럽에 + 어렸을 때

- recall
- as a child

'여행 갔던 것'이 '기억하는 것'보다 더 과거 일임을 having p.p.로 표현

---

4 그는 발표 중에 실수한 것을 인정했어요.

🔄 그는 인정했어요 + 한 것을 + 실수를 + 그 발표 중에

- make a mistake

－admit의 과거형은 admitted

－문장의 동사보다 더 먼저 일어난 일은 having p.p. 완료 동명사로

---

5 이렇게 멋진 팀과 일할 기회를 가졌다는 것에 감사해요.

🔄 나는 감사해요 + 가졌던 것에 + 그 기회를 + (일할 + 그렇게 멋진 팀과)

- appreciate
- opportunity
- such a great team

'가졌던 것'은 문장의 동사보다 더 먼저 일어난 일로 having had

---

6 그는 그 문제에 대해 미리 알고 있었다는 것을 부인할 수 없었어요.

🔄 그는 부인할 수 없었어요 + 알고 있었다는 것을 + 그 문제에 대해 + 미리

- couldn't deny
- beforehand

'알고 있었다는 것'은 문장의 동사보다 더 먼저 일어난 일로 having known

▶ 정답 p. 361

7 그 팀에 선발된 것은 큰 영광이었어요.

↻ 선발된 것은 + 그 팀에 + ~이었어요 + 큰 영광

- **Being chosen for the team**
- '선택되다, 선발되다'가 be chosen이므로, 동명사 는 being chosen
- 선발된 것과 영광인 것이 같은 시간대

---

8 그녀는 회의에서 무시당한 것 때문에 속상했어요.

↻ 그녀는 속상했어요 + 무시당한 것에 대해 + 그 회의에서

- **upset about**
- **being ignored**
- '~ 때문에 속상하다'는 be upset about
- '무시하다'는 ignore, '무시 당하다'는 be ignored

---

9 그는 중요한 일에 집중하는 동안 방해받는 것을 싫어합니다.

↻ 그는 싫어합니다 + 방해받는 것을 + 집중하는 동안에 + 중요한 일에

- **being interrupted**
- **while focusing on**

hate는 뒤에 동명사가 올 수 있는 동사

---

10 그녀는 다른 사람들이 자신을 부당하게 판단할까 봐 불안해합니다.

↻ 그녀는 불안해합니다 + 판단받는 것에 대해 + 부당하게 + 다른 사람들에 의해

- **nervous about**
- **by others**

'부당하게 판단(평가)받다'는 be judged unfairly

---

11 그 행사에 초대받으니 특별한 기분이 들었어요.

↻ 초대받은 것이 + 그 행사에 + 만들었어요 + 나를 + 느끼도록 + 특별하게

- **Being invited**
- **feel special**

초대받은 것과 특별한 기분 이 든 것이 같은 시간대

---

12 다른 사람들 앞에서 창피를 당하는 기분은 아무도 좋아하지 않아요.

↻ 아무도 좋아하지 않아요 + 그 기분을 + 창피를 당하는 것의 + 다른 사람들 앞에서

- **No one likes**
- **in front of others**
- '~의 기분, ~한 기분'은 the feeling of ~
- '창피/굴욕을 당하다'는 be humiliated로, 전치사 of에 연결되니까 동명사 형 태로

① 나는 매일 아침 공원에서 오래 산책하는 것을 즐깁니다. ② 산책 중에 전화로 방해받는 건 정말 답답하죠. ③ 어제 일을 일찍 끝낸 덕분에 오늘 아침에는 편히 쉴 수 있었어요. ④ 이렇게 평화로운 순간을 즐길 기회가 있는 것에 감사합니다.

①

_____

_____

Hint ~하기를 즐기다 enjoy Ving   긴 산책을 하다 take long walks

②

_____

_____

Hint 방해받다 be interrupted   불만스러운, 답답한 frustrating

③

_____

_____

Hint 대상어가 ~하도록 허락하다 allow + 대상어 + to V   휴식을 취하다, 느긋이 쉬다 relax

④

_____

_____

Hint ~을/~에 대해 감사히 여기다, 감사하다 be grateful for ~   평화로운 peaceful

1 나는 매일 아침 공원에서 오래 산책하는 것을 즐깁니다.

나는 즐깁니다 + 취하는 것을 + 긴 산책들을 + 그 공원에서 + 매일 아침

enjoy는 뒤에 동명사가 올 수 있는 동사이므로 enjoy 뒤에 '긴 산책하기' taking long walks를 연결해서 씁니다. 문장의 뼈대를 [주어 + 서술어 + 대상어] 구조로 잡고 [장소 + 시간]의 순서대로 수식어구를 붙여 주세요.

2 산책 중에 전화로 방해받는 건 정말 답답하죠.

방해받는 것은 + 전화 통화들에 의해 + 나의 산책 중에 + 정말 답답합니다.

'방해를 받는 것'이 주어이므로 수동 동명사를 이용하세요. be interrupted는 '방해받다'이므로, 이를 동명사로 만들면 Being interrupted(방해받는 것)가 주어가 되고 그 뒤에 수식어구를 붙이면 됩니다. 방해 수단인 '전화 통화들로/전화 통화들로 인해'는 by phone calls, '나의 산책 중에'는 during my walk가 됩니다.

3 어제 일을 일찍 끝낸 덕분에 오늘 아침에는 편히 쉴 수 있었어요.

끝냈던 것이 + 나의 일을 + 일찍 + 어제 + 허락해 줬어요 + 나에게 + 편히 쉬는 것을 + 오늘 아침에

우리말 의미를 영어로 표현하기 위해 동명사로 길게 설명하는 주어를 만듭니다. 이때 문장의 동사보다 '어제 일을 일찍 끝냈던 것'이 더 먼저 일어난 일이라는 것을 분명히 밝히려면 완료 동명사 having p.p.를 쓰면 됩니다. Having finished my work early yesterday가 이 문장의 주어가 되는 것이죠. 주어 다음의 서술어는 동사 allow를 이용해 의미와 어순에 맞게 문장을 완성하세요.

4 이렇게 평화로운 순간을 즐길 기회가 있는 것에 감사합니다.

나는 감사히 여깁니다 + 가지는 것에 + 그 기회를 + (즐길 + 그렇게 평화로운 순간들을)

'나는 감사히 여깁니다'는 I'm grateful for 뒤에 동명사를 붙여 의미를 확장해 줍니다. '그 기회가 있는 것'은 having the chance를 쓰고요, 뒤에 the chance를 수식하는 말은 to부정사구로 연결하세요.

▶ 정답

① I enjoy taking long walks in the park every morning. ② Being interrupted by phone calls during my walk is really frustrating. ③ Having finished my work early yesterday allowed me to relax this morning. ④ I'm grateful for having the chance to enjoy such peaceful moments.

심호흡을 한 후, 그녀는 생각을 가다듬고 말하기 시작했어요.

Ving ~ 또는 p.p. ~ 형태의 분사구문은 같은 말의 반복을 싫어하는 영어의 특성을 잘 보여 주며, 문어체에서 주로 쓰입니다. 이런 분사구문을 보면 '[접속사 + 주어 + 동사]의 의미구나' 하고 파악하셔야 해요. 여기서 다 생략하고 동사를 현재분사(Ving)로 바꾼 형태가 바로 분사구문이니까요. 문장 맨 앞에 p.p.만 덜렁 나와 있는 경우가 있는데, 그건 수동태(be동사 + p.p.)인 부사절을 분사구문으로 만든 거예요. 원래 being p.p.여야 하는데, being은 대부분 생략해서 p.p.만 남게 된 겁니다. 이 분사구문의 행동이나 상황이 주절보다 더 먼저 일어난 일임을 분명히 밝혀 줄 때는 어떻게 표현할까요? having p.p., having been p.p.(수동태) 형태로 쓰면 됩니다. 동명사랑 형태가 비슷해서 헷갈리기 쉬운데, 주절과의 시간 관계와 문맥에 맞게 다양한 분사구문을 만들고 쓰는 연습을 해 보세요.

들이마신 후 + 깊은 숨을 + 그녀는 가다듬었어요

+ 그녀의 생각들을 + 그리고 + 시작했어요 + 말하기를

STEP 1 전체 문장 완성하기

다음 문장을 힌트 단어를 보면서 완성해 보세요. **MP3 082**

---

1 들이마신 후 / 깊은 숨을

• **take a deep breath**
−[after 주어 + 동사]의 부사절의 의미
−Ving ~ 형태의 분사구문으로 문장 수식

---

2 들이마신 후 / 깊은 숨을, / 그녀는 가다듬었어요 / 그녀의 생각들을

• **gather**
−'생각을 가다듬다'는 gather one's thoughts
−전체 문장을 과거시제로

---

3 들이마신 후 / 깊은 숨을, / 그녀는 가다듬었어요 / 그녀의 생각들을 / 그리고 / 시작했어요 / 말하기를

• **start speaking**

> **Answer** Taking a deep breath, she gathered her thoughts and started speaking.

유제 1	여행을 아주 널리 다녀서, 그녀는 공유할 여행 이야기가 많았어요. 여행을 다녀서 + 아주 널리, + 그녀는 가지고 있었어요 + 많은 여행 이야기들을 + (공유할)

1 여행을 다녀서 / 아주 널리

- **Having traveled extensively**
- －주절보다 더 먼저 일어난 일임을 밝힐 때는 having p.p.
- －'아주 넓게, 광범위하게'는 extensively

2 여행을 다녀서 / 아주 널리, / 그녀는 가지고 있었어요

- **she had**

3 여행을 다녀서 / 아주 널리, / 그녀는 가지고 있었어요 / 많은 여행 이야기들을 / (공유할)

- **a lot of travel stories to share**

유제 2	일 때문에 아주 지쳐서, 그는 쉬려고 소파에 누웠어요. 아주 지쳐서 + 일 때문에, + 그는 누웠어요 + 그 소파에 + 쉬려고

1 아주 지쳐서 / 일 때문에

- **Exhausted from work**
- －being p.p.에서 being 생략
- －'～으로/～ 때문에 매우 지친'은 exhausted from ～

2 아주 지쳐서 / 일 때문에, / 그는 누웠어요 / 그 소파에

- **lie down on the couch**
- '눕다, 누워 있다'는 lie down 이며, lie의 과거형은 lay

3 아주 지쳐서 / 일 때문에, / 그는 누웠어요 / 그 소파에 / 쉬려고

- **to relax**

유제 응용	승진이 됐으니까, 그는 새로운 책무를 맡기를 고대했어요. 승진이 됐으니까, + 그는 고대했어요 + 맡기를 + 그의 새로운 책무들을

- **be promoted**
- **look forward to**
- **take on**
- －분사구문이 주절보다 더 먼저 일어난 일임을 밝힐 때는 having been p.p.
- －look forward to는 뒤에 (동)명사가 옴

1 기차를 타려고 서두르다가, 지갑을 집에 두고 왔다는 것을 깨달았어요.

↻ 서두르다가 + 타려고 + 그 기차를, + 나는 깨달았어요 + 내가 두고 왔다는 것을 + 내 지갑을 + 집에

- Rushing to catch
- leave my wallet

2 그녀를 꽤 잘 알기 때문에 나는 뭔가 이상하다는 것을 알아차렸어요.

↻ 알기 때문에 + 그녀를 + 꽤 잘, + 나는 알아차렸어요 + 뭔가가 잘못되었다는 것을

- Knowing her pretty well
- realize

know, wish, be 등의 동사는 대체로 진행형을 쓰지 않지만 Ving 분사구문(이유, 원인)일 때는 가능

3 새로운 레스토랑에 깊은 인상을 받아, 그는 친구들에게 그곳을 추천했어요.

↻ 깊은 인상을 받아 + 그 새로운 레스토랑에, + 그는 추천했어요 + 그것(레스토랑)을 + 그의 친구들에게

- Impressed by
- recommend

4 초과 근무를 해서, 그는 하루가 끝날 무렵에는 완전히 지쳐 있었어요.

↻ 일을 해서 + 초과 근무를 + 그는 완전히 지쳐 있었어요 + 끝 무렵에 + 그날의

- completely
- by the end of the day

지친 것보다 초과 근무한 것이 먼저인 것을 확실히 할 때는 Having worked overtime

5 매우 서둘러 작성되었기 때문에, 그 서류에는 오타가 많아요.

↻ 작성되었기 때문에 + 매우 서둘러서, + 그 서류는 가지고 있어요 + 많은 오타들을

- in such haste
- many typos

'작성되었기 때문에'는 수동의 의미이고 주절보다 먼저 일어난 일이므로 분사구문은 having been written

6 보고서를 마친 후, 그는 커피를 사러 나갔어요.

↻ 마친 후 + 그 보고서를, + 그는 나갔어요 + 사러 + 약간의 커피를

- After finishing
- grab some coffee

필자/화자가 더 명확한 의미 전달을 위해 분사구문 앞에 접속사를 붙일 수 있음

7 매장을 둘러보는 중에 친구에게 줄 완벽한 선물을 발견했어요.

    🗘 둘러보다가 + 그 매장을, + 나는 발견했어요 + 완벽한 선물을 + 내 친구를 위한

- While browsing through

'(가게 안의 물건들을) 둘러보다'는
browse through ~

---

8 시험 점수에 만족하지 못해서, 그는 시험을 한 번 더 보고 싶어 합니다.

    🗘 만족하지 못해서 + 그의 시험 점수에, + 그는 원합니다 + 치르기를 +
그 시험을 + 한 번 더

- Not satisfied with his test score
- one more time

분사구문 앞에 not만 붙이면
분사구문의 부정

---

9 학업을 계속하고 싶지 않아서, 나는 패션 디자이너로서의 경력을 쌓기로 했어요.

    🗘 원하지 않아서 + 계속하기를 + 나의 학업을, + 나는 결심했어요 + 추구하기로 +
경력을 + 패션 디자이너로서

- Not wishing to continue my studies
- pursue a career

분사구문 앞에 not만 붙이면
분사구문의 부정

---

10 이전에 그를 한 번도 만나 본 적이 없어서, 어떻게 저를 소개해야 할지 확신이 없었어요.

    🗘 한 번도 만나 본 적이 없어서 + 그를 + 전에, + 나는 확신이 없었어요 +
어떻게 소개할지 + 나 자신을

- Never having met
- unsure of

－never는 not보다 더 강한
뉘앙스
－'어떻게 ~할지'는
[how + to + 동사원형]

---

11 매장이 문을 닫아서 우리는 식료품을 사려고 다른 곳을 찾아야 했어요.

    🗘 그 매장이 문을 닫아서, + 우리는 찾아야 했어요 + 다른 곳을 + 사기 위해 +
식료품들을

- The store being closed
- buy groceries

분사구문의 주어(the store)
와 주절의 주어(we)가
서로 다른 경우, 정확한 의미
전달을 위해 분사구문의
주어를 표기

* The store being closed − 이 분사구문에서 being을 생략하면 The store closed(가게가 문을 닫았다).로
독립된 문장처럼 되어 주절과의 연결이 자연스럽지 않습니다.

---

12 아무도 더 이상 할 말이 없어서 회의는 종료되었어요.

    🗘 아무도 가지고 있지 않아서 + 더 이상의 것을 + (말할), + 그 회의는 종료되었어요

- Nobody having any more to say
- closed

분사구문의 주어는 nobody,
주절의 주어는 the meeting

> ① 회사에 늦어서 가방을 재빨리 챙기고 서둘러 밖으로 나갔어요. ② 지하철역에 도착하자 집에 핸드폰을 두고 온 것을 깨달았어요. ③ 되돌아가고 싶지 않아서 그냥 휴대폰 없이 계속 가기로 했어요. ④ 제시간에 사무실에 도착한 후, 나는 안도감을 느꼈고 하루를 시작했어요.

①

_____

_____

Hint ~에 늦다/지각하다 run late for ~   잡아채다 snatch

②

_____

_____

Hint ~에 도착하다 arrive at ~

③

_____

_____

Hint 되돌아가다 go back

④

_____

_____

Hint 시간을 지키다, 제시간에 도착하다 make it on time   안심하다, 안도감을 느끼다 feel relieved

1 회사에 늦어서 가방을 재빨리 챙기고 서둘러 밖으로 나갔어요.

늦어서 + 회사에, + 나는 잡아챘어요 + 나의 가방을 + 그리고 + 서둘러 나갔어요 + 밖으로

'회사에 늦어서'는 분사구문으로 만들어 Running late for work로 써 보세요. 물건을 잡아채듯 빨리 챙길 때 동사 snatch를 이용합니다. I snatched my bag으로 만들고 and로 문장을 연결하세요. hurry는 rush처럼 '급히 가다, 서둘러 가다'의 뜻이 있으므로 '서둘러 밖으로 나갔다'는 특정 방향인 outside(밖으로)를 붙여서 hurried outside라고 쓰면 됩니다.

2 지하철역에 도착하자 집에 핸드폰을 두고 온 것을 깨달았어요.

도착하자 + 그 지하철역에, + 나는 깨달았어요 + 내가 두고 왔다는 것을 + 내 휴대폰을 + 집에

'지하철역에 도착하자'도 부사절이 아닌 분사구문으로 간단하게 표현해 보세요. Arriving at the subway station으로 만들면 됩니다. '깨달았다(realized)'보다 '휴대폰을 두고 왔다(had left)'는 것이 더 과거에 일어난 일이므로 시간 관계를 분명히 밝히기 위해 동사에 시제 차이를 두고 써 보세요.

3 되돌아가고 싶지 않아서 그냥 휴대폰 없이 계속 가기로 했어요.

원하지 않아서 + 되돌아가기를, + 나는 결심했어요 + 계속 가기를 + 그것(휴대폰) 없이

'원하지 않아서'는 분사구문에 not을 붙여서 표현하면 됩니다. 그래서 '되돌아가고 싶지 않아서'는 Not wanting to go back이 됩니다. '~하기를 결심하다'는 [decide to + 동사원형]이므로, decided 뒤에 to continue를 붙여 '계속 가기로 했다'를 표현하세요.

4 제시간에 사무실에 도착한 후, 나는 안도감을 느꼈고 하루를 시작했어요.

도착한 후 + 그 사무실에 + 제시간에, + 나는 느꼈어요 + 안도한 (상태로) + 그리고 + 시작했어요 + 나의 하루를

'제시간에 사무실에 도착한 후'는 After making it to the office on time으로 분사구문에 접속사를 붙여 그 의미를 명확하게 나타낼 수 있어요. 안도감을 느낀 것은 사무실에 도착한 이후의 감정이므로, 주절보다 더 먼저 일어난 분사구문을 Having made it to the office on time으로 표현해도 됩니다.

▶ 정답

① Running late for work, I snatched my bag and hurried outside. ② Arriving at the subway station, I realized I had left my phone at home. ③ Not wanting to go back, I decided to continue without it. ④ After making it to the office on time, I felt relieved and started my day.

그는 커피를 집어 들고 잠에서 깨게 길게 한 모금 마셨어요.

영어 학습자들에게 익숙한 분사구문은 [종속절 + 주절]로 이루어진 문장에서 종속절인 부사절을 변형시킨 것입니다. 그런데 네이티브가 쓴 글에는 한 문장 뒤에 추가 내용을 덧붙이는 역할을 하는 분사구문이 자주 보입니다. 이건 두 문장을 연결하는 대등접속사 and로 시작하는 문장을 분사구문으로 만든 경우입니다. and는 '그리고' 외에 '그러고는, 그러고 나서, 그로 인해'의 뜻도 있어서 간단히 부연 설명을 할 수 있어요. 접속사 and로 이어지는 문장 역시 and와 반복되는 주어를 생략하고 and 뒤의 동사를 Ving 형태로 만들면 됩니다. 이렇게 and로 연결된 문장을 분사구문으로 바꾸면 [,(콤마) + Ving]가 되는데, 이는 네이티브가 부연 설명할 때 가장 선호하는 구조입니다.

| 그는 집어 들었어요 | + 그의 커피를, + [그러고 나서] 마셨어요 + 긴 한 모금을 + 스스로를 잠에서 깨우려고 |

STEP 1 전체 문장 완성하기

다음 문장을 힌트 단어를 보면서 완성해 보세요. **MP3 085**

1 그는 집어 들었어요 / 그의 커피를

• pick up

---

2 그는 집어 들었어요 / 그의 커피를, / [그러고 나서] 마셨어요 / 긴 한 모금을

• taking a long sip
and he took을 Ving ~
형태의 분사구문으로

---

3 그는 집어 들었어요 / 그의 커피를, / [그러고 나서] 마셨어요 / 긴 한 모금을 / 스스로를 잠에서 깨우려고

• to wake himself up

Answer He picked up his coffee, taking a long sip to wake himself up.

앞 문장에 대해 부연 설명할 때도 분사구문은 동작과 상태를 간결하게 연결하는 좋은 방법입니다!

▶ 정답 p. 362

유제 1

그녀는 책을 덮고 결말에 만족감을 느꼈어요.

그녀는 덮었어요 + 그 책을, + [그러고는] + 느꼈어요 + 만족한 (상태로) + 그 결말에

1 그녀는 덮었어요 / 그 책을

• close the book

2 그녀는 덮었어요 / 그 책을, / [그러고는] 느꼈어요 / 만족한 (상태로)

• feeling satisfied

and she felt satisfied를
Ving ~ 형태의
분사구문으로

3 그녀는 덮었어요 / 그 책을, / [그러고는] 느꼈어요 / 만족한 (상태로) / 그 결말에

• with the ending

유제 2

그는 상사에게 이메일을 다 쓰고 전송 버튼을 눌렀어요.

그는 끝냈어요 + 쓰는 것을 + 그 이메일을 + 그의 상사에게, + [그러고는] 눌렀어요 + 그 전송 버튼을

1 그는 끝냈어요 / 쓰는 것을

• finish writing

2 그는 끝냈어요 / 쓰는 것을 / 그 이메일을 / 그의 상사에게

• the email to his boss

3 그는 끝냈어요 / 쓰는 것을 / 그 이메일을 / 그의 상사에게, / [그러고는] 눌렀어요 / 그 전송 버튼을

• hitting the send button

and he hit을 Ving ~
형태의 분사구문으로 만들어
부연 설명

유제 응용

그녀는 방의 창문을 열고 저녁의 시원한 바람을 맞았어요.

그녀는 열었어요 + 그 창문을 + 그녀의 방에 있는, +
[그러고는] 안으로 들여보냈어요 + 그 시원한 저녁 바람을

• letting in the cool evening breeze

'산들바람, 미풍'은 breeze

1 고양이는 소파에서 느긋하게 기지개를 켜고 햇볕에 누웠어요

> 그 고양이는 기지개를 켰어요 + 느긋하게 + 그 소파에서, +
> [그러고 나서] 누웠어요 + 햇볕 속에

- stretch lazily
- lie

and it lay(눕다 lie의 과거형)를 Ving ~ 형태의 분사구문으로

2 긴 산책 후 시원한 물 한 잔을 따라 마시고는 상쾌함을 느꼈어요.

> 나는 따라 마셨어요 + 스스로 + 시원한 물 한 잔을 + 그 긴 산책 후, +
> [그러고는] + 느꼈어요 + 상쾌한 (상태로)

- feel refreshed

pour oneself a glass of cold water는 '스스로 시원한 물 잔을 따르다/따라 마시다'

3 그녀는 갓 세탁한 빨래를 개서 깔끔하게 서랍에 넣었어요.

> 그녀는 접었어요 + 그 갓 세탁된 빨래를, + [그러고는] 넣었어요 + 그것을 +
> 깔끔하게 + 그 서랍 안에

- the freshly washed laundry
- in the drawer

and she placed를 Ving ~ 형태의 분사구문으로

4 그는 회의 후 휴대폰을 확인했는데 부재중 전화가 여러 개 있는 걸 알았어요.

> 그는 확인했어요 + 그의 휴대폰을 + 그 회의 후에, + [그러고는] 알았어요 +
> 여러 개의 부재중 전화를

- several missed calls

and he noticed를 Ving ~ 형태의 분사구문으로

5 그들은 쇼핑몰 매장으로 걸어 들어가 시즌을 맞아 새로 도착한 상품들을 둘러봤어요.

> 그들은 걸어 들어갔어요 + 그 매장으로 + 그 쇼핑몰에 있는, +
> [그러고는] 둘러봤어요 + 그 새로 도착한 상품들을 + 그 시즌을 위해

- walk into
- the new arrivals

and they looked around 를 Ving ~ 형태의 분사구문으로

6 그는 엄마와 이야기를 나눈 후 전화를 끊고는, 엄마가 해 준 좋은 조언에 안도감을 느꼈어요.

> 그는 끊었어요 + 그 전화를 + 이야기한 후에 + 그의 엄마와, +
> [그러고는] 느꼈어요 + 안도한 (상태로) + 그녀의 좋은 조언에 의해

- hang up the phone

−and he felt relieved를 Ving ~ 형태의 분사구문으로

−hang의 과거형은 hung

▶ 정답 p. 362

7 그는 긴 하루를 마치고 주방에 들어가 아내가 요리하는 맛있는 음식 냄새를 맡았어요.

● 그는 들어갔어요 + 그 주방에 + 긴 하루 후에, +

[그러고는] 냄새를 맡았어요 + 그 맛있는 음식을 + (그의 아내가 요리하고 있었던)

- after a long day
- his wife was cooking

---

8 그녀는 추위에 버스 정류장에서 기다렸고, 그녀 주위로 비가 세차게 쏟아졌어요.

● 그녀는 기다렸어요 + 그 버스 정류장에서 + 추위 속에, +

[그리고] 그 비가 쏟아졌어요 + 세차게 + 그녀 주위로

- in the cold
- pouring down heavily

분사구문의 주어(the rain)가 주절의 주어(she)와 다를 때 다른 주어를 분사구문 앞에 두기

---

9 출근하러 나서려고 현관문을 열었더니 바람에 나뭇잎이 복도 안으로 들어왔어요.

● 나는 열었어요 + 그 현관문을 + 나서기 위해 + 출근하러, +

[이로 인해] 그 바람이 불어넣었어요 + 나뭇잎들을 + 그 복도 안으로

- leave for work
- the wind blowing leaves

분사구문의 주어(the wind)가 주절의 주어(I)와 다를 때 다른 주어를 분사구문 앞에 두기

---

10 그녀는 오래된 책을 펼쳤는데, 페이지들이 세월로 인해 누렇게 변해 있었어요.

● 그녀는 펼쳤어요 + 그 오래된 책을, +

[그런데] 그 페이지들은 누렇게 변해 있었어요 + 세월로 인해

- yellowed with age

and its pages were yellowed ~를 Ving ~ 분사구문 형태로 하는데, being p.p. 구문에서 being은 대개 생략

---

11 그는 사무실에 도착했는데, 긴 출퇴근으로 셔츠가 구겨져 있었어요.

● 그는 도착했어요 + 그 사무실에, + [그런데] 그의 셔츠는 구겨져 있었어요 +
그 긴 통근으로

- wrinkled
- from the long commute

and his shirt was wrinkled ~를 Ving ~ 분사구문 형태로 하는데, being p.p. 구문에서 being은 대개 생략

---

12 그는 여행 가방을 가지고 들어왔는데, 손잡이가 오래 써서 낡아 있었어요.

● 그는 가지고 들어왔어요 + 그 여행 가방을, + [그런데] 그 손잡이는 낡아
있었어요 + 수년간의 사용으로

- the handle worn
- with years of use

–'(밖에서 안으로) 들여오다, 들여가다'는 bring in
–손잡이가 닳아지게 된 것이므로 수동 분사구문 으로 표현

① 나는 열쇠를 집어 들고, 문을 나섰어요. ② 핸드폰을 확인했는데, 평소보다 5분 늦었다는 것을 알아차렸죠. ③ 앞의 버스를 놓쳐서 다음 버스를 기다렸고, 직장에 늦을까 봐 불안했어요. ④ 다행히도 제시간에 사무실에 도착했고, 하루를 활기차게 시작했어요.

①

_____

Hint 움켜잡다 grab   문에서 나가다, 문밖으로 나가다 head out the door

②

_____

Hint 알아채다 notice   평소보다 늦은 later than usual

③

_____

Hint 버스를 놓치다 miss the bus   불안감을 느끼다 feel anxious   출근에 늦다, 직장에 지각하다 be late for work

④

_____

Hint 다행히도 fortunately   활기차게 with energy

1 **나는 열쇠를 집어 들고, 문을 나섰어요.**

나는 집어 들었어요 + 나의 열쇠들을, + [그러고 나서] 나섰어요 + 그 문을

'열쇠를 집어 들다'는 동사 grab을 이용해 보세요. 그 뒤에 분사구문을 이용해 주절의 추가적인 행동을 부연 설명해 주세요. and headed out the door로 연결해도 되지만, 분사구문을 사용하면 문장이 더 간결하고 부드러운 느낌을 줍니다.

2 **핸드폰을 확인했는데, 평소보다 5분 늦었다는 것을 알아차렸죠.**

나는 확인했어요 + 나의 휴대폰을, + [그러고는] 알아차렸어요 + 나는 5분 늦었다는 것을 + 평소보다

'휴대폰을 확인하고 알아차렸다'이므로 서술적으로 덧붙이는 추가 내용을 분사구문으로 쓰세요. noticing that 뒤에 하나의 완전한 문장이 올 수 있으므로 '내가 평소보다 5분 늦었다'를 문장으로 붙이면 됩니다.

3 **앞의 버스를 놓쳐서 다음 버스를 기다렸고, 직장에 늦을까 봐 불안했어요.**

놓쳐서 + 그 앞선 버스를, + 나는 기다렸어요 + 그 다음 것을, + [그러고는] 느꼈어요 +
불안한 (상태로) + 지각하는 것에 대해 + 직장에

버스를 놓친 일이 다음 버스를 기다린 것보다 먼저 일어난 일이므로, 분사구문으로 표현할 때 having p.p.로 쓰면 됩니다. Having missed the earlier bus로 문장을 시작하고 '다음 버스를 기다렸다'에서 bus를 중복해서 쓰기보다 the next one으로 표현합니다. 그 뒤에 부연 설명을 해 주는 분사구문을 덧붙이세요.

4 **다행히도 제시간에 사무실에 도착했고, 하루를 활기차게 시작했어요.**

다행히도, + 나는 도착했어요 + 그 사무실에 + 제시간에, [그리고] 시작했어요 + 나의 하루를
+ 다소 활기차게

'제시간에 사무실에 도착했다'는 make it on time(제시간에 도착하다)을 이용해 완성해 보세요. I made it to the office 뒤에 on time을 붙이면 되고, 추가 내용은 [,(콤마) + Ving]로 연결하세요. with energy는 '에너지 있게, 활기차게'라는 뜻이므로 '다소 활기차게'는 with some energy로 표현하면 됩니다.

▶ 정답

① I grabbed my keys, heading out the door. ② I checked my phone, noticing that I was five minutes later than usual. ③ Having missed the earlier bus, I waited for the next one, feeling anxious about being late for work. ④ Fortunately, I made it to the office on time, starting my day with some energy.

PART 3

영어식 사고를 키워 주는 영작

CHAPTER 1

영어 의문문과 부정문 만들기

곧 있을 프로젝트를 위해 팀에 합류하는 것에 관심이 있나요?

영어 문장의 기본 구조인 [주어 + 서술어]가 의문문에서는 조금 달라집니다. 독자와 청자에게 의문문이라는 것을 처음부터 명확하게 하기 위해 주어 앞에 be동사 또는 조동사를 놓는 것이지요. 서술어에 be동사가 포함된 문장들은 주어와 be동사의 순서만 바꿔 주면 의문문이 되어 [be동사 + 주어 + 형용사/명사 ~?] 구조가 됩니다.

 당신은 관심이 있나요 + 합류하는 것에 + 그 팀에
+ 곧 있을 그 프로젝트를 위해

STEP 1 전체 문장 완성하기

다음 문장을 힌트 단어를 보면서 완성해 보세요. **MP3 088**

1 당신은 관심이 있나요

• **interested**
주어에 맞는 be동사 사용에 주의할 것

2 당신은 관심이 있나요 / 합류하는 것에 / 그 팀에

• **join the team**
'~에 관심 있는, 흥미 있는'
은 interested in ~으로
전치사 뒤에 (동)명사 형태가
와야 함

3 당신은 관심이 있나요 / 합류하는 것에 / 그 팀에 / 곧 있을 그 프로젝트를 위해

• **for the upcoming project**

Answer Are you interested in joining the team for the upcoming project?

▶ 정답 p. 363

유제 1	그가 이 프로젝트를 담당하는 사람인가요? 그는 ~인가요 + 그 사람 + 담당하고 있는 + 이 프로젝트를

1 그는 ~인가요 / 그 사람

• the one
'oo는 ~인가요/입니까?'는 [be동사 + 주어 ~?] 어순으로

2 그는 ~인가요 / 그 사람 / 담당하고 있는

• in charge

3 그는 ~인가요 / 그 사람 / 담당하고 있는 / 이 프로젝트를

• this project
'~을 담당하는, 책임지고 있는'은 in charge of ~로 뒤에 (동)명사 형태가 옴

유제 2	이것이 배달에 정확한 주소인 게 확실해요? 당신은 확신하나요 + 이것이 ~라는 것을 + 그 정확한 주소 + 그 배달을 위한

1 당신은 확신하나요

• sure
'확신하는, 확실히 아는'은 sure

2 당신은 확신하나요 / 이것이 ~라는 것을 / 그 정확한 주소

• the correct address
sure 뒤에 [주어 + 동사]의 문장이 올 때 that으로 연결 가능

3 당신은 확신하나요 / 이것이 ~라는 것을 / 그 정확한 주소 / 그 배달을 위한

• for the delivery

유제 응용	오늘 아침에 집을 떠날 때 문을 잠근 것이 확실해요? 당신은 확신하나요 + 당신이 잠갔다는 것을 + 그 문을 + 당신이 떠났을 때 + 그 집을 + 오늘 아침에

• lock
• leave
that으로 연결된 문장은 과거형으로

1 성과 평가에서 받은 피드백에 대해 걱정해요?

↻ 당신은 걱정하나요 + 그 피드백에 대해 +
(당신이 받은 + 당신의 성과 평가에서)

- concerned about
- on your performance review
(that) you received ~가 앞의 feedback을 수식

---

2 그녀가 그 일에 가장 적합한 후보인가요, 아니면 다른 유력한 경쟁자들이 있나요?

↻ 그녀가 ~인가요 + 가장 적합한 후보자 + 그 일에, + 아니면 + 있나요 +
다른 유력한 경쟁자들이

- the best candidate
- strong contenders
–두 의문문을 or로 연결
–'~들이 있나요?'라고 질문할 때 [are there + 복수 명사 ~?]

---

3 지금 이야기할 시간이 있어요, 아니면 내가 나중에 다시 오는 게 좋을까요?

↻ 당신은 시간이 있나요 + 이야기 할 + 지금, + 아니면 +
내가 다시 오는 게 좋을까요 + 나중에

- available
- come back
–'시간이 있는'은 available
–'내가 ~하는 게 좋을까'라고 조언을 요청할 때는 [should I + 동사원형 ~?]

---

4 그들은 결과에 만족하나요?

↻ 그들은 만족하나요 + 그 결과들에

- results
'~에 만족하는, 행복해 하는'은 happy with

---

5 그 제안에 최종 결정을 내릴 준비가 되었나요?

↻ 당신은 준비가 되었나요 + 최종 결정을 내릴 + 그 제안에 대해

- make a final decision
- on the proposal
'~할 준비가 된'은 [ready to + 동사원형]

*'~에 대한 결정'은 decision about/on ~ 모두 가능하지만, 더 구체적·공식적인 느낌을 줄 때는 on을 사용합니다.

6 이 역할을 맡은 사람들이 초과 근무를 자주 하는 것이 일반적인가요?

↻ 일반적인가요 + 사람들이 + 이 역할에 있는 + 일하는 것이 +
초과 근무를 + 자주

- for people in this role
- frequently
주어가 길어서 문장 뒤로 가고 빈 주어 자리를 it이 채운 구조로, Is it common ~으로 시작

▶ 정답 p. 363

7 마감 기한을 연장하는 게 가능한가요?

🔄 가능한가요 + 연장하는 것이 + 그 마감 기한을

- Is it possible
- extend

[to + 동사원형]인 to부정사구 주어가 문장 뒤로 가고 빈 주어 자리를 it이 채운 구조

---

8 마감 기한 전에 작업을 완료하는 것이 가능했나요?

🔄 가능했나요 + 완료하는 것이 + 그 작업을 + 그 마감 기한 전에

- complete the task

Is it ～?의 과거형은 Was it ～?

---

9 당신이 의사 결정 과정에 관여했나요?

🔄 당신은 관여했나요 + 그 의사 결정 과정에

- decision-making process

-'～에 관여하다'는 be involved in ～
-지난 일을 물어보므로 be동사 과거형으로

---

10 회의 중에 논의하고 싶은 특정한 것이 있나요?

🔄 있나요 + 뭔가 특정한 것이 + (당신이 논의하고 싶은 + 그 회의 중에)

- something specific
- that you would like to

'뭔가 있나요?'라고 물어볼 때, Is there something ～?

---

11 나머지 다른 것들보다 그 옵션을 선택한 특별한 이유가 있었나요?

🔄 있었나요 + 특별한 이유가 + (왜 당신이 선택했는지 + 그 옵션을 + 나머지 다른 것들보다)

- a specific reason
- over the others

'...보다 ～를 선택하다'는 choose ～ over ...

---

12 그들은 협상의 최종 결과에 만족했나요?

🔄 그들은 만족했나요 + 그 최종 결과에 + 그 협상들의

- the final outcome
- negotiations

'～에 만족하는, 행복해 하는' 은 happy with

---

① 이 지도가 정확하다는 게 확실해요? ② 이런 곳에서 보물을 찾는 것이 가능이나 한가요? ③ 이 숨겨진 동굴에 대해 아는 다른 누군가가 있나요, 아니면 우리가 처음인가요? ④ 계획보다 결국 더 오래 머무르게 된다면 우리 배낭에 충분한 보급품이 있나요?

①

_____

_____

Hint 틀림없는, 확신하는 certain   정확한 accurate

②

_____

_____

Hint 보물 treasure

③

_____

_____

Hint 또(그 밖의) 다른 else   다른 누군가 anyone else   숨겨진 hidden   동굴 cave   첫 번째 사람 the first

④

_____

_____

Hint 보급품 supplies   배낭들 backpacks   결국 ~하게 되다 end up Ving

1 이 지도가 정확하다는 게 확실해요?

당신은 확신하나요 + 이 지도가 정확하다는 것을

어떤 일에 대해 확신하는지 질문할 때 [Are you certain that 주어 + 동사 ~?] 어순으로 말하면 됩니다. 이때 접속사 that이 없어도 전체 의미 파악에 어려움이 없으므로 생략 가능합니다.

2 이런 곳에서 보물을 찾는 것이 가능이나 한가요?

가능이나 한가요 + 찾는 것이 + 보물을 + 장소에서 + 이와 같은

to부정사구로 이루어진 주어가 너무 길어 문장 뒤로 이동하면서 빈 주어 자리를 it으로 채우는 구조입니다. 여기서 '가능이나 한가요'라고 글의 뉘앙스를 더해 줄 때 possible 앞에 부사 even을 붙이면 됩니다. '이런 곳/이와 같은 장소에서'는 in a place 뒤에 '이와 같은'의 의미로 like this를 더해 주세요.

3 이 숨겨진 동굴에 대해 아는 다른 누군가가 있나요, 아니면 우리가 처음인가요?

있나요 + 다른 누군가가 + (알고 있는 + 이 숨겨진 동굴에 대해), + 아니면 + 우리가 ~인가요 + 처음인 사람

'누군가가 있나요?'라고 질문할 때 Is there anyone ~?으로 시작하면 됩니다. 사람 명사 뒤에 수식하는 문장인 관계사절을 연결할 때 [사람 + who + 동사] 구조는 '~하는 사람'이라는 의미입니다

4 계획보다 결국 오래 머물게 된다면 우리 배낭에 충분한 보급품이 있나요?

있나요 + 충분한 보급품이 + 우리의 배낭들 안에 + 우리가 결국 머무르게 된다면 + 더 오래 + 계획했던 것보다

이 문장에서 '충분한 보급품' enough supplies는 복수형이므로 Are there로 문장을 시작하세요. '우리가 머무르게 된다면'은 접속사 if로 시작해 새로운 문장을 연결하면 됩니다. '계획했던 것보다'는 원래 than we planned인데 if절 안의 중복되는 주어 we를 생략한 채 많이 씁니다.

▶ 정답

① Are you certain this map is accurate? ② Is it even possible to find treasure in a place like this? ③ Is there anyone else who knows about this hidden cave, or are we the first? ④ Are there enough supplies in our backpacks if we end up staying longer than planned?

아직 그 자리에 지원하는 것을 고려 중인가요?

영어 시제 중에 진행형과 be going to 미래형은 서술어에 be동사가 들어 있는데, 역시 주어 앞으로 be동사만 위치하면 의문문이 됩니다. 앞에서 공부했지만, 현재진행형은 지금 또는 요즘 하고 있는 일만 나타내지는 않아요. 사실, 현재진행형은 가까운 미래를 나타낼 때 원어민들이 가장 즐겨 쓰는 시제입니다. 문장을 직접 만들면서 이러한 뉘앙스를 느껴 보세요.

| 당신은 아직 고려 중인가요 | + 지원하는 것을 + 그 자리에 |

STEP 1 전체 문장 완성하기

다음 문장을 힌트 단어를 보면서 완성해 보세요. MP3 091

1 당신은 아직 고려 중인가요

• **still considering**
현재진행형 의문문은 [be동사 현재형 + Ving]에서 be동사만 주어 앞으로 위치해 주어에 일치하는 be동사로 쓸 것

2 당신은 아직 고려 중인가요 / 지원하는 것을

• **apply**
consider 뒤에 또 다른 동사의 의미를 더할 때는 [consider + Ving] 형태로

3 당신은 아직 고려 중인가요 / 지원하는 것을 / 그 자리에

• **that position**
'~에 지원하다'는
apply for ~

Answer Are you still considering applying for that position?

▶ 정답 p. 363

| 유제 1 | 지금 그 프로젝트를 진행하고 있나요?
당신은 진행하고 있나요 + 그 프로젝트를 + 바로 지금 |

1 당신은 진행하고 있나요 • work on

2 당신은 진행하고 있나요 / 그 프로젝트를 • that project

3 당신은 진행하고 있나요 / 그 프로젝트를 / 바로 지금 • right now

| 유제 2 | 다음 달에 해외로 여행 갈 예정이에요?
당신은 여행 갈 예정이에요 + 해외로 + 다음 달에 |

1 당신은 여행 갈 예정인가요 • travel
be going to로 계획 세워 둔 미래를 표현할 때, 의문문은 be동사만 주어 앞으로 위치

2 당신은 여행 갈 예정인가요 / 해외로 • abroad

3 당신은 여행 갈 예정인가요 / 해외로 / 다음 달에 • next month

| 유제 응용 | 그 직장에 지원할 예정인가요, 아니면 다른 기회들을 먼저 고려하고 있나요?
당신은 지원할 예정인가요 + 그 직장에, + 아니면 +
당신은 고려하고 있나요 + 다른 기회들을 + 먼저 | • that job
• other opportunities
• first |

1 지금 밖에 비가 오나요, 아니면 지나가는 그냥 구름인가요?

↻ 비가 오고 있나요 + 밖에 + 바로 지금, + 아니면 + 저것들은 ~인가요 +
그냥 구름들 + 지나가는

- outside
- just clouds
'지나가는'의 passing by가
뒤에서 clouds를 수식

---

2 오늘 아침에 사무실 떠날 때 비가 오고 있었나요?

↻ 비가 오고 있었나요 + 당신이 떠났을 때 + 그 사무실을 + 오늘 아침에

- leave the office
과거의 어느 순간에 진행
중이던 일은 [be동사 과거형
+ Ving]로 표현하며,
의문문은 be동사가
주어 앞으로 위치

---

3 회의 중에 지시 사항을 주의 깊게 듣고 있었어요?

↻ 당신은 듣고 있었나요 + 그 지시 사항들을 + 주의 깊게 + 그 회의 중에

- listen to
- instructions
과거진행형 의문문은
[be동사 과거형 + 주어 +
Ving ~?] 어순으로

---

4 밖이 더 추워지고 있나요, 아니면 그냥 내 착각인가요?

↻ 더 추워지고 있나요 + 밖에서, + 아니면 + 그건 ~인가요 + 그냥 나의 착각

- get colder
- imagination
–날씨 표현은 주어를 it으로
–imagination은 '상상력,
가상' 그리고 '착각'의
의미로도 쓰임

---

5 그들은 건물을 개조할 계획인가요, 아니면 그냥 소문인가요?

↻ 그들은 계획하고 있나요 + 개조하는 것을 + 그 건물을, + 아니면 +
그건 ~인가요 + 그냥 소문

- plan to renovate
- just a rumor

---

6 그들이 오늘 밤에 저녁 식사하러 올 건가요?

↻ 그들은 오나요 + 저녁 식사를 위해 + 오늘 밤에

- come over
- for dinner
현재진행형으로 가깝고
확실한 미래를 표현

▶ 정답 p. 363

7 **새로운 제안에 대해 논의하게 오늘 늦게 고객과 만날 건가요?**

    ↻ 당신은 만날 건가요 + 그 고객과 + 늦게 + 오늘 + 논의하기 위해 +

        그 새로운 제안에 대해

- later today
- discuss the new proposal

현재진행형으로 약속된 일 혹은 가까운 미래를 표현

---

8 **그녀는 내년에 해외로 사업을 확장할 계획인가요?**

    ↻ 그녀는 계획하고 있나요 + 확장하는 것을 + 그녀의 사업을 + 해외로 + 내년에

- expland
- overseas

현재진행형으로 지금 하거나 요즘 진행 중인 일을 표현

---

9 **집에 도착하면 나에게 전화할 거예요?**

    ↻ 당신은 전화할 건가요 + 나에게 + 당신이 도착하면 + 집에

- Are you going to
- get home

미래의 일에 대한 의도나 결정은 be going to로 표현

---

10 **그는 올해 새 차를 살 예정인가요, 아니면 현재 차를 좀 더 오래 유지할 계획인가요?**

    ↻ 그는 살 예정인가요 + 새 차를 + 올해, + 아니면 + 그는 계획하고 있나요 +

        유지하는 것을 + 그의 현재 차를 + 조금 더 오래 동안

- keep his current one
- for a bit longer

미래의 의도나 계획은 be going to로 표현

---

11 **그들은 곧 집을 개조할 건가요, 아니면 지금은 그냥 아이디어를 모으고 있는 건가요?**

    ↻ 그들은 개조할 예정인가요 + 그 집을 + 곧, + 아니면 +

        그들은 그냥 모으고 있나요 + 아이디어들을 + 지금은

- gather ideas
- for now

－미래에 할 예정인 뉘앙스를 살려 be going to로

－지금 하고 있는 일은 [be동사 현재형 + Ving]로 표현

---

12 **그는 다음 주 그 행사에서 연설을 할 예정인가요?**

    ↻ 그는 연설할 예정인가요 + 그 행사에서 + 다음 주

- make a speech

---

① 우리가 논의했던 그 여행 가는 것을 아직도 생각 중이에요? ② 좋은 숙박 시설을 찾기엔 너무 늦은 건지도 모른다고 느껴지기 시작한 거예요? ③ 우리는 원래 계획대로 할 건가요? ④ 다른 누군가가 우리와 함께하나요, 아니면 우리 둘만 가는 건가요?

①
_____

_____

Hint 아직도 still   ~에 대해 생각하다 think about   여행을 가다 go on the trip

②
_____

_____

Hint ~ 같은 느낌이 들다 feel like   ~일지도 모른다 might
(흔히 식사나 다른 서비스들도 제공하는) 숙박 시설 accommodations

③
_____

_____

Hint ~을 계속하다, 고수하다 stick with   원래의 original

④
_____

_____

Hint 다른 누군가 anyone else   우리 둘만, 우리 단 둘이만 just the two of us

1 **우리가 논의했던 그 여행 가는 것을 아직도 생각 중이에요?**

당신은 아직도 생각 중인가요 + 가는 것에 대해 + 그 여행을 + (우리가 논의했던)

지금 생각 중이냐고 물어보는 문장이므로 현재진행형 의문문으로 만드세요. 여기서 the trip을 꾸며 주는 문장이 연결되는데, '우리가 논의했던' that we discussed에서 관계대명사 목적격 that은 생략이 가능합니다.

2 **좋은 숙박 시설을 찾기엔 너무 늦은 건지도 모른다고 느껴지기 시작한 거예요?**

시작하고 있나요 + 느껴지는 것을 + 우리가 너무 늦은 건지도 모른다고 + 찾기에는 +
좋은 숙박 시설을

Is it starting to ～?는 '～하기 시작하나요?'의 뜻이에요. feel like 뒤에 문장이 올 수 있는데 '～한 느낌이 있다, ～같은 느낌이 들다'의 의미가 됩니다. 조동사 might를 이용해 '～일지도 모른다'의 추측을 나타낼 수 있어요.

3 **우리는 원래 계획대로 할 건가요?**

우리는 고수할 예정인가요 + 우리의 원래 계획을

미래 시제 be going to를 이용해 앞으로의 계획을 물어보는 문장을 만드세요. stick with ～는 '무엇인가를 계속하다'의 뜻이므로, '우리의 원래 계획대로 하다, 원래 계획을 고수하다'는 stick with our original plan이 됩니다.

4 **다른 누군가가 우리와 함께하나요, 아니면 우리 둘만 가는 건가요?**

다른 누군가가 함께할 예정인가요 + 우리와, + 아니면 + 우리 둘뿐인 건가요

'다른 누군가'인 anyone else가 첫 번째 의문문의 주어이므로 Is anyone else going to ～로 미래 계획을 물어보는 문장을 만드세요. 접속사 or 뒤의 문장 is it just the two of us? 이 문장에서 is it ～은 굳이 '그것은 ～입니까?'로 해석하기보다, 앞의 내용과 연결해서 여행 가는 사람이 누구인지 그 대상을 나타내는 역할을 합니다.

▶ 정답

① Are you still thinking about going on the trip we discussed? ② Is it starting to feel like we might be too late to find good accommodations? ③ Are we going to stick with our original plan? ④ Is anyone else going to join us, or is it just the two of us?

UNIT 3
조동사 의문문
만들기

일 마치면 일찍 퇴근해도 되나요?

조동사는 문장의 의도와 뉘앙스를 명확하게 해 주는 역할을 하는데요, 이런 조동사 의문문은 [조동사
+ 주어 + 동사원형 ~?]의 구조입니다. 위의 문장에 숨어 있는 주어는 I입니다. '내가 ~해도 될까요?'
하고 상대방에게 허가, 허락을 구할 때는 [Can I + 동사원형 ~?]으로 표현합니다.

 내가 떠나도 되나요 + 일찍 + 내가 마치면 + 내 일을

STEP 1 전체 문장 완성하기

다음 문장을 힌트 단어를 보면서 완성해 보세요. **MP3 094**

---

1 내가 떠나도 되나요

• **Can I**
• **leave**
허가, 허락을 구할 때는
[Can I + 동사원형 ~?]

---

2 내가 떠나도 되나요 / 일찍

• **early**

---

3 내가 떠나도 되나요 / 일찍 / 내가 마치면

• **finish**
−[if 주어 + 동사] 구조로
조건의 부사절 표현
−'(일 등을) 끝내다, 마치다'
는 finish

---

4 내가 떠나도 되나요 / 일찍 / 내가 마치면 / 내 일을

• **my work**

Answer Can I leave early if I finish my work?

▶ 정답 p. 364

유제 1	너무 폐가 되지 않는다면 제가 내일 하루 쉬어도 될까요?
	제가 쉬어도 될까요 + 하루 + 내일 + 그것이 아니라면 + 너무 많은 폐(번거로움)가

1 제가 쉬어도 될까요 / 하루

• take the day off
Can I ~? 대신 Could I ~? 를 쓰면 더 공손한 뉘앙스

2 제가 쉬어도 될까요 / 하루 / 내일

• tomorrow

3 제가 쉬어도 될까요 / 하루 / 내일 / 그것이 아니라면 / 너무 많은 폐가

• if it's not
• too much trouble
'너무 지나친, 너무 많은' 양이나 정도를 나타낼 때 too much

유제 2	그냥 확인하게, 내일 회의 시간을 나에게 다시 알려 줄래요?
	당신이 다시 알려 줄래요 + 나에게 + 우리의 회의 시간을 + 내일, + 그냥 확인하기 위해

1 당신이 다시 알려 줄래요 / 나에게

• remind me
–'당신이 ~해 줄래요?'라고 부탁할 때는 [Can you + 동사원형 ~?]
–'~에게 ...을 생각나게 하다, 다시 알려주다'는 remind ~ of ...

2 당신이 다시 알려 줄래요 / 나에게 / 우리의 회의 시간을

• meeting time

3 당신이 다시 알려 줄래요 / 나에게 / 우리의 회의 시간을 / 내일

• tomorrow

4 당신이 다시 알려 줄래요 / 나에게 / 우리의 회의 시간을 / 내일, / 그냥 확인하기 위해

• just to confirm

유제 응용	사무실에 전화해서 우리 약속을 확인해 주시겠어요?
	당신이 전화해 주시겠어요 + 그 사무실에 + 그리고 + 확인해 주시겠어요 + 우리의 약속을

• confirm our appointment
–'Could you ~?'를 써서 더 예의 있게 부탁하는 뉘앙스
–appointment는 '(특히 업무 관련) 약속'

---

1 잠시만 당신 노트북을 써도 될까요?

○ 내가 써도 될까요 + 당신의 노트북을 + 몇 분 동안

- Can I
- for a few minutes

---

2 최종 결정을 내리기 전에 몇 가지 옵션을 더 살펴볼 수 있을까요?

○ 제가 살펴볼 수 있을까요 + 몇 가지 더 많은 옵션들을 + 최종 결정을 내리기 전에

- explore
- a final decision
- Could I ~?를 사용해 공손한 뉘앙스 추가
- '결정을 내리다'에 쓰이는 동사는 make

---

3 이 문제에 대한 조언을 좀 구해도 될까요?

○ 제가 요청해도 될까요 + 당신에게 + 약간의 조언을 + 이 문제에 대한

- Could I
- this matter
- '~에게 ...을 요청하다, 부탁하다'는 ask ~ for ...
- '~에 대한 조언'은 advice on ~

---

4 그것에 대해 좀 더 자세히 다시 설명해 줄래요?

○ 당신이 설명해 줄래요 + 그것을 + 다시 + 더 자세히

- Can you please
- in more detail

please를 붙이면 Can you ~?보다는 공손하지만, 여전히 Could you ~? 보다는 직접적인 느낌

---

5 오후 5시까지 수정된 서류를 보내 주실 수 있나요?

○ 당신이 보내 주실 수 있나요 + 그 수정된 서류들을 + 오후 5시까지

- send over
- the revised documents

'Could you ~?'를 사용해 공손하고 예의 있게

---

6 내가 없는 동안 이것을 처리해 줄래요?

○ 당신이 처리해 줄래요 + 이것을 + 내가 없는 동안

- take care of
- while I'm away

Will you ~?는 상대방이 부탁을 들어 줄 의향이 있는지 묻는 것으로, Can you ~?보다 좀 더 강한 기대감을 포함

---

7 업데이트가 있으면 알려 줄래요?

🔁 당신이 해 줄래요 + 내가 + 알도록 + 있다면 + 어떤 업데이트들이

- let me know
- any updates

'~가 …하게 해 주다'는 [let ~ + 동사원형]으로

---

8 저녁 식사 후에 산책하시겠어요?

🔁 당신은 가고 싶으세요 + 산책하러 + 저녁 식사 후에

- go for a walk

'~하고 싶으신가요?'라고 정중하게 의향을 물을 때는 [Would you like to + 동사원형 ~?]

---

9 귀하의 일정에 따라 오전에 만나는 것을 선호하세요, 아니면 오후에 만나는 것을 선호하세요?

🔁 당신은 선호하시겠어요 + 만나는 것을 + 오전에 + 아니면 + 오후에, + 당신의 일정에 따라

- in the morning or afternoon
- depending on

[Would you prefer + Ving ~?]는 '~하는 것을 선호하십니까?'의 예의 있는 선택 질문

---

10 포트럭 파티에 뭔가 특별한 것을 가져와야 할까요?

🔁 내가 가져와야 할까요 + 뭔가 특별한 것을 + 그 포트럭 파티에

- Should I
- anything specific

−Should I ~?(제가 ~해야 할까요?)는 화자가 해야 할 일이나 제안을 의미
−potluck은 '각자 음식을 가져와서 나눠 먹는 식사'

---

11 모두가 도착하기를 기다려야 할까요, 아니면 정시에 시작해야 할까요?

🔁 우리는 기다려야 할까요 + 모두가 + 도착하기를, + 아니면 + 시작해야 할까요 + 정시에

- for everyone to arrive
- on time

'우리가 ~해야 할까요?'라고 공통의 합의를 제안할 때는 Should we ~?

---

* or 뒤에 앞 문장과 반복되는 should we는 생략 가능하며, 이 경우 문장이 좀 더 간결해지고, 구어체 느낌이 납니다.

12 내가 팀에게 변경 사항에 대해 알려야 하나요, 아니면 발표하기에는 너무 이른가요?

🔁 내가 알려야 하나요 + 그 팀에게 + 그 변경 사항들에 대해, + 아니면 + 너무 이른가요 + 발표하기에는 + 그것들을(변경 사항들을)

- about the changes
- announce them

−'~에게 …에 대해 알리다'는 inform ~ about …
−'~하기에 너무 이른'은 [too early to + 동사원형]

13 혹시 모르니까, 보고서를 제출하기 전에 세부 사항을 다시 확인하는 게 좋겠죠?

↻ 우리가 다시 확인하는 게 좋겠죠 + 그 세부 사항들을 + 제출하기 전에 +
그 보고서를, + 혹시 모르니까요

- double-check
- just to be sure

조동사 had better는 '~ 하는 게 좋을 거다, 안 하면 곤경에 처한다'의 뉘앙스 이며, 의문은 [Had + 주어 + better + 동사원형 ~?] 의 어순임에 주의

---

14 교통 체증을 피하기 위해 내가 지금 출발하는 게 좋겠죠?

↻ 내가 출발하는 게 좋겠죠 + 지금 + 피하기 위해 + 그 교통 체증을

- avoid the traffic

---

15 건물에 들어가려면 신분증을 제시해야 하나요?

↻ 내가 제시해야만 하나요 + 어떤 신분증을 + 들어가기 위해 + 그 건물에

- provide any
  identification
- enter

— have to는 필요나 의무로 꼭 해야 한다는 뉘앙스
—have to의 의문문은 일반 동사의 규칙에 따르므로 I have to는 [Do I have to + 동사원형 ~?]

---

16 우리가 이 특정 절차를 따라야만 하나요, 아니면 조금 유연성이 있나요?

↻ 우리는 따라야만 하나요 + 이 특정 절차를, + 아니면 + 있나요 + 약간의 유연성이

- specific process
- some flexibility

---

17 그녀는 오늘 밤에 과제를 끝내야 하나요?

↻ 그녀는 끝내야 하나요 + 그 과제를 + 오늘 밤에

- the assignment

have to의 주어가 3인칭 단수일 때는 의문문이 될 때 do가 does가 되는 것에 주의

---

18 그들은 일을 추진하기 전에 모든 것에 합의해야 하나요?

↻ 그들은 합의해야 하나요 + 모든 것에 대해 + 나아가기 전에 + 앞으로

- agree on
- before

'전진하다, (일을) 추진하다'는 move forward

▶ 정답 p. 364

WRITING TIPS

문장의 의도와 뉘앙스를 분명히 해 주는 조동사! 의문문일 때, [조동사 + 주어 + 동사원형 ~?]의 구조가 됩니다. 이 규칙을 따르지 않는 예외적인 조동사들도 있으니 영작할 때 주의해야 합니다.

영어의 구조를 이해하고 기본 규칙을 지키며 문장 만들기 연습을 해보세요.

조동사	의문문 구조	예문	의도와 뉘앙스
can	Can + 주어 + 동사원형 ~?	Can I borrow your car this weekend? 이번 주말에 당신 차를 빌려도 될까요?	허가, 가능성
could	Could + 주어 + 동사원형 ~?	Could I get a refund if I return the item? 이 물건을 반품하면 환불을 받을 수 있을까요?	정중한 요청
will	Will + 주어 + 동사원형 ~?	Will you take care of this while I'm away? 내가 없을 때 이 일을 좀 맡아 줄래요?	의향을 묻거나 부탁
would	Would + 주어 + 동사원형 ~?	Would you mind helping me with this task? 이 작업을 도와주시겠어요?	정중한 요청
should	Should + 주어 + 동사원형 ~?	Should I take an umbrella today? 오늘 우산을 가져가야 할까요?	조언 요청
had better	Had + 주어 + better + 동사원형 ~? (had better는 의문문에서 had만 주어 앞으로 위치)	Had I better call ahead to make a reservation? 예약하게 미리 전화하는 게 좋겠죠?	강한 권장
have to	Do/Does + 주어 + have to + 동사원형 ~? (have to는 문장을 구성할 때 일반 동사의 규칙을 따름)	Do I have to submit this report by Friday? 이 보고서를 금요일까지 제출해야만 하나요?	필요, 의무

① 왜 다락에서 이상한 소리가 나는지 설명해 주시겠어요? ② 저 위로 올라가서 저와 함께 확인해 주시겠어요? ③ 아침까지 기다려야만 하나요, 아니면 지금 이걸 해결할 수 있을까요? ④ 혹시라도 저 위에서 불이 안 들어올 경우를 대비해 우리가 손전등을 가져가는 게 좋겠죠?

①

Hint 당신이 ~해 줄 수 있나요/해 주시겠어요? Could you ~?   ~에서 나오는 coming from 다락 attic

②

Hint 당신이 ~하시겠어요? Would you ~?   기꺼이 ~하다 be willing to   확인하다 check out

③

Hint 우리는 ~해야만 하나요? Do we have to ~?   ~을 알아내다, 해결하다 figure out

④

Hint 손전등 flashlight   혹시라도 ~할 경우에 대비해서 just in case 주어 + 동사

1 왜 다락에서 이상한 소리가 나는지 설명해 주시겠어요?

당신이 설명해 주시겠어요 + 왜 있는지 + 이상한 소리가 + (나오는 + 그 다락에서)

Could you ~?를 이용해 상대방에게 공손한 어조로 부탁하는 문장을 만드세요. Could you explain ~?으로 의문문의 뼈대를 세우고 explain 뒤에 '왜 이상한 소리가 나는지'를 '~이 있다'는 there is (= there's) ~ 구문을 이용해 why there's a strange noise로 표현하면 됩니다.

2 저 위로 올라가서 저와 함께 확인해 주시겠어요?

당신이 기꺼이 해 주시겠어요 + 올라가는 것을 + 그곳에 + 그리고 + 그것을 확인하는 것을 + 저와 함께

'당신이 ~하시겠어요? ~할 의향이 있나요?'라고 공손하게 물어볼 때 Would you ~?를 씁니다. 여기에 '기꺼이 ~해 주시겠어요?'의 의미를 덧붙이려면 Would you be willing to ~?가 좋아요. '저 위로 올라가다'는 go up there로 쓰면 됩니다.

3 아침까지 기다려야만 하나요, 아니면 지금 이걸 해결할 수 있을까요?

우리가 기다려야만 하나요 + 아침까지, + 아니면 + 우리가 이것을 해결할 수 있나요 + 지금

[Do we have to + 동사원형] 구조로 문장을 시작하고 접속사 or로 두 의문문을 연결하세요. or 뒤의 의문문은 [can we + 동사원형]으로 뼈대를 세우세요. '이것을 해결하다'는 figure this out으로 대명사 this가 figure out 사이에 위치합니다.

4 혹시라도 저 위에서 불이 안 들어올 경우를 대비해 우리가 손전등을 가져가는 게 좋겠죠?

우리는 가져가는 게 좋겠죠 + 손전등 하나를, + 혹시라도 불이 안 들어올 경우를 대비해서 + 저 위에서

'손전등을 안 가져가면 안 좋을 수도 있다'라는 뉘앙스로 Had we better bring ~?으로 문장을 시작하세요. [just in case 주어 + 동사]는 '혹시라도 ~를 대비해서'의 의미로 자주 쓰입니다. '불이 안 들어온다'는 the lights don't work로 덩어리째 알아두시면 좋아요.

▶ 정답

① Could you explain why there's a strange noise coming from the attic? ② Would you be willing to go up there and check it out with me? ③ Do we have to wait until morning, or can we figure this out now? ④ Had we better bring a flashlight, just in case the lights don't work up there?

일정 변경에 대해 알고 있어요?

영어에서 be동사와 조동사를 제외한 동사를 일반동사라고 합니다. 일반동사 의문문 역시 주어부터 시작하지 않고 의문문임을 알려 주는 조동사부터 시작합니다. 그래서 'OO는 ~합니까?'라고 물어볼 때, [Do/Does + 주어 + 동사원형 ~?]의 의문문 구조가 돼요. 주어가 3인칭 단수이면서 현재형으로 물어볼 때만 do 대신 does를 쓴다는 것, 꼭 기억하세요. 'OO는 ~했나요?'라고 이미 지나간 과거를 물어볼 때는 주어에 상관없이 [Did + 주어 + 동사원형 ~?] 구조로 의문문을 만듭니다.

 | **당신은 알고 있나요** | + 그 변경들에 대해 + 그 일정에서

STEP 1 전체 문장 완성하기

다음 문장을 힌트 단어를 보면서 완성해 보세요. **MP3 097**

1 당신은 알고 있나요

- **know**
상대방이 뭔가를 알고
있는지 물어볼 때,
'Do you know ~?'

---

2 당신은 알고 있나요 / 그 변경들에 대해

- **about the changes**

---

3 당신은 알고 있나요 / 그 변경들에 대해 / 그 일정에서

- **in the schedule**

Answer **Do you know about the changes in the schedule?**

유제 1	커피 또는 차를 선호하나요, 아니면 기분에 따라 달라지나요?
	당신은 선호하나요 + 커피 또는 차를, + 아니면 + 그건 달려 있나요 + 당신의 기분에

1 당신은 선호하나요 / 커피 또는 차를

• prefer
일반동사 현재 시제 의문문에 주어가 you이므로 [Do you + 동사원형 ~?] 구조로

2 당신은 선호하나요 / 커피 또는 차를, / 아니면 / 그건 달려 있나요

• does it depend
주어가 3인칭 단수 it이므로, [Does it + 동사원형 ~?] 구조로

3 당신은 선호하나요 / 커피 또는 차를, / 아니면 / 그건 달려 있나요 / 당신의 기분에

• on your mood
depend on ~은 '~에 달려 있다, ~에 좌우되다'

유제 2	주말에 무슨 계획이 있나요, 아니면 편히 쉴 계획이에요?
	당신은 가지고 있나요 + 무슨 계획들을 + 그 주말을 위한, + 아니면 + 당신은 계획 중인가요 + 편히 쉴 것을

1 당신은 가지고 있나요 / 무슨 계획들을

• have any plans

2 당신은 가지고 있나요 / 무슨 계획들을 / 그 주말을 위한

• for the weekend

3 당신은 가지고 있나요 / 무슨 계획들을 / 그 주말을 위한, / 아니면 / 당신은 계획 중인가요 / 편히 쉴 것을

• relax
or 뒤의 문장 시제는 현재진행형으로

유제 응용	그 프로젝트에 도움이 필요하세요, 아니면 모든 것을 혼자 관리하고 계시는 거예요?	• with that project • manage '당신 혼자 (힘으로)'는 on your own
	당신은 필요한가요 + 어떤 도움이 + 그 프로젝트에, + 아니면 + 당신은 관리하고 있나요 + 모든 것을 + 당신 혼자서	

225

1 그 결정에 동의하세요, 아니면 우리가 다시 고려해야 한다고 생각하세요?

↻ 당신은 동의하나요 + 그 결정에, + 아니면 + 당신은 생각하나요 +
우리가 다시 고려해야 한다고

• agree with
• should reconsider
두 일반동사 의문문을 or로
연결

---

2 우리랑 점심 같이 드실래요, 아니면 다른 계획이 있으세요?

↻ 당신은 원하나요 + 함께하기를 + 우리와 + 점심 식사를 위해, + 아니면 +
당신은 가지고 있나요 + 다른 계획들이

• join us

---

3 우리가 마감 기한 전에 이 일을 끝낼 충분한 시간이 있나요?

↻ 우리는 가지고 있나요 + 충분한 시간을 + 끝낼 + 이것을 + 그 마감 기한 전에

• enough time
• before the
  deadline

---

4 운을 믿나요, 아니면 모든 일이 다 이유가 있다고 생각하시나요?

↻ 당신은 믿나요 + 운을, + 아니면 + 당신은 생각하나요 + 모든 일은 일어난다고
+ 어떤 이유 때문에

• believe in luck
• for a reason
'모든 일에는 다 이유가 있다'
는 everything happens for
a reason

---

5 그녀가 역에 가는 법을 알고 있나요, 아니면 내가 길을 알려 줘야 할까요?

↻ 그녀가 알고 있나요 + 가는 방법을 + 그 역에, + 아니면 + 내가 줘야 할까요 +
그녀에게 + 길 안내를

• how to get
• give her directions
－현재 시제에 주어가 3인칭
  단수이므로 Does ~로
  시작
－[how to + 동사원형]은
  '~하는 방법'

---

6 그는 새로운 직장을 맘에 들어 하나요, 아니면 아직 변화에 적응 중인가요?

↻ 그는 마음에 들어 하나요 + 그의 새로운 직장을, + 아니면 +
그는 여전히 적응하고 있나요 + 그 변화들에

• adjust to
좋아하는지 상태를
물을 때는 동사 like 사용

---

7 이 버스는 시내로 바로 가나요, 아니면 환승해야 하나요?

   🔁 이 버스는 가나요 + 시내로 + 바로, + 아니면 + 우리는 환승해야 하나요?

- downtown
- need to transfer

'곧장, 바로'는 directly

---

8 당신 전화기는 배터리가 하루 종일 갈 정도로 충분한가요?

   🔁 당신의 전화기는 가지고 있나요 + 충분한 배터리를 + 지속될 + 하루 종일

- to last
- through the day

---

9 어젯밤에 숙제를 끝냈나요, 아니면 다른 것에 정신이 팔렸었나요?

   🔁 당신은 끝냈나요 + 당신의 숙제를 + 어젯밤에, + 아니면 +
당신은 정신이 팔렸었나요 + 다른 것에 의해

- get distracted
- by something else

과거 일을 묻는 의문문은
[Did you + 동사원형 ~?]

**10 그가 회의 후에 당신에게 다시 전화했나요, 아니면 아직도 그 사람 연락을
기다리고 있나요?**

   🔁 그가 전화했나요 + 당신에게 + 다시 + 그 회의 후에, + 아니면 +
당신은 아직도 기다리고 있나요 + 연락을 받기를 + 그에게서

- hear from

–'(자신에게 전화했던 사람
에게) 다시 전화를 하다'는
call back, call someone
back

–'~로부터 연락을 받다/
소식을 듣다'는
hear from ~

---

11 어젯밤에 파티에 갔어요, 아니면 대신 집에 있기로 했던 거예요?

   🔁 당신은 갔나요 + 그 파티에 + 어젯밤에, + 아니면 + 당신은 결정했나요 +
머물기로 + 집에 + 대신

- stay home
- instead

'~하기로 결정하다, 결심하다'
는 [decide to + 동사원형]

---

12 그녀가 어제 그 행사에서 무슨 일이 있었는지 당신에게 말했어요?

   🔁 그녀는 말했나요 + 당신에게 + 무슨 일이 일어났는지 + 그 행사에서 + 어제

- tell
- what happened

---

① 제시카가 오늘 오후 3시로 회의 일정 잡았죠? ② 사무실 프린터는 시작하는 데 항상 이렇게 시간이 오래 걸려요? ③ 존, 보고서는 다 끝냈어요, 아니면 시간이 더 필요해요? ④ 회의 전에 우리가 간단히 점심 먹을 시간은 충분한가요?

①

Hint 일정을 잡다 schedule

②

Hint (시간이) 이렇게 오래 걸리다 take this long

③

Hint 당신은 ~했나요? (이미 지난 과거 일을 질문) Did you + 동사원형 ~?

④

Hint 빠르게/간단하게 점심을 먹다 grab lunch

▶ 정답 p. 365

1 제시카가 오늘 오후 3시로 회의 일정 잡았죠?

제시카는 일정을 잡았나요 + 그 회의를 + 오후 3시로 + 오늘

이미 지나간 과거를 물어볼 때는 주어에 상관없이 [Did + 주어 + 동사원형 ~?] 구조로 의문문을 만드세요. '회의 일정을 잡다'는 schedule the meeting이 되고, '오후 3시로' 회의를 잡았으므로 for 3 p.m.을 연결하면 됩니다.

2 사무실 프린터는 시작하는 데 항상 이렇게 시간이 오래 걸려요?

그 프린터는 (그 사무실에 있는) 항상 시간이 걸리나요 + 이렇게 오래 + 시작하는 데

평상시에 늘 시간이 오래 걸리는지 물어보는 문장이므로 일반동사 현재형으로 써야 합니다. 주어는 the printer 이므로 Does the printer in the office always take ~?로 의문문 뼈대를 잡으세요. 주어 뒤에 수식어구가 붙어 다소 길어졌어요.

3 존, 보고서는 다 끝냈어요, 아니면 시간이 더 필요해요?

존, + 당신은 다 끝냈나요 + 그 보고서를, + 아니면 + 당신은 필요한가요 + 더 많은 시간이

이미 지나간 과거 일을 묻고 있으므로 did you finish ~?로 문장을 시작하세요. or 뒤의 의문문은 현재 상태를 묻고 있으므로 do you ~?로 시작해야 합니다.

4 회의 전에 우리가 간단히 점심 먹을 시간은 충분한가요?

우리는 가지고 있나요 + 충분한 시간을 + 간단히 먹을 + 점심을 + 그 회의 전에

'충분한 시간이 있다'는 have enough time이에요. '간단히 먹다'는 원어민들이 grab을 많이 쓰고요, 여기서는 enough time 뒤에 to부정사의 형태로 놓여 enough time을 수식합니다.

▶ 정답

① Did Jessica schedule the meeting for 3 p.m. today? ② Does the printer in the office always take this long to start? ③ John, did you finish the report, or do you need more time? ④ Do we have enough time to grab lunch before the meeting?

UNIT 5

현재완료 의문문
만들기

오늘 부모님께 안부 전화 드렸어요?

영어에서 현재완료 의문문은 과거부터 현재까지 지속된 상태, 경험 또는 최근에 발생한 일에 대해 질문할 때 씁니다. 과거에 시작된 일이 현재까지 영향을 미치거나, 현재와 관련된 과거의 일이나 경험을 물을 때 사용되죠. [Have + 주어 + p.p. ~?]가 기본 형태이며, 주어가 3인칭 단수일 때는 [Has + 주어 + p.p. ~?]로 써 줍니다.

당신은 전화했나요 + 당신의 부모님께 + 오늘 + 안부를 확인하기 위해 + 그들을

STEP 1 전체 문장 완성하기

다음 문장을 힌트 단어를 보면서 완성해 보세요. **MP3 100**

1 당신은 전화했나요

• call
오늘 중 전화한 적이 있는지, 현재 시점에서 그 일(전화)을 완료했는지 여부를 묻는 질문으로 Have you p.p. ~?로

---

2 당신은 전화했나요 / 당신의 부모님께

• your parents

---

3 당신은 전화했나요 / 당신의 부모님께 / 오늘

• today

---

4 당신은 전화했나요 / 당신의 부모님께 / 오늘 / 안부를 확인하기 위해 / 그들을

• to check in on them
'가족, 친구, 지인의 상태나 안부를 확인하다/살펴보다'는 check in on ~

Answer Have you called your parents today to check in on them?

▶ 정답 p. 365

유제 1	마블 시리즈 중에서 최신 영화를 봤어요? 당신은 봤나요 + 그 최신 영화를 + 그 마블 시리즈 중에서

1 당신은 봤나요

- **see**
과거에 그 영화를 봐서 지금은 본 상태인지를 묻는 뉘앙스로는 Have you p.p. ~?

2 당신은 봤나요 / 그 최신 영화를

- **the latest movie**
최상급 표현 앞에 놓는 the

3 당신은 봤나요 / 그 최신 영화를 / 그 마블 시리즈 중에서

- **in the Marvel series**
Marvel은 고유명사지만, 뒤에 series라는 명사가 따라와 특정 시리즈를 지칭하므로 the가 붙는 것이 자연스러움

유제 2	프로젝트를 맡아서 일하느라 밤을 새워 본 적이 있어요? 당신은 (언젠가) 깨어 있던 적이 있나요 + 밤새 + 맡아서 일하느라 + 한 프로젝트를

1 당신은 (언젠가) 깨어 있던 적이 있나요

- **stay up**
'지금까지, 언젠가'의 의미로 ever를 넣어 '현재완료 경험'의 의미를 강조

2 당신은 (언젠가) 깨어 있던 적이 있나요 / 밤새

- **all night**
'밤을 새우다, 밤새 안 자고 깨어 있다'는 stay up all night

3 당신은 (언젠가) 깨어 있던 적이 있나요 / 밤새 / 맡아서 일하느라 / 한 프로젝트를

- **working on a project**
'~하느라 밤을 새우다'는 stay up all night Ving

유제 응용	소개를 받은 직후에 누군가의 이름을 잊어버린 적이 있나요? 당신은 (언젠가) 잊어버린 적이 있나요 + 누군가의 이름을 + 소개를 받은 직후에

- **forget**
- **right after**
-forget의 과거분사는 forgotten
-'소개받다'는 be introduced

231

1 **시내에 새로 생긴 그 식당에 가 봤어요?**

↻ 당신은 시도해 봤나요 + 그 새로운 식당을 + 시내에 있는

- that new restaurant
- downtown

try는 '먹어 보다, 가 보다'의 의미로 활용

---

2 **최근에 존에게서 소식을 들었나요, 아니면 그 사람, 연락이 끊긴 건가요?**

↻ 당신은 소식을 들었나요 + 존에게서 + 최근에, + 아니면 + 그는 연락이 끊긴 상태인가요

- hear from John
- out of touch

'최근에 소식을 들어서 알고 있는지, 예전에 소식이 끊겨서 지금도 끊긴 상태인지'를 현재완료로 제시

---

3 **지난달에 새로 문을 연 미술관에 방문해 봤어요?**

↻ 당신은 방문해 봤나요 + 그 새로운 미술관을 + (막 문을 연 + 지난달에)

- art gallery
- that just opened

that just opened가 바로 앞의 the new art gallery를 수식

---

4 **워크숍에 등록했어요, 아니면 아직 고려 중이에요?**

↻ 당신은 등록했나요 + 그 워크숍에, + 아니면 + 당신은 아직 고려 중인가요 + 그것을

- sign up for
- still considering

이미 등록했는지 묻는 질문은 [Have you p.p. ~?]로, 고려 중인지 묻는 질문은 [Are you Ving ~?] 형태로

---

5 **이 문제에 대해 매니저와 이야기했나요?**

↻ 당신은 이야기했나요 + 그 매니저와 + 이 문제에 대해

- Have you spoken

'(잘못을 바로잡기 위해) ~와 …에 대해 이야기하다'는 speak to ~ about...

---

6 **내일 알람을 맞춰 놨어요, 아니면 늦잠 잘 계획이에요?**

↻ 당신은 맞춰 놨나요 + 당신의 알람을 + 내일을 위해, + 아니면 + 당신은 계획하고 있나요 + 늦잠을 자는 것을

- set your alarm
- sleep in

sleep in은 맘 먹고 늦잠을 자는 것이고, oversleeep은 일어나야 하는 시간을 넘어 늦잠 자는 것.

▶ 정답 p. 365

7 그는 귀중한 것을 잃어버리고 나중에 찾은 적이 있나요?

↻ 그는 (언젠가) 잃어버린 적이 있나요 + 뭔가 귀중한 것을 + 그리고 + 찾은 적이 있나요 + 그것을 + 나중에

- Has he ever
- something valuable
−lose의 p.p.는 lost
−find의 p.p.는 found

---

8 그녀는 자선 행사나 지역 사회 행사에 자원봉사를 해 본 적이 있나요?

↻ 그녀는 (언젠가) 자원봉사를 해 본 적이 있나요 + 자선 또는 지역 사회 행사에

- volunteer for
- a charity or community event

---

9 밤새 기온이 떨어졌나요, 아니면 밖은 여전히 따뜻한가요?

↻ 그 기온이 떨어졌나요 + 밤새, + 아니면 + 여전히 따뜻한가요 + 밖에

- the temperature
- overnight
'기온이 떨어지다'에서 가장 일반적이고, 자연스럽게 사용되는 동사는 drop

---

10 당신 친구는 어느 대학에 다닐지 결정했어요?

↻ 당신의 친구는 결정했나요 + 어느 대학에 + 다닐지

- which college to attend
어디에 다닐지 정해서 현재 입학을 기다리고 있는 상태인지 묻는 질문

---

11 아직 비행기 표를 예약하지 않았나요, 아니면 더 좋은 가격을 기다리고 있어요?

↻ 당신은 예약하지 않았나요 + 당신의 비행기 표들을 + 아직, + 아니면 + 당신은 기다리고 있나요 + 더 좋은 가격을

- book your flight tickets
- a better deal
'아직도 ~ 안 했나요?'는 [Haven't you p.p. ~ yet?]

---

12 의사가 아직 결과를 알려 주지 않았나요, 아니면 지연되고 있나요?

↻ 그 의사가 주지 않았나요 + 당신에게 + 그 결과들을 + 아직, + 아니면 + 있나요 + 지연이

- give you the results
- a delay
주어가 3인칭 단수의 부정 의문문이므로, [Hasn't 주어 + p.p. ~?]로

---

① A: 그 식당이 문 열었는지 확실히 하게 식당 영업 시간 확인해 봤어요?

② B: 네, 확인했어요. 오후 10시까지 열어요!

③ A: 좋네요! 우리 몇 시에 만나야 할지 생각해 봤어요?

④ B: 오후 7시 어때요? 그래야 서두르지 않고 음식을 즐길 수 있지요!

①

Hint 확인하다 check   근무 시간, 영업 시간 hours   ~인지 확실히 하다 make sure (that) 주어 + 동사

②

Hint Have you p.p.~?에 대한 간단한 대답은 Yes, I have./ No, I haven't.로 표현 가능

③

Hint ~에 대해 생각하다 think about

④

Hint 그러면, 그렇게 하면 that way (이전 문장의 상황을 바탕으로 다음 문장의 이유나 결과를 설명)
(너무 급히) 서두르다 rush

1 그 식당이 문 열었는지 확실히 하게 식당 영업 시간 확인해 봤어요?

당신은 확인해 봤나요 + 그 식당의 (영업) 시간들을 + 확실히 하기 위해 + 그들이 문을 열었는지

Have you p.p. 현재완료를 사용해 지금 확인이 된 상태인지 물어보는 문장을 만드세요. 뼈대 문장 Have you checked 뒤에 '그 식당의 영업 시간'인 the restaurant's hours를 붙이면 됩니다. '확실히 하기 위해'는 [to + 동사원형]을 활용하세요. 상점이나 식당이 문을 연 상태, 영업 중인 상태는 they're open으로 표현합니다.

2 네, 확인했어요. 오후 10시까지 열어요!

네, + 나는 확인했어요, + 그리고 + 그들(식당)은 영업해요 + 오후 10시까지

Have you p.p. ~?에 대한 대답으로 간단하게 Yes, I have로 말할 수 있어요. '지속적으로 언제까지'라고 시간을 표현할 때는 until을 쓰므로 '오후 10시까지'는 until 10 p.m.입니다.

3 좋네요! 우리 몇 시에 만나야 할지 생각해 봤어요?

좋네요! + 당신은 생각해 봤어요 + 몇 시에 + 우리가 만나야 할지

Awesome!은 매우 긍정하는 표현입니다. '~에 대해 생각해 봤어요?'라고 질문하려면 Have you thought about ~으로 시작하세요. '몇 시에 우리가 만나야 할지'는 what time 뒤에 [주어 + 동사]의 어순으로 what time we should meet으로 쓰면 됩니다.

4 오후 7시 어때요? 그래야 서두르지 않고 음식을 즐길 수 있지요!

오후 7시 어때요? + 그래야, + 우리는 즐길 수 있어요 + 그 음식을 + 서두르지 않고

상대방에게 제안할 때 How about ~? What about ~?의 표현을 쓸 수 있어요. '그래야, 그러면'이라고 다음 문장을 자연스럽게 앞과 연결할 때 That way를 씁니다. '서두르지 않고'는 without rushing을 써 주세요.

▶ 정답

① A: Have you checked the restaurant's hours to make sure they're open?
② B: Yes, I have, and they're open until 10 p.m.!
③ A: Awesome! Have you thought about what time we should meet?
④ B: How about 7 p.m.? That way, we can enjoy the food without rushing!

UNIT 6
의문사 의문문
만들기 –
who, what 1

행사 조직하는 데 누가 책임이 있나요?

어떤 상황이나 행위의 주체가 '누구'인지 또는 '무엇'인지 질문하는 의문문에서는 의문사 who 또는 what이 주어가 됩니다. who가 주어일 때는 '누가'의 의미이며, 문장의 구조는 [Who + 동사 ~?]가 되지요. 이때 who는 대명사로 누구인지 몇 명인지도 모르므로 3인칭 단수 취급합니다. what 역시 의문문에서 '무엇'이란 뜻의 대명사로, 주어일 때는 3인칭 단수 취급하며, [What + 동사 ~?]의 문장 구조가 됩니다.

누가 책임이 있나요 + 조직하는 데 + 그 행사를

STEP 1 전체 문장 완성하기

다음 문장을 힌트 단어를 보면서 완성해 보세요. **MP3 103**

1 누가 책임이 있나요

• **responsible**
Who가 의문문의 주어일 때,
3인칭 단수 취급하므로
be동사 형태에 주의

2 누가 책임이 있나요 / 조직하는 데

• **for organizing**
'~에 책임이 있다'는 [be
responsible for ~]이며,
for 뒤에 (동)명사 형태로
써야 하므로 organizing

3 누가 책임이 있나요 / 조직하는 데 / 그 행사를

• **the event**

Answer Who is responsible for organizing the event?

유제 1	회의에서 누기 발표를 진행할 건가요?
	누가 진행할 건가요 + 그 발표를 + 그 회의에서

1 누가 진행할 건가요

- will manage
- −[Who + 동사 ~?] 구조로 시제에 주의
- −manage는 '담당하다, 진행하다'의 의미로 사용

2 누가 진행할 건가요 / 그 발표를

- the presentation

3 누가 진행할 건가요 / 그 발표를 / 그 회의에서

- at the meeting
특정한 회의와 발표를 지칭하므로 해당 명사 앞에 the 사용

유제 2	어젯밤에 무엇이 정전을 일으켰나요? (어젯밤 정전의 원인은 무엇이었나요?)
	무엇이 일으켰나요 + 그 정전을 + 어젯밤에

1 무엇이 일으켰나요

- cause
- −[What + 동사 ~?]의 구조
- −'~을 야기하다/초래하다'는 cause

2 무엇이 일으켰나요 / 그 정전을

- the power outage

3 무엇이 일으켰나요 / 그 정전을 / 어젯밤에

- last night

유제 응용	누가 새로운 로고를 디자인했고, 무엇이 디자인에 영감을 주었나요?
	누가 디자인했나요 + 그 새로운 로고를, + 그리고 + 무엇이 영감을 주었나요 + 그 디자인에

- design
- inspire
이미 지나간 과거 일을 물어 보는 것이므로 [Who + 과거 동사~?], [What + 과거 동사 ~?] 구조로

1 누가 이 질문에 대한 답을 알고 있죠?

　🔄 누가 아나요 + 그 답을 + 이 질문에 대한

- **Who knows**
  - [Who + 동사 ~?] 구조로 시제에 주의
  - '~에 대한 답, 해답'은 answer to ~

---

2 새로운 정책에 대한 소문을 누가 내기 시작했어요?

　🔄 누가 시작했나요 + 그 소문을 + 그 새로운 정책에 대한

- **rumor**
- **the new policy**
  [Who + 과거 동사 ~?] 어순으로

---

3 어젯밤에 전화를 걸었던 사람이 누구였어요?

　🔄 누구였나요 + 그 사람이 + (전화했던 + 당신에게 + 어젯밤에)

- **the person**
  - 전체 문장은 과거 시제
  - that called you ~가 앞에 있는 the person을 수식

* 의문사 의문문 안에 형용사절(관계사절)이 포함될 때, 관계대명사는 that만 가능합니다.

4 탁자 위에 꽃꽂이를 누가 했나요?

　🔄 누가 배열했나요 + 그 꽃들을 + 그 탁자 위에

- **arrange**
  '꽃꽂이하다'는 arrange flowers

---

5 오늘 누가 학교에서 아이들을 데리러 갈 예정인가요?

　🔄 누가 데리러 갈 예정인가요 + 그 아이들을 + 학교에서 + 오늘

- **pick up**
- **from school**
  계획이나 결정을 묻는 뉘앙스는 be going to로 표현해
  [Who is going to + 동사원형 ~?]

---

6 존이 떠난 후에 누가 그 프로젝트를 맡을 건가요?

　🔄 누가 맡을 건가요 + 그 프로젝트를 + 존이 떠난 후에

- **will take over**
- **after John leaves**
  - 누군가의 책임, 역할을 대신하여 '맡다, 인수하다'는 take over
  - 시간 부사절은 현재 시제가 미래를 대신하므로 after John leaves

* Who will ~? Who is going to ~?가 기본적으로 거의 같은 의미이지만 미묘한 뉘앙스 차이가 있습니다.
Who will ~?은 단순히 미래에 일어날 일을 물을 때 더 많이 쓰이며, 일반적이고 중립적인 뉘앙스.
Who is going to ~?는 결정된 일, 의도를 강조할 때 쓰이며, 계획된 미래 일을 더 구체적으로 묻는 뉘앙스.

7 새로운 언어를 배우는 가장 좋은 방법은 무엇인가요?

　🕗 무엇인가요 + 가장 좋은 방법은 + 배우는 + 새로운 언어를

- the best way
- language
- What이 의문문의 주어로 [What + 동사 ~?] 구조
- be동사의 형태에 주의

---

8 무엇 때문에 여행에 대한 마음을 바꿨나요?

　🕗 무엇이 만들었나요 + 당신이 + 바꾸도록 + 당신의 마음을 + 그 여행에 대한

- change your mind
'무엇이 ~했나요?'처럼 What이 의문문의 주어로, 과거 일을 물어볼 때는 [What + 과거 동사 ~?]

---

9 오늘 아침 회의에서 무슨 일이 있었나요?

　🕗 무엇이 일어났나요 + 그 회의에서 + 오늘 아침

- happen
- this morning

---

10 심지어 상황이 어려워질 때에도 당신이 그렇게 열심히 일하게 동기부여를 유지시켜 주는 건 무엇인가요?

　🕗 무엇이 유지시켜 주나요 + 당신을 + 동기부여된 (상태로) + 일하도록 + 그렇게 열심히 + 심지어 상황이 어렵게 될 때에도

- keep you motivated
- so hard
- '심지어 ~일 때에도'는 [even when 주어 + 동사]
- '상황이 힘들어지다'는 things get tough

---

11 왜 당신은 그것이 좋은 아이디어라고 생각하죠?

　🕗 무엇이 만드나요 + 당신이 + 생각하도록 + 그것이 좋은 아이디어라고

- What makes you think
- what으로 why 의미의 문장을 만드는 영어 특유의 문장
- '~을 ...하게 만들다'는 [make + 대상어(목적격) + 동사원형]

---

12 여기까지 오는데 왜 그렇게 오래 걸렸어요?

　🕗 무엇이 (시간을) 걸리게 했나요 + 당신에게 + 그렇게 오래 + 오는데 + 여기에

- What took you
- to get here
'(얼마의 시간이) 걸리다'는 take

A: ① 어젯밤에 누가 갤러리에서 그림을 가져갔을까요?

  ② 보안 시스템에 무슨 일이 생긴 건가요?

B: ③ 어제는 잘 작동하고 있었어요.

A: ④ 누가 이 쪽지를 남겼고, 왜 그들이 그걸 쓰게 됐을까요?

①

Hint 가져가다 take   그림 painting

②

Hint 보안 시스템 security system

③

Hint 작동하다 work

④

Hint ~을 두고 가다 leave something behind   편지, 쪽지 note   ~하기로 결심하다 decide to + 동사원형

1   어젯밤에 누가 갤러리에서 그림을 가져갔을까요?

누가 가져갔나요 + 그 그림을 + 그 갤러리에서 + 어젯밤에

의문사 Who가 '누가'의 의미로 의문문의 주어로 쓰일 때, Who 뒤에 바로 서술어가 옵니다. 문장의 시제에 맞게 Who 뒤에 바로 동사 과거형을 써 주세요. 특정한 상황 속에 일어난 일이므로 painting, gallery 등 각 명사 앞에 특정한 것을 지칭하는 의미의 the를 붙여 주세요.

2   보안 시스템에 무슨 일이 생긴 건가요?

무엇이 생겼나요 + 그 보안 시스템에

동사 happen은 '(어떤 일이) 생기다, 발생하다'의 뜻입니다. '무슨 일이 생겼나요?'라고 물어볼 때, 의문사 What이 의문문의 주어가 되어 What 뒤에 바로 과거형 동사가 와서 What happened ~?가 됩니다.

3   어제는 잘 작동하고 있었어요.

그것은 작동하고 있었어요 + 잘 + 어제

여기서 '그것'은 앞에서 언급한 보안 시스템으로, 대명사 it으로 문장을 시작하세요. '작동이 잘 되다'의 의미는 work fine으로 표현할 수 있으며, 의미에 맞게 서술어를 과거진행 시제로 쓰세요. 이때 fine은 '잘, 괜찮게'의 뜻으로 부사로 쓰였습니다.

4   누가 이 쪽지를 남겼고, 왜 그들이 그걸 쓰게 됐을까요?

누가 남겼나요 + 이 쪽지를 + 뒤에, + 그리고 + 무엇이 만들었나요 + 그들이 + 결심하도록 + 쓰기로 + 그것을

두 번째 의문문은 [what(주어) + 서술어] 구조로 why의 의미를 뜻하는 영어 특유의 문장이에요. why 대신 what 으로 쓰는 이유는, 그런 상황을 만든 주체를 더 강조하며 묻고 싶기 때문입니다. 이미 지나간 과거 일을 말하고 있으므로, 두 의문문 모두 과거 시제로 표현해 주세요. them은 '쪽지를 남긴 사람들'을, it은 '쪽지'를 뜻합니다.

▶ 정답

① Who took the painting from the gallery last night? ② What happened to the security system? ③ It was working fine yesterday. ④ Who left this note behind, and what made them decide to write it?

지금 누구에 대해 생각하고 있어요?

'당신은 나에 대해 생각하고 있나요?'는 영어로 Are you thinking about me?입니다. 그런데 상대방이 생각하고 있는 대상이 누구인지 모를 때는 about 뒤의 대상어(목적어) me를 없애고, who로 바꿔야 해요. 그리고 '당신은 '누구'에 대해 생각하고 있나요?'라고 물어보려면 about 뒤에 있는 의문사 who가 문장 맨 앞으로 와야 합니다. 영어 문장에서 대상어는 동사 또는 전치사 뒤에 위치한다는 규칙보다 의문사는 무조건 맨 앞에 위치한다는 어순 규칙이 우선하기 때문이죠.

 누구를 + | **당신은 생각하고 있나요** | + 지금 당장

STEP 1 전체 문장 완성하기

다음 문장을 힌트 단어를 보면서 완성해 보세요. MP3 **106**

1 누구를

• **Who**
Who가 전체 문장의 목적어이며, 의문문에서 의문사는 무조건 문장 맨 앞에 위치

---

2 누구를 / 당신은 생각하고 있나요

• **think about**
현재진행형으로

---

3 누구를 / 당신은 생각하고 있나요 / 지금 당장

• **right now**

Answer Who are you thinking about right now?

▶ 정답 p. 366

유제 1	지금 무슨 일을 맡아서 하고 있어요? **무엇을** + 당신은 맡아서 하고 있나요 + 지금

1 무엇을

• What
What이 전체 문장의 목적어
이며, 의문문에서 의문사는
무조건 문장 맨 앞에 위치

2 무엇을 / 당신은 맡아서 하고 있나요

• work on
현재진행형으로 질문

3 무엇을 / 당신은 맡아서 하고 있나요 / 지금

• right now

유제 2	당신, 어제 누구에게 전화했고, 무엇에 대해 논의했어요? **누구에게** + 당신은 전화했나요 + 어제, 그리고 + **무엇을** + 당신은 논의했나요

1 누구에게 / 당신은 전화했나요

• did you call
목적어 Who를 맨 앞으로
보내고, 그 뒤는 '당신은
~했나요?'로 과거 일을 묻는
의문문 어순으로

2 누구에게 / 당신은 전화했나요 / 어제

• yesterday

3 누구에게 / 당신은 전화했나요 / 어제, / 그리고 / 무엇을

• what

4 누구에게 / 당신은 전화했나요 / 어제, / 그리고 / 무엇을 / 당신은 논의했나요

• discuss
discuss는 전치사 없이
대상어를 취하는 동사

유제 응용	당신은 누구랑 영화를 보러 갈 거고, 어떤 영화를 볼 계획이에요? 누구와 + 당신은 영화 보러 갈 거예요, + 그리고 + 어떤 영화를 + 당신은 계획인가요 + 볼 것을

• what film
• plan to see
– go to the movies with who에서
  의문사 who가 문장 맨 앞에 위치
– 계획하고 일정이 잡힌 미래의 일로
  현재진행형으로 표현
– what film의 what은 '어떤'의 의미

1 프로젝트에 대해 누구에게 도움을 요청했어요?

⟳ 누구에게 + 당신은 요청했나요 + 도움을 + 그 프로젝트에 대해

- **did you ask**
- '~에게 도움을 요청하다'는 ask someone for help
- '누구에게' 요청했는지 묻는 문장으로 Who(누구에게)를 문장 맨 앞에 위치

---

2 누구한테 책을 빌렸어요?

⟳ 누구한테 + 당신은 빌렸나요 + 그 책을

- **did you borrow**
- '~로부터 ...를 빌리다'는 borrow ... from ~
- 의미상 from 뒤에 있는 Who가 의문문 어순에 따라 문장 맨 앞에 위치

---

3 아침 내내 누구한테 문자를 보내고 있는 거예요?

⟳ 누구에게 + 당신은 문자를 보내고 있는 건가요 + 아침 내내

- **all morning**
- '~에게 문자를 보내다'는 text
- 아침 내내 계속 문자를 보내고 있었으므로 have been Ving 현재완료 진행형으로

---

4 당신은 멘토로 누구를 선택했고, 왜 그들을 선정했어요?

⟳ 누구를 + 당신은 선택했나요 + 당신의 멘토로, + 그리고 + 무엇이 만들었나요 + 당신이 + 선정하도록 + 그들을

- **choose**
- **what made you**
- **select**

select는 choose보다 체계적이고 객관적인 뉴앙스

---

5 집에 가는 길에 누구를 우연히 만났나요?

⟳ 누구를 + 당신은 우연히 만났나요 + 집에 가는 길에

- **run into**
- **on your way home**

on one's way home은 '집에 가는 길에'

---

6 그 일자리에 누구를 선택할 거고, 어떤 자격 요건을 찾고 있어요?

⟳ 누구를 + 당신은 선택할 건가요 + 그 일자리에, + 그리고 + 어떤 자격 요건을 + 당신은 찾고 있나요

- **what qualifications**
- '자격 요건'은 qualifications로 주로 복수형으로 표현
- 여기서 what은 '어떤'의 의미로 뒤의 명사를 수식

▶ 정답 p. 366

7 그가 당신 의견을 물었을 때 그에게 뭐라고 말했습니까?

○ 무엇을 + 당신은 말했나요 + 그에게 + 그가 물었을 때 + 당신의 의견을

- ask for your opinion

What이 목적어로 문장 맨 앞에 위치

---

8 우리가 마지막으로 만난 이후로 무엇을 하며 지냈어요?

○ 무엇을 + 당신은 해 오고 있나요 + 우리가 마지막으로 만난 이후로

- What
- since

마지막으로 만났던 그때부터 지금까지 계속 뭘 하며 지내고 있는지는 have been Ving 현재완료진행형으로 질문

---

9 오늘 밤 저녁 식사에 무엇을 요리할 건가요?

○ 무엇을 + 당신은 요리할 예정인가요 + 저녁 식사로 + 오늘 밤에

- cook

be going to로 계획이나 의도를 표현

---

10 이번 주말에 무엇을 하고 있을 거예요, 특별한 계획이라도 있어요?

○ 무엇을 + 당신은 하고 있을 건가요 + 이번 주말에, + 그리고 + 당신은 가지고 있나요 + 무슨 특별한 계획들을

- will you be doing
- any special plans

미래의 특정한 시점에 하고 있을 일이므로, will be Ving 미래진행형으로 표현

---

11 이번 컨퍼런스에서 무엇을 기대하고 있어요?

○ 무엇을 + 당신은 기대하고 있나요 + 이번 컨퍼런스에서

- look forward to

현재진행형으로

---

12 아까 누구랑 통화 중이었고, 무엇을 논의하고 있었어요?

○ 누구에게 + 당신은 이야기하고 있었나요 + 전화로 + 아까, + 그리고 + 무엇을 + 당신은 논의하고 있었나요?

- talk to
- ealier

−과거진행형으로
−talk to 뒤에 있던 대상어 Who가 문장 맨 앞에 위치

① **"프로젝트를 이끌게 누구를 선택했어요?"** 에밀리가 호기심 가득한 눈으로 물었어요. ② **"어제 그 사람들 발표는 어떻게 생각하셨나요?"** 존이 그녀의 의견을 알고 싶어 하며 답했어요. "나쁘지 않았어요. 그건 그렇고 ③ **지금까지 예산에 대해 누구와 상의했죠?"** 에밀리가 프로젝트 진행 상황을 점검하면서 말을 계속했어요. ④ **"그들이 타임라인을 개선하기 위해 무엇을 제안했나요?"**

① "   "

asked Emily, her eyes full of curiosity.

Hint 이끌다 lead   호기심으로 가득 찬 full of curiosity

② "   "

replied John, eager to gauge her opinion.

Hint ~을 생각하다 think of   (남의 기분, 태도 등을) 판단하다, 알아내다 gauge

"Not bad. By the way,

③   "

Emily continued, checking on the project's progress.

Hint ~와 상담하다 consult   예산, 비용 budget   지금까지 so far

④ "   "

Hint 제안하다 suggest   일정, 타임라인 timeline

1 프로젝트를 이끌게 누구를 선택했어요?

누구를 + 당신은 선택했나요 + 이끌도록 + 그 프로젝트를

'누구를' 선택했는지 묻는 문장이므로 [Who(누구를) + did you choose(당신은 선택했나요) ~?]의 구조로 쓰세요. Who는 choose의 대상어로 의문사 의문문의 어순에 따라 문장 맨 앞에 위치해야 합니다. 선택한 목적이나 이유를 부연 설명하기 위해 [to + 동사원형]으로 문장을 확장하면 좋습니다.

2 어제 그 사람들 발표는 어떻게 생각하셨나요?

무엇을 + 당신은 생각했나요 + 그들의 발표에 + 어제

'~를 어떻게 생각해요?'라고 의견을 물어볼 때, '어떻게'라는 우리말 때문에 영어로 How do you think about ~?일 것 같지만, What do you think of/about ~?이 자연스럽고 올바른 표현입니다. 과거의 일을 묻는 문장이므로 What 뒤에 did you think of ~를 써서 문장을 완성하세요.

3 지금까지 예산에 대해 누구와 상의했죠?

누구와 + 당신은 상의해 왔나요 + 그 예산에 대해 + 지금까지

'지금까지'라는 말 때문에 과거부터 지금까지 상의해 온 것을 알 수 있으므로, 현재완료 시제로 물어봐야 합니다. consult는 '~와 상의하다, 상담하다'의 의미로 뒤에 전치사 없이 씁니다. [Who(누구와) + have you consulted(당신은 상의해 왔나요) ~?]의 구조로 전체 의문문을 완성하세요.

4 그들이 타임라인을 개선하기 위해 무엇을 제안했나요?

무엇을 + 그들이 제안했나요 + 개선하기 위해 + 그 타임라인을

'제안하다' suggest의 대상어가 '무엇'인지를 묻는 문장이므로 [What(무엇을) + did they suggest(그들이 제안했나요) ~?]의 구조로 쓰세요. '~하기 위해'는 [to + 동사원형]으로 문장을 확장하면 됩니다.

▶ 정답

① **"Who did you choose to lead the project?"** asked Emily, her eyes full of curiosity.
② **"What did you think of their presentation yesterday?"** replied John, eager to gauge her opinion. "Not bad. By the way, ③ **who have you consulted about the budget so far?"** Emily continued, checking on the project's progress. ④ **"What did they suggest to improve the timeline?"**

언제 새로운 역할을 시작할 수 있나요?

의문사 when, where, how, why는 의문문에서 '부사'로 쓰이며, 이 의문사 뒤에 나머지 단어들이 의문문 어순 규칙 [(조)동사 + 주어 ~]에 따라 나옵니다. 그래서 위의 문장을 영어로 전환할 때, [언제 + 당신은 시간이 되나요 + 시작할 + 새로운 역할을]의 구조가 됩니다. 상대방에게 시간이 가능한지 물어볼 때, 형용사 available(시간이 있는)을 써서 Are you available?이라고 하는데요, 이 기본 문장 앞에 의문사 When이 맨 앞에 위치하면 when 의문문이 되는 것이죠

 언제 + │ **당신은 시간이 되나요** │ + 시작할 + 그 새로운 역할을

STEP 1 전체 문장 완성하기

다음 문장을 힌트 단어를 보면서 완성해 보세요. MP3 109

1 언제

• **When**

---

2 언제 / 당신은 시간이 되나요

• **available**
available은 형용사로,
의문문은 be와 함께 [When
+ are you available ~?]

---

3 언제 / 당신은 시간이 되나요 / 시작할 / 그 새로운 역할을

• **start the new role**
'~할, ~하기에'는
[to + 동사원형]으로

│ **Answer** When are you available to start the new role? │

유제 1

언제 당신의 연구 결과를 나머지 팀원들과 공유할 예정이에요?

언제 + 당신은 공유할 예정인가요 + 당신의 연구 결과들을 + 그 팀의 나머지 사람들과

1 언제 / 당신은 공유할 예정인가요

• share
언제 할 건지 계획을 물어볼 때는 [When are you going to + 동사원형 ~?]으로

2 언제 / 당신은 공유할 예정인가요 / 당신의 연구 결과들을

• your findings
'조사/연구 결과들'은 findings

3 언제 / 당신은 공유할 예정인가요 / 당신의 연구 결과들을 / 그 팀의 나머지 사람들과

• with the rest of the team
'~의 나머지 사람들(것들)'은 the rest of ~

유제 2

이 주제에 대한 더 많은 정보는 어디에서 찾을 수 있나요?

어디에서 + 내가 찾을 수 있나요 + 더 많은 정보를 + 이 주제에 대한

1 어디에서 / 내가 찾을 수 있나요

• can I find
어디에서 ~할 수 있는지 물어볼 때는 [Where can I + 동사원형 ~?]

2 어디에서 / 내가 찾을 수 있나요 / 더 많은 정보를

• more information

3 어디에서 / 내가 찾을 수 있나요 / 더 많은 정보를 / 이 주제에 대한

• on this topic
−information on: 특정 주제에 관한 상세하고 구체적인 정보
−information about: 일반 정보나 설명을 지칭

유제 응용

이 작업을 효과적으로 완료하는 방법에 대한 더 자세한 지침은 어디서 찾을 수 있나요?

어디에서 + 내가 찾을 수 있나요 + 더 자세한 지침들을 + 완료하는 방법에 대한 + 이 작업을 + 효과적으로

• detailed instructions
• how to complete this task

1 우리가 만나서 이것을 더 논의하기에 가장 좋은 시기가 언제인가요?

🔄 언제인가요 + 가장 좋은 시기가 + 우리가 만나기에 + 그리고 + 논의하기에 + 이것을 + 더

- for us to meet
- further
- '가장 좋은 때/시간/시기'는 the best time
- for us to meet의 for us 는 to meet의 주체를 표시

2 새로운 절차와 정책은 언제 공식적으로 시행될까요?

🔄 언제 + 그 새로운 절차들과 정책들이 + 공식적으로 + 시행될까요

- procedures and policies
- come into effect
- '언제 ~할 건가요?'는 [When will 주어 + 동사 ~?] 형태로
- '공식적으로'는 officially

3 창의적인 작업이나 아이디어를 위한 영감을 보통 어디에서 찾으세요?

🔄 어디에서 + 당신은 보통 찾나요 + 영감을 + 당신의 창의적인 작업이나 아이디어들을 위한

- inspiration
- creative work or ideas
- '어디에서 ~하나요?'는 Where do you ~?

4 당신은 어디에서 자랐고, 그것이 당신의 관점에 어떤 영향을 미쳤나요?

🔄 어디에서 + 당신은 자랐나요, + 그리고 + 어떻게 + 그것이 영향을 미쳐 왔나요 + 당신의 관점에

- grow up
- influence your perspective
- 앞의 문장은 과거형으로
- '그것(어디서 자랐는지)이 지금까지 관점에 어떻게 영향을 끼쳤나'는 [have + p.p.] 현재완료로

5 생일이나 기념일 같은 특별한 날은 보통 어떻게 기념하세요?

🔄 어떻게 + 당신은 주로 기념하나요 + 특별한 날들을 + 생일이나 기념일 같은

- celebrate special occasions
- anniversaries
- '어떻게 ~하나요?'라고 방법을 물어볼 때는 How do you ~?

* 축하하거나 기념할 이유가 있는 중요한 순간, 이벤트, 상황 등을 special occasions라고 합니다.

6 개인적이고 직업적 목표들을 되돌아보기 위해 얼마나 자주 시간을 내세요?

🔄 얼마나 자주 + 당신은 따로 떼어 놓나요 + 시간을 + 되돌아보기 위해 + 당신의 개인적이고 직업적인 목표들을

- reflect on
- professional goals
- '얼마나 자주 ~하나요?'는 How often do you ~?
- '시간을 따로 내다/할애하다'는 set aside time

▶ 정답 p. 366

7 바쁜 스케줄에도 어떻게 건강한 일과 삶의 균형을 유지하세요?

↻ 어떻게 + 당신은 유지하나요 + 건강한 일과 삶의 균형을 +
당신의 바쁜 스케줄에도 불구하고

- maintain
- a healthy work-life balance

'~에도 불구하고'는 despite ~ (유의어: in spite of ~)

---

8 두 부서 간의 갈등을 어떻게 해결해 내셨어요?

↻ 어떻게 + 당신은 해결해 냈나요 + 그 갈등을 + 그 두 부서 간의

- resolve the conflict

– '어떻게 ~했나요?'라고 과거 일을 물어볼 때는 How did you ~?
– '(힘든 일을) ~해 내다'는 [manage to + 동사원형]

---

9 왜 이 전략이 효과가 있을 것이라고 생각하세요?

↻ 왜 + 당신은 생각하나요 + 이 전략이 효과가 있을 것이라고

- this strategy will work

believe는 '믿다' 외에 '(무엇이 가능하다고) 생각하다'의 뜻으로도 자주 쓰임

---

10 왜 새로운 도시로 이사하기로 결정했어요?

↻ 왜 + 당신은 결정했나요 + 이사하기로 + 새로운 도시로

- decide to move

'왜 ~했나요?'라고 과거 일을 물어볼 때는 Why did you ~?

---

11 왜 이 특정한 진로를 추구하기로 선택한 거예요?

↻ 왜 + 당신은 선택했나요 + 추구하기로 + 이 특정한 진로를

- pursue
- particular career path

---

12 왜 그렇게 모든 것에 대해 부정적으로 굴고 있어요?

↻ 왜 + 당신은 굴고 있나요 + 그렇게 부정적인 (태도로) + 모든 것에 대해

- being so negative

상대방의 현재 태도에 불만을 표현할 때는 [Why are you being so + 형용사 ~?] (왜 그렇게 ~한 거야?)

① "언제 그 일자리 제안을 받아들이기로 결정한 거예요?" 사라가 물었어요.

② "이 새로운 역할로 5년 후 자신의 모습이 어디에 있을 것으로 봐요?" 그녀는 계속해서
물었어요.

③ "면접은 어떻게 준비했어요? ④ 왜 다른 회사들보다 그 회사를 선택했어요?"
사라는 궁금해했어요.

① _____

Sarah asked.

> **Hint** ~하기로 결정하다 decide to + 동사원형   일자리 제안 job offer

② _____

she continued.

> **Hint** 5년 후 in five years   역할 role

③ _____

> **Hint** ~을 준비하다 prepare for

④ _____

Sarah wondered.

> **Hint** ~보다 …를 선택하다 choose … over ~

1 언제 그 일자리 제안을 받아들이기로 결정한 거예요?

언제 + 당신은 결정했나요 + 받아들이기로 + 그 일자리 제안을

'언제 ~했나요?'라고 묻는 문장이므로, [When + did you decide(당신은 결정했나요) ~?]로 문장의 뼈대를 잡으세요. 동사 decide(결정하다)는 뒤에 [to + 동사원형]을 붙여 문장을 확장할 수 있어요. '그 일자리 제안을 받아들이다'는 take that job offer이며, 유사 표현으로는 accept the job offer, go for the job 등이 있습니다.

2 이 새로운 역할로 5년 후 자신의 모습이 어디에 있을 것으로 봐요?

어디에서 + 당신은 보나요 + 자신의 모습을 + 5년 후에 + 이 새로운 역할로

이 문장은 '5년 후에는 어떻게 될 거라고 보나요'의 의미로, Where do you see yourself?를 이용해 의문문의 내용을 완성해 보세요. '5년 후에'는 지금으로부터 5년이 지난 때를 의미하므로 in five years로 씁니다. (참고로 after five years는 5년 이후의 모든 시간을 뜻함) '이 새로운 역할로'는 with this new role이 됩니다.

3 면접은 어떻게 준비했어요?

어떻게 + 당신은 준비했나요 + 그 면접을

한국어에서 빈번하게 생략하는 주어를 꼭 살려서 영작하세요. '어떻게 ~했나요?'라고 과거 일을 물어볼 때는 How did you ~?로 문장을 시작하세요.

4 왜 다른 회사들보다 그 회사를 선택했어요?

왜 + 당신은 선택했나요 + 그 회사를 + 다른 곳들보다

과거 일을 묻는 문장으로 [Why(왜) + did you choose(당신은 선택했나요) ~?]로 시작하면 됩니다. '다른 곳들보다'는 over the others로 표현하세요. 여기서 the others는 '나머지 다른 회사들'을 가리킵니다.

▶ 정답

① **"When did you decide to take that job offer?"** Sarah asked. ② **"Where do you see yourself in five years with this new role?"** she continued. ③ **"How did you prepare for the interview?"** ④ **"Why did you choose that company over the others?"** Sarah wondered.

UNIT 9
의문사 의문문 만들기 –
how + 형용사/부사

하루 평균 몇 걸음씩 걸으세요?

의문사 how 뒤에 하나 이상의 단어를 연결해 다양한 의문문을 만들 수 있어요. How much(얼마나 많이–양), how many(얼마나 많이–수), how long(얼마나 오래–기간), how far(얼마나 멀리–거리)처럼 how 뒤에 오는 단어까지 의문사와 한 세트로 문장 앞에 두고 그 뒤에 전체 문장의 의미와 시제에 맞게 의문문 어순대로 연결하면 됩니다. 위 문장에서 '몇 걸음씩'은 영어 구조로는 '얼마나 많은 걸음들'인 How many steps로 전환될 수 있습니다. 이 외에도 [how + 형용사/부사] 구조가 한 세트로 의문사 의문문 맨 앞에 위치해 다양한 의문문이 될 수 있어요.

 얼마나 많은 걸음들을 + 당신은 걷나요 + 하루 평균

STEP 1 전체 문장 완성하기

다음 문장을 힌트 단어를 보면서 완성해 보세요. **MP3 112**

1 얼마나 많은 걸음들을 (몇 걸음을)

• **How many steps**
몇 걸음인지 셀 수 있으므로,
[how many + steps(복수 명사)]

---

2 얼마나 많은 걸음들을 (몇 걸음을) / 당신은 걷나요

• **do you take**
'걸음을 몇 보 걷다'는
take ~ steps

---

3 얼마나 많은 걸음들을 (몇 걸음을) / 당신은 걷나요 / 하루 평균

• **on an average day**
on an average day는 직역하면 '평균적인 하루에'라는 뜻으로 '하루 평균'의 의미

Answer How many steps do you take on an average day?

▶ 정답 p. 367

유제 1	이 도시에 몇 번 방문했어요? **얼마나 여러 번 (몇 번)** + 당신은 방문해 봤나요 + 이 도시를

1　얼마나 여러 번 (몇 번)

• **How many times**
몇 번인지 셀 수 있으므로, [how many + times(복수 명사)]

2　얼마나 여러 번 (몇 번) / 당신은 방문해 봤나요

• **visit**
지금까지 방문한 경험을 묻는 것이므로 have p.p. 현재완료 시제로 질문

3　얼마나 여러 번 (몇 번) / 당신은 방문해 봤나요 / 이 도시를

• **this city**

유제 2	매달 돈을 얼마나 저축하세요? **얼마나 많은 돈을** + 당신은 저축하나요 + 매달

1　얼마나 많은 돈을

• **How much money**
money는 셀 수 없는 물질명사이므로 How much money

2　얼마나 많은 돈을 / 당신은 저축하나요

• **save**
평상시에 저축을 하는지 물어보므로, [do you + 동사원형~?]의 단순 현재형으로

3　얼마나 많은 돈을 / 당신은 저축하나요 / 매달

• **each month**

유제 응용	이 지역에서 아파트를 임대하는 데 돈이 얼마나 드나요? 얼마나 많이 + 비용이 드나요 + 임대하는 데 + 아파트 한 채를 + 이 지역에서	• **How much** • **to rent** '(비용이) ~ 들다'는 cost, '비용이 얼마나 드나요?'는 How much does it cost?

1 처음 영어를 배우기 시작했을 때와 비교해서 지금 영어 실력은 얼마나 좋아요?

  🔄 얼마나 좋은가요 + 당신의 영어는 + 비교해서 + 당신이 처음 시작했을 때 + 배우기를

- How good
- when you first started

'~와 비교해서'는 compared to ~

---

2 모든 것이 원활하게 작동하도록 보장하기 위해 소프트웨어를 얼마나 자주 업데이트하세요?

  🔄 얼마나 자주 + 당신은 업데이트하나요 + 당신의 소프트웨어를 + 보장하기 위해 + 모든 것이 작동하도록 + 원활하게

- everything runs smoothly

－'보장하다, 확실히 하다'는 ensure
－ensure 뒤에 that으로 문장을 연결할 수 있고, 이때 that은 생략 가능

---

3 동료들과 얼마나 잘 지내요?

  🔄 얼마나 잘 + 당신은 지내나요 + 당신의 동료들과

- colleagues

'~와 지내다'는 get along with ~

---

4 당신이 사는 지역의 배송 서비스는 얼마나 빨라요?

  🔄 얼마나 빠른가요 + 그 배송 서비스는 + 당신의 지역에서

- delivery service
- in your area

---

5 우리가 더 많은 자원을 할당하면 이 프로젝트는 어디까지 갈 수 있나요?

  🔄 얼마나 멀리 + 이 프로젝트는 갈 수 있나요 + 우리가 할당하면 + 더 많은 자원들을

- How far
- allocate more resources

'(정도가) 얼마만큼, 어느 범위까지'인지를 물어볼 때는 How far ~?

---

6 새로운 언어를 배우는 게 얼마나 어려웠어요?

  🔄 얼마나 어려웠나요 + 배우는 것은 + 새로운 언어를

- How difficult was it

'새로운 언어를 배우는 것'이 주어인데, 너무 길어서 문장 맨 뒤로 보내고, 빈 주어 자리에 it을 넣은 구조, 진짜 주어는 [to + 동사원형]

7 당신은 일과 삶의 균형을 이루는 것이 얼마나 중요한가요?

↻ 얼마나 중요한가요 + 당신이 + 이루는 것이 + 일과 삶의 균형을

- **How important is it**
- **achieve**
- 역시 빈 주어 자리에 it, 진짜 주어는 [for you to + 동사원형]
- '워라밸'이라고도 하는 '일과 삶의 균형'은 work-life balance

---

8 이 두 제품 간의 차이가 얼마나 커요?

↻ 얼마나 큰가요 + 그 차이점이 + 이 두 제품들 사이의

- **between these two products**

---

9 당신이 연구에 사용한 출처는 얼마나 신뢰할 수 있죠?

↻ 얼마나 신뢰할 만한가요 + 그 출처들은 + (당신이 사용했던 + 당신의 연구를 위해)

- **How reliable**
- **for your research**
  '(연구,집필을 위한) 자료, 출처'는 sources (주로 복수로 사용)

---

10 직장까지 통근하는 데 얼마나 걸려요?

↻ 얼마나 오래 + (시간이) 걸리나요 + 통근하는 데 + 직장까지

- **take**
- **commute to work**
  '~하는 데 시간이 얼마나 걸리나요?'는 [How long does it take to + 동사원형 ~?]

---

11 얼마나 오래동안 영어를 공부해 오고 있는 거예요?

↻ 얼마나 오래 + 당신은 공부해 오고 있는 건가요 + 영어를

- **How long**
  과거부터 현재까지 해 왔고, 지금도 하는 중인 일을 표현할 때, have been Ving 현재완료진행형으로

---

12 현재 직장에서 일하기 시작한 지 얼마나 되었어요?

↻ 얼마나 오래 + 되었나요 + 당신이 시작한 이후로 + 일하기를 + 당신의 현재 직장에서

- **has it been**
- **at your current job**
  과거의 한 시점 이후 '(얼마간의 시간이) 되었다' 라고 표현할 때, it has been ~ 현재완료형으로

---

* '~부터/이후'는 since ~로 since는 전치사로도 접속사로도 모두 가능합니다. 전체 문장(주절)의 시제가 현재완료형일 때, since는 주로 단순 과거형 문장으로 연결됩니다. 그래서 '~ 이후로 OO했다, 해 왔다'의 의미가 되지요.

(그들이) 동네를 거닐면서 사라는 지역을 더 잘 알기 위해 몇 가지 질문을 했어요.

① "이 동네에서 얼마나 오래 살고 있는 거예요?"

② "길 끝에 있는 저 커피숍은 얼마나 자주 가세요?"

③ "이 근처 이웃들은 얼마나 친절한가요?"

④ "밤에 이 지역을 돌아다니는 것이 얼마나 안전하다고 느끼세요?"

As they strolled through the neighborhood, Sarah asked a few questions to get to know the area better.

① "＿＿＿＿＿＿＿＿＿＿＿＿＿＿＿＿＿＿＿＿＿＿？"

Hint 얼마나 오래 How long   이웃, 동네 neighborhood

② "＿＿＿＿＿＿＿＿＿＿＿＿＿＿＿＿＿＿＿＿＿＿？"

Hint 얼마나 자주 How often   길 끝에 있는 at the end of the street

③ "＿＿＿＿＿＿＿＿＿＿＿＿＿＿＿＿＿＿＿＿＿＿？"

Hint 친절한, 우호적인 friendly   이웃(사람) neighbor

④ "＿＿＿＿＿＿＿＿＿＿＿＿＿＿＿＿＿＿＿＿＿＿？"

Hint 안전한 safe   ～를 걸어다니다, 돌아다니다 walk around   이 지역 this area

▶ 정답 p. 367

1 이 동네에서 얼마나 오래 살고 있는 거예요?

얼마나 오래 + 당신은 살고 있는 중인가요 + 이 동네에서

기간을 물어보는 의문사 표현 '얼마나 오래'는 How long이고, '당신은 살고 있는 중인가요'는 현재완료진행형으로 써서 과거부터 현재까지 지속해 왔고 지금도 진행 중임을 표현하세요. 그래서 [How long + have you been living ~?]으로 연결됩니다.

2 길 끝에 있는 저 커피숍은 얼마나 자주 가세요?

얼마나 자주 + 당신은 방문하나요 + 저 커피숍을 + 그 길의 끝에 있는

How often으로 어떤 일의 빈도를 물어볼 수 있어요. 평소에 얼마나 자주 방문하는지를 묻고 있으므로 이 의문문의 시제는 일반동사 현재형입니다. [How often + do you visit ~?]으로 시작해 문장을 완성해 보세요.

3 이 근처 이웃들은 얼마나 친절한가요?

얼마나 친절한가요 + 그 이웃들은 + 여기 근처에

의문사 how가 '얼마나'의 의미로 쓰일 때 how 뒤에 다양한 부사 또는 형용사가 올 수 있어요. 이 문장에서 '얼마나 친절한가요'는 How friendly ~로, [동사 + 주어]와 연결하면 How friendly are the neighbors ~?가 됩니다. 의문사 의문문 어순에 따라 [의문사 + 형용사] 뒤에 [be동사 + 주어]가 따라옵니다.

4 밤에 이 지역을 돌아다니는 것이 얼마나 안전하다고 느끼세요?

얼마나 안전한 (상태로) + 당신은 느끼나요 + 돌아다니는 것이 + 이 지역을 + 밤에

의문사 표현 How safe로 문장을 시작하고 그 뒤에 일반동사 의문문을 현재형으로 붙이세요. How safe do you feel ~? 뒤에 walking around this area를 의미와 어순대로 연결하면 끝! '~를 걸어다니다, 돌아다니다'를 walk around라고 표현하세요.

▶ 정답

As they strolled through the neighborhood, Sarah asked a few questions to get to know the area better.

① **"How long have you been living in this neighborhood?"**

② **"How often do you visit that coffee shop at the end of the street?"**

③ **"How friendly are the neighbors around here?"**

④ **"How safe do you feel walking around this area at night?"**

UNIT 10
be동사 부정문
만들기

더 많은 정보 없이 그렇게 중요한 결정을 내릴 준비가 되어 있지 않아요.

영어는 긴 문장일수록 [주어 + 서술어] 뼈대부터 잡고 그 다음에 의미 덩어리를 붙여 나가면 의외로 쉽게 풀립니다. 위의 문장에서 뼈대 문장은 '나는 준비가 되지 않았어요'이고, 부정문으로 표현해야 합니다. 주어가 어떤 상태나 감정일 때 주로 형용사로 표현할 수 있으며, 형용사를 서술어로 쓰려면 be동사 뒤에 연결해 줘야 하는데요, 서술어에 be동사가 포함된 문장은 be동사 뒤에 not을 붙이면 간단히 부정문이 됩니다.

> **나는 준비가 되어 있지 않아요** + 내릴 + 그렇게 중요한 결정을 + 더 많은 정보 없이

STEP 1 전체 문장 완성하기

다음 문장을 힌트 단어를 보면서 완성해 보세요. **MP3 115**

1 나는 준비가 되어 있지 않아요

- **not ready**
'나는 준비가 되어 있다'는 I'm ready이고, be동사 뒤에 not을 붙이면 부정문

2 나는 준비가 되어 있지 않아요 / 내릴 / 그렇게 중요한 결정을

- **such an important decision**
– '결정을 내리다'는 make a decision
– [형용사 + 명사] 앞에 such를 쓰면 부사로 '그렇게, 그 정도로'의 의미

3 나는 준비가 되어 있지 않아요 / 내릴 / 그렇게 중요한 결정을 / 더 많은 정보 없이

- **without**

> **Answer** I'm not ready to make such an important decision without more information.

| 유제 1 | 오븐이 예상보다 오래 걸려서 저녁 식사가 아직 준비되지 않았어요.
저녁 식사가 준비되지 않았어요 + 아직 + 그 오븐이 (시간이) 걸리고 있어서 + 더 오래 +
예상보다 |

1 저녁 식사가 준비되지 않았어요 / 아직

• not ready yet

2 저녁 식사가 준비되지 않았어요 / 아직 / 그 오븐이 (시간이) 걸리고 있어서

• the oven is taking
접속사 because로 이유를
설명하는 문장을 연결

3 저녁 식사가 준비되지 않았어요 / 아직 / 그 오븐이 (시간이) 걸리고 있어서 /
더 오래 / 예상보다

• longer than
expected

| 유제 2 | 그녀가 전화를 받지 않고 있는데, 아마 회의 중이기 때문일 겁니다.
그녀는 받지 않고 있어요 + 그녀의 전화를, + 아마도 그녀가 있기 때문일 겁니다 + 회의에 |

1 그녀는 받지 않고 있어요

• answer
전체 시제는 [be동사 + Ving]
현재진행형으로, 부정문은
be동사 뒤에 not 붙이기

2 그녀는 받지 않고 있어요 / 그녀의 전화를,

• phone

3 그녀는 받지 않고 있어요 / 그녀의 전화를, / 아마도 그녀가 있기 때문일 겁니다 /
회의에

• she's in a meeting
'아마도 ~ 때문에'는
[probably because 주어
+ 동사 ~]

| 유제 응용 | 업무량에 대한 도움을 더 받지 못하면 우리는 제시간에 끝내지 못할 것입니다.
우리는 끝내지 못할 것입니다 + 제시간에 + 우리가 받지 못한다면 +
더 많은 도움을 + 그 업무량에 대해 |

• on time
• with the workload
'~할 것이다'의 미래 예측은
[be going to + 동사원형]
이고, 부정문은 be동사 뒤에
not 추가

1 우리가 사전 약속들로 인해서 이번 주말에 시간을 못 내요.

　⟳　우리는 시간을 못 내요 + 이번 주말에 + 사전 약속들로 인해

- not available
- due to prior commitments
  - appointments: 특정 시간, 장소에서의 약속
  - commitments: 더 포괄적이며, 다양한 책임이나 의무, 특정 시간이나 장소에 제한되지 않음

2 마감일이 유동적이지 않으니, 우리가 기한을 맞추도록 효율적으로 일해야 해요.

　⟳　그 마감일이 유동적이지 않아요, + 그러니 + 우리는 일해야 해요 + 효율적으로 + 맞추기 위해 + 그것(마감일)을

- not flexible
- efficiently
  - '~해야 한다'는 [need to + 동사원형]
  - '마감일/기한을 맞추다'는 meet the deadline

3 그 일이 쉽지는 않지만, 그렇다고 불가능한 것도 아닙니다.

　⟳　그 일은 쉽지 않아요, + 하지만 + 그것은 불가능하지 않습니다 + 또한

- impossible

either는 (부정문에서) '~도(또한, 역시) 그렇다'는 의미로 문장 뒤에 놓임

4 그녀는 지난 회의에 불참해서 변경 사항을 알지 못하고 있어요.

　⟳　그녀는 알지 못하고 있어요 + 그 변경 사항들을 + 그녀가 놓쳤기 때문에 + 지난 회의를

- not aware of
- miss

접속사 because로 이유를 설명하는 문장을 연결

5 그녀는 새로운 도시로 이사한다는 생각에 마음이 편치 않아요.

　⟳　그녀는 마음이 편하지 않아요 + 그 생각에 + 이사한다는 + 새로운 도시로

- moving to a new city
  - '~로 마음이 편한'은 comfortable with
  - '~에 대한/~라는 생각'은 the idea of ~

6 그는 오늘 몸이 좋지 않아서 집에 있으면서 쉬기로 했습니다.

　⟳　그는 느끼지 못하는 중입니다 + 건강한 상태로 + 오늘, + 그래서 + 그는 결정했어요 + 머물기로 + 집에 + 그리고 + 쉬기로

- not feeling well
- stay home and rest

'몸이 안 좋아' 또는 '기분이 안 좋아'라고 표현할 때, 자주 쓰는 표현은 be not feeling well

7 회사의 현재 상황을 고려할 때, 지금은 급여 인상을 요구하기에 적절한 시기가 아닙니다.

    🔄 지금은 아닙니다 + 그 적절한 시기가 + 요구하기에 + 급여 인상을, + 고려하면 + 그 회사의 현재 상황을

- the right time
- ask for a raise
- 비인칭주어 it으로 시작
- '~을 고려하면'은 considering ~

---

8 그녀는 다른 부서로 이동해서 더 이상 팀의 일원이 아닙니다.

    🔄 그녀는 아닙니다 + 그 팀의 일원이 + 더 이상 + 그녀가 이동했기 때문에 + 다른 부서로

- part of the team
- transfer
- another department
두 번째 문장은 과거의 일을 나타내므로 과거 시제로

---

9 약을 복용한 후에도 증상에 전혀 호전이 보이지 않고 있어요.

    🔄 나는 보지 못하고 있어요 + 어떠한 호전도 + 내 증상들에서 + 복용한 후에 + 그 약을

- in my symptoms
- taking the medication
- 현재진행형 부정문으로
- '개선/호전을 보다'는 see improvement

---

10 그는 다음 주까지 돌아오지 않으니, 우리가 당분간은 그 사람 없이 일해야 할 것입니다.

    🔄 그는 돌아오지 않을 겁니다 + 다음 주까지, + 그래서 + 우리는 일해야 할 것입니다 + 그 사람 없이 + 당분간은

- we'll have to work
- for now
- '돌아오지 않을 것이다'는 가깝고 확실한 미래이므로, 현재진행형으로 미래를 표현
- '~해야 한다' have to와 '~할 것이다' will을 함께 써서 will have to ~는 '~해야 할 것이다'

---

11 나는 더 이상 이런 행동을 참지 않을 겁니다.

    🔄 나는 참지 않을 겁니다 + 이런 행동을 + 더 이상

- tolerate
- any longer
'이미 결정된 계획이나 의도'임을 나타내는 뉘앙스로 be going to 사용

---

12 속도를 상당히 높이지 않으면 우리가 제시간에 끝내지 못할 것입니다.

    🔄 우리는 끝내지 못할 것입니다 + 제시간에 + 우리가 높이지 않으면 + 우리의 속도를 + 상당히

- unless
- increase our pace
- significantly
be going to를 이용해 현재 상황을 바탕으로 미래를 예측

엠마는 한숨을 쉬고는 제이크에게 말했어요. ① **"당신에게 거짓말하지 않을게요, 제이크.** ② **날씨가 우리 편이 아니네요.** ③ **더 이상 여행 가는 게 자신이 없어요.** 폭풍이 심해 보여요." 제이크가 대답했어요. "네, 나도 일기예보를 봤어요. 실망스럽지만 안전이 우선이죠. ④ **우리가 폭풍에 휘말릴 위험은 감수하지 않을 거니까요.** 다시 일정을 잡읍시다.

Emma sighed and said to Jake,

①

_____

Hint 한숨 쉬다 sigh   거짓말하다 lie

②

_____

Hint 쪽, 편 side

③

_____

The storm looks bad."

Jake replied. "Yeah, I saw the forecast too. It's disappointing,
but safety comes first.

Hint ~에 대해 자신감을 느끼다 feel confident about   여행을 가다 go for a trip

④

_____

Let's reschedule."

Hint ~할 것이다 be going to + 동사원형   ~의 위험을 무릅쓰다 risk
잡히다, 휘말리다 get caught   폭풍에 휘말리다 get caught in a storm

1 당신에게 거짓말하지 않을게요, 제이크.

나는 거짓말하지 않을 거예요. + 당신에게, + 제이크

말하기 전에 이미 맘속으로 결정한 것을 '~할 것이다'라고 표현할 때, be going to를 씁니다. '거짓말하지 않을 것이다'이므로 be동사 뒤에 not을 붙여 부정문으로 만들면 됩니다.

2 날씨가 우리 편이 아니네요.

그 날씨가 있지 않아요 + 우리 편에

'누군가의 편이다, 편이 되어 주다'라고 할 때 be on one's side라는 표현을 쓰면 됩니다. The weather를 주어로 문장을 완성해 보세요.

3 더 이상 여행 가는 게 자신이 없어요.

나는 느껴지지 않아요 + 자신 있는 상태로 + 여행 가는 것에 대해 + 더 이상

현재진행형을 부정문으로 만들어 I am not feeling confident about ~으로 시작해 보세요. 전치사 about 뒤에 오는 거라서 '여행 가는 것'은 going for a trip 이렇게 동명사 형태로 쓰면 됩니다.

4 우리가 폭풍에 휘말릴 위험은 감수하지 않을 거니까요.

우리는 위험을 감수하지 않을 거예요 + 휘말리는 + 폭풍에

이미 다짐하거나 결정한 것을 말할 때 쓰는 be going to를 이용해 문장을 만드세요. 동사 risk는 '~의 위험을 무릅쓰다'의 의미로 쓰일 때 뒤에 명사, 명사구, 또는 동명사가 와야 합니다. '폭풍에 휘말리는 것'이므로 긴 동명사구 getting caught in a storm이 risk 뒤에 연결됩니다.

▶ 정답

Emma sighed and said to Jake, ① **"I am not going to lie to you, Jake.** ② **The weather is not on our side.** ③ **I am not feeling confident about going for a trip anymore.** The storm looks bad."

Jake replied. "Yeah, I saw the forecast too. It's disappointing, but safety comes first. ④ **We are not going to risk getting caught in a storm.** Let's reschedule."

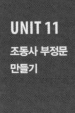

UNIT 11
조동사 부정문 만들기

이 자리는 직원 전용으로 따로 마련된 것이라서 여기에 주차하면 안 됩니다.

영어의 조동사는 문장의 뉘앙스와 화자나 필자의 의도와 목적을 분명히 나타내는 데 쓰입니다. 이때 조동사가 들어간 문장의 부정문 규칙은 [조동사 + not + 동사원형]입니다. 다양한 조동사의 뉘앙스와 어조를 익히며 부정문을 직접 만들어 써 보세요.

| 당신은 주차하면 안 됩니다 | + 여기에 + 이 자리는 따로 마련된 것이기 때문에 + 직원들만을 위해 |

STEP 1 전체 문장 완성하기

다음 문장을 힌트 단어를 보면서 완성해 보세요. **MP3 118**

1 당신은 주차하면 안 됩니다

• **can't park**
'~해도 된다'의 허가, 허락은 can, '~하면 안 된다'는 [cannot/can't + 동사원형]

---

2 당신은 주차하면 안 됩니다 / 여기에

• **here**

---

3 당신은 주차하면 안됩니다 / 여기에 / 이 자리는 따로 마련된 것이기 때문에

• **this spot is reserved**
'(자리 등을) 따로 남겨 둔, 마련된'의 의미는 reserved

---

4 당신은 주차하면 안됩니다 / 여기에 / 이 자리는 따로 마련된 것이기 때문에 / 직원들만을 위해

• **for employees only**

Answer You can't park here because this spot is reserved for employees only.

일상생활에서 해야 하는 규칙이나 의무에 대해 표현할 때 쓰는 have to(~해야 한다)는 예외적으로 일반동사의 규칙을 따른다는 것에 주의하세요. 이때 don't/doesn't have to ~는 '~하지 않아도 된다, ~할 필요가 없다'의 뜻이 됩니다.

UNIT 11 조동사 부정문 만들기

유제 1	시끄러운 배경 소음 때문에 그의 말을 들을 수가 없었어요. 나는 들을 수가 없었어요 + 그를 + 그 시끄러운 배경 소음 때문에

1 나는 들을 수가 없었어요

• **hear**
–can의 과거형은 could
–'~할 수 없었다'는 [could not/couldn't + 동사원형]

2 나는 들을 수가 없었어요 / 그를(= 그의 말을)

• **him**
이때 him은 '그의 말, 그가 말하는 것'을 뜻함

3 나는 들을 수가 없었어요 / 그를(= 그의 말) / 그 시끄러운 배경 소음 때문에

• **over the loud background noise**
over는 '~ 넘어서'의 의미로, 소리/소음이 다른 소리보다 더 크거나 덮어 버리는 상황을 설명할 때 쓰임

유제 2	우리가 그녀에게 더 나은 거래를 제안하지 않으면 그녀는 그 조건에 동의하지 않을 거예요. 그녀는 동의하지 않을 거예요 + 그 조건들에 + 우리가 제안하지 않으면 + 그녀에게 + 더 나은 거래를

1 그녀는 동의하지 않을 거예요

• **won't agree**
will not/won't는 '~하지 않을 것이다'라는 뜻으로 다소 단호한 어조

2 그녀는 동의하지 않을 거예요 / 그 조건들에

• **to those conditions**
특정 조건, 제안 등에 '동의하다'는 agree to ~

3 그녀는 동의하지 않을 거예요 / 그 조건들에 / 우리가 제안하지 않으면 / 그녀에게

• **unless we offer**

4 그녀는 동의하지 않을 거예요 / 그 조건들에 / 우리가 제안하지 않으면 / 그녀에게 /
더 나은 거래를

• **a better deal**

유제 응용	출장으로 도시를 떠나 있을 거라서 다음 주에 시간이 안 될 거예요. 나는 시간이 되지 않을 거예요 + 다음 주에 + 나는 있을 거라서 + 도시를 떠나 + 출장으로

• **out of town**
• **on a business trip**
'시간이 안 될 것이다'는 won't be available

1 시간이 얼마나 빨리 지나갔는지 믿기지가 않아요.

　　↻ 나는 믿을 수 없어요 + 얼마나 빨리 + 그 시간이 지나갔는지

- how quickly
- '~할 수 없다'는 [cannot/ can't + 동사원형]
- 지금까지 지나간 시간, 특정한 시간을 가리키므로 the time

2 비가 심하게 오고 있어서 우리는 밖에 나갈 수가 없어요.

　　↻ 우리는 나갈 수가 없어요 + 밖에 + 비가 오고 있어서 + 심하게

- go outside
- heavily

because로 이유 문장 연결

3 책이 너무 길어서 끝까지 읽지 못했어요.

　　↻ 나는 끝내지 못했어요 + 읽는 것을 + 그 책을 + 그것이 너무 길었기 때문에

- finish reading
- too long
- can의 과거형 could를 이용한 부정문 [couldn't + 동사원형]
- because로 문장 연결

4 창문 밖 소음이 너무 심해서 충분한 숙면을 취할 수가 없었어요.

　　↻ 나는 가질 수 없었어요 + 충분한 숙면을 + 있었기 때문에 + 너무 심한 소음이 + 내 창문 밖에

- get a good night's sleep
- too much noise

5 이런 날씨에는 밖에 나가지 않는 게 좋겠어요.

　　↻ 당신은 나가지 않는 게 좋겠어요 + 밖에 + 이런 날씨에는

- shouldn't
- in this weather

'~하지 않는 게 좋겠다'
의 충고, 조언의 뉴앙스는
[shouldn't + 동사원형]

6 그들이 단 하나의 정보 출처에만 의존하지 않는 게 좋겠습니다.

　　↻ 그들이 의존하지 않는 게 좋습니다 + 단지 하나의 출처에만 + 정보의

- rely on
- just one source

► 정답 p. 368

7 특히 건강한 식단을 유지하려면 설탕을 너무 많이 먹지 않는 게 좋습니다.

> ♨ 당신은 먹지 않는 게 좋습니다 + 너무 많은 설탕을, + 특히 +
> 당신이 노력하고 있다면 + 유지하려고 + 건강한 식단을

- so much sugar
- maintain a healthy diet

8 떠나기 전에 문 잠그는 것을 잊지 않는 게 좋을 겁니다. (그렇지 않으면 큰일나요)

> ♨ 당신은 잊지 않는 게 좋을 겁니다 + 잠그는 것을 + 그 문을 + 떠나기 전에

- **You had better not**
- **before leaving**

'~하는 게 좋을 것이다 (그렇지 않으면 곤경에 처할 수 있다)'의 강한 경고의 뉘앙스는 had better, 부정문은 had better not

9 팀과 먼저 상의하지 않고 어떠한 성급한 결정도 내리지 않는 것이 좋을 겁니다. (경고의 뉘앙스)

> ♨ 우리는 내리지 않는 것이 좋을 겁니다 + 어떠한 성급한 결정들을 +
> 상의하지 않고 + 그 팀과 + 먼저

- any hasty decisions
- **without consulting**

'~와 상담/상의하다'의 consult는 뒤에 전치사 없이 대상어(목적어)를 취함

10 건강을 유지하고 싶다면 그가 정크 푸드를 너무 많이 먹지 않는 것이 좋을 겁니다. (경고의 뉘앙스)

> ♨ 그는 먹지 않는 것이 좋을 겁니다 + 너무 많은 정크 푸드를 + 그가 원한다면 +
> 건강을 유지하기를

- too much junk food
- stay healthy

11 그 사람, 오늘 중으로 보고서 제출해야 하는 걸 잊으면 안 됩니다.

> ♨ 그는 잊으면 안 됩니다 + 제출해야 할 것을 + 그 보고서를 + 오늘 중으로

- submit
- **by the end of the day**

'~하면 안 된다'의 아주 강한 금지의 뉘앙스는 must not

---

* by the end of the day는 '하루가 끝날 때까지'라는 뜻으로 일상 대화에서 '오늘 안으로, 오늘 중으로'의 의미로도 자주 쓰입니다.

12 의사 선생님 일정이 매우 빡빡해서 그녀는 예약에 늦으면 안 됩니다.

> ♨ 그녀는 늦으면 안됩니다 + 그 예약에, + 그 의사가 가지고 있어서 +
> 매우 빡빡한 일정을

- appointment
- **a very tight schedule**

–'~에 늦다/지각하다'는 be late for ~
–접속사 as로 이유 문장 연결

13 우리 이 속도로는 마감일을 맞추지 못하니 당장 작업에 속도를 내야 합니다.

⟳ 우리는 못 맞출 겁니다 + 그 마감일을 + 이 속도로는, + 그러니 +
우리는 속도를 내야 합니다 + 우리의 작업에 + 당장

- at this pace
- speed up
- immediately
- '∼하지 않을 것이다'라고 예측할 때, [will not/won't + 동사원형]
- [need to + 동사원형]은 '∼해야 한다'

---

14 특히 이미 확고한 결정을 내린 후에는 그가 쉽게 마음을 바꾸지 않을 거예요.

⟳ 그가 바꾸지 않을 거예요 + 그의 마음을 + 쉽게, + 특히 +
그가 이미 내린 후에는 + 확고한 결정을

- won't change
- especially after
- '확고한 결정을 내리다'는 make a firm decision
- 이미 결정을 내린 상태이므로, 현재완료 시제로

---

15 시간이 안 되면 회의에 참석하지 않아도 됩니다.

⟳ 당신은 참석하지 않아도 됩니다 + 그 회의에 + 당신이 시간이 안 되면

- don't have to
- available
- don't have to ∼는 '∼하지 않아도 된다'
- have to의 부정문과 의문문은 일반동사 규칙을 따르는 것에 주의

---

16 그들은 선불로 전액을 지불할 필요가 없습니다.

⟳ 그들은 지불할 필요가 없습니다 + 그 전액을 + 선불로

- the full amount
- upfront

---

17 그는 퀴즈에서 모든 문제에 답할 필요가 없어요.

⟳ 그는 답할 필요가 없어요 + 모든 문제에 + 그 퀴즈에서

- every question
- in the quiz
- 주어가 3인칭 단수일 때는 [doesn't have to + 동사원형]으로

---

18 문제가 해결되었으니 우리가 더 이상 그것에 대해 걱정할 필요가 없어요.

⟳ 우리가 걱정할 필요가 없어요 + 그것에 대해 + 더 이상 +
그 문제가 해결되었으니

- the issue
- be resolved
- 이미 알고 있는 이유에 대해 언급할 때는 접속사 since(∼니까, ∼이므로)
- be resolved는 과거에 해결돼 현재에 영향을 주므로 현재완료로

▶ 정답 p. 368

WRITING TIPS

조동사마다 기본적으로 갖고 있는 의미와 뉘앙스가 있지만, 문장의 주어와 조동사 뒤에 오는 본동사에 따라
그 의도와 어조가 달라질 수 있어요. 조동사 부정문의 기본 구조와 의미를 다시 한번 정리하고 맥락에 따라 달라지는
뉘앙스를 파악해 보세요.

조동사	부정문 구조	예문	의도와 뉘앙스
can	주어 + cannot + 동사원형 (can't)	I cannot find my keys anywhere. 어디에서도 내 열쇠를 찾을 수가 없어요.	불가능한 일을 표현
		You can't park here now. 지금 여기에 주차하면 안 됩니다.	제한, 규제
could	주어 + could not + 동사원형 (couldn't)	She couldn't attend the meeting yesterday. 그녀는 어제 회의에 참석할 수 없었어요	과거에 할 수 없었던 일을 표현
will	주어 + will not + 동사원형 (won't)	I won't do that again. 다시는 그것 안 할 거예요.	주어(I)의 의지 표현
		They will not agree to the new proposal. 그들은 새로운 제안에 동의하지 않을 거예요.	미래의 부정적인 결과를 예상
should	주어 + should not + 동사원형 (shouldn't)	You should not skip breakfast. 아침을 거르지 말아야 해요.	조언, 충고
had better	주어 + had better not + 동사 원형	You had better not lie to her. 그녀에게 거짓말하지 않는 게 좋을 겁니다.	강한 경고
have to	주어 + do/does not + have to + (don't/ doesn't) 동사원형	We don't have to leave yet. 아직 떠날 필요는 없어요.	해야 할 필요가 없음을 표현
	주어 + did not + have to + 동사원형 (didn't)	You didn't have to say that. 그렇게 말할 필요는 없었잖아요.	조언, 어조에 따라 약간의 비판투
must	주어 + must not + 동사원형	You must not smoke here. 여기서 담배 피우면 안 됩니다.	강한 금지, 경고

제인은 친구 에밀리가 자선 행사를 조직하는 데 어려움을 겪고 있는 것을 봤어요.
① **"너 혼자서 모든 걸 다 할 필요는 없어,"** 제인이 말했습니다.

에밀리는 한숨을 쉬었어요. ② **"모든 것을 내가 관리해야 하는 것처럼 느낄 수밖에 없어.** 완벽하게 하고 싶거든."

제인은 고개를 저었어요. ③ **"네 자신에게 너무 부담을 주지 않는 게 좋겠어.** 우리 모두 도와주려고 여기 있잖아. 모든 게 완벽하지 않아도 괜찮아."

에밀리는 고개를 끄덕였습니다. "네 말이 맞아. ④ **내가 모든 세부 사항을 통제하려고 하지 말아야겠어.** 팀을 더 믿어야겠어.

Jane noticed her friend Emily struggling to organize the charity event.

① " _____ ," *Jane said.*

Emily sighed. ② " _____

_____ . I want it to be perfect."*

Jane shook her head. ③ " _____

_____ . We're all here to help, and it's okay if things aren't flawless."*

Emily nodded. "You're right. ④ _____

_____ . I need to trust the team more."*

1 너 혼자서 모든 걸 다 할 필요는 없어.

너는 할 필요가 없어 + 그것을 다 + 너 혼자서

'너는 ~할 필요가 없다, ~하지 않아도 된다'는 have to의 부정형 You don't have to이고, 뒤에 do it all을 연결하세요. '너 혼자서'는 by yourself로 표현 가능하며, alone 혹은 on your own(혼자) 등으로 대체할 수 있습니다.

2 모든 것을 내가 관리해야 하는 것처럼 느낄 수밖에 없어.

나는 ~처럼 느낄 수밖에 없어 + 내가 관리해야 한다고 + 모든 것을

'나는 ~처럼 느낄 수밖에 없어'는 I can't help feeling like ~로 쓸 수 있어요. can't help Ving는 '~하지 않을 수 없다'의 의미로 뒤에 동명사가 나옵니다. '~해야 한다'는 [need to + 동사원형]으로 표현할 수 있습니다.

3 네 자신에게 너무 부담을 주지 않는 게 좋겠어.

너는 두지 않는 게 좋겠어 + 너무 많은 부담을 + 네 자신에게

'~하지 않는 게 좋겠어'는 should not을 이용해 충고의 뉘앙스로 표현하세요. '~에게 부담을 주다'는 put pressure on ~이고, '너무 많은 부담'은 so much pressure이므로, You shouldn't put so much pressure on ~으로 연결하세요.

4 내가 모든 세부 사항을 통제하려고 하지 말아야겠어.

내가 하려고 하지 말아야겠어 + 통제하기를 + 모든 세부 사항을

자기 자신에게 '~하지 않아야겠다'고 충고하듯 말하는 것은 I shouldn't를 이용해 표현합니다. '~하려고 하다'는 [try + to부정사]를 이용하여, '통제하려고 하지 말아야겠어'를 영어로 완성하세요. 여기에 '모든 세부 사항' every detail을 붙이면 됩니다.

▶ 정답

Jane noticed her friend Emily struggling to organize the charity event.
① **"You don't have to do it all by yourself,"** Jane said.
Emily sighed. ② **"I can't help feeling like I need to manage everything**. I want it to be perfect."
Jane shook her head. ③ **"You shouldn't put so much pressure on yourself**. We're all here to help, and it's okay if things aren't flawless."
Emily nodded. "You're right. ④ **I shouldn't try to control every detail**. I need to trust the team more."

오늘 이 프로젝트를 끝낼 시간이 없어요.

영어 문장의 [주어 + 서술어] 구조에서 서술어 자리에 일반동사가 올 때는 부정문을 만드는 기본 규칙이 앞서 배운 be동사, 조동사와는 다릅니다. 위의 문장에서 기본 뼈대는 '나는 없어요'입니다. 일반동사의 부정문은 의문문을 만들 때처럼 조동사 do를 이용해 만듭니다. 그래서 I do not/don't have ~가 되지요. 주어가 3인칭 단수일 때는 [does not/doesn't + 동사원형]의 구조로 써야 하는 것에 주의하세요. 참고로 과거형은 주어에 관계없이 [didn't + 동사원형]으로 쓰면 됩니다.

나는 가지고 있지 않아요 + 시간을 + 끝낼 + 이 프로젝트를 + 오늘

STEP 1 전체 문장 완성하기

다음 문장을 힌트 단어를 보면서 완성해 보세요. **MP3 121**

1 나는 가지고 있지 않아요

● **I don't have**
서술어가 일반동사일 때
부정문은 [do not/don't +
동사원형]

2 나는 가지고 있지 않아요 / 시간을

● **time**

3 나는 가지고 있지 않아요 / 시간을 / 끝낼 / 이 프로젝트를

● **finish this project**
어떤 시간인지 time 뒤에
[to + 동사원형]으로 수식

4 나는 가지고 있지 않아요 / 시간을 / 끝낼 / 이 프로젝트를 / 오늘

● **today**

Answer I don't have time to finish this project today.

▶ 정답 p. 369

유제 1	그는 지시 사항을 명확하게 이해하지 못합니다. 그는 이해하지 못합니다 + 그 지시 사항들을 + 명확하게

1 그는 이해하지 못합니다

• understand
주어가 3인칭 단수일 때 일
반동사 부정문은 [does not/
doesn't + 동사원형]

2 그는 이해하지 못합니다 / 그 지시 사항들을

• the instructions

3 그는 이해하지 못합니다 / 그 지시 사항들을 / 명확하게

• clearly

유제 2	우리는 회의 중에 모든 주제를 논의할 시간이 충분하지 않았어요. 우리는 가지고 있지 않았어요 + 충분한 시간을 + 논의할 + 그 모든 주제들을 + 그 회의 중에

1 우리는 가지고 있지 않았어요

• didn't have
일반동사 과거형의 부정문은
[did not/didn't + 동사원형]

2 우리는 가지고 있지 않았어요 / 충분한 시간을

• enough time

3 우리는 가지고 있지 않았어요 / 충분한 시간을 / 논의할 / 그 모든 주제들을

• all the topics

4 우리는 가지고 있지 않았어요 / 충분한 시간을 / 논의할 / 그 모든 주제들을 /
그 회의 중에

• during the
meeting

유제 응용	그들은 약속에 나타나지 않았고, 왜 그들이 우리에게 미리 알려 주지 않았는지 모르겠어요. 그들은 나타나지 않았어요 + 그 약속에, + 그리고 + 나는 모르겠어요 + 왜 그들이 주지 않았는지 + 우리에게 + 미리 알림을	• show up for '~에게 미리 알려 주다'는 give ~ a heads-up

1 나는 일하는 동안 방해받는 것을 좋아하지 않아요.

    🔄 나는 좋아하지 않아요 + 방해받는 것을 + 일하는 동안

- to be disturbed

'방해하다'는 disturb,
'방해받다'는 be disturbed

---

2 그는 지금 당장 그것에 대해 이야기하고 싶어 하지 않아요.

    🔄 그는 원하지 않아요 + 이야기하기를 + 그것에 대해 + 지금 당장

- talk

주어가 3인칭 단수, 현재시제
문장임에 주의

---

3 아무리 많은 사람들이 그것이 사실이라고 주장해도, 그들은 그런 종류의 미신을
믿지 않아요.

    🔄 그들은 믿지 않아요 + 그런 종류의 미신을, + 아무리 많은 사람들이 주장해도 +
그것이 사실이라고

- that kind of
  superstition
- no matter how
  many people
  insist

–'어떤 것의 존재, 가치,
 개념을 믿다/신뢰하다'는
 believe in ~
– no matter how ~가
 문장 앞에 올 수도 있음

---

4 그는 관심의 중심이 되는 것을 좋아하지 않아서, 대중 연설을 피해요.

    🔄 그는 좋아하지 않아요 + 되는 것을 + 관심의 중심이, + 그래서 + 그는 피해요
+ 대중 연설을

- being the center
  of attention
- public speaking

[like + Ving]은 개인의 취향,
선호도를 의미

---

5 저는 새로운 정책이 이해가 안 되고, 그도 잘 이해하지 못하는 것 같아요.

    🔄 저는 이해가 안 돼요 + 그 새로운 정책이, + 그리고 + 그는 보이지 않아요 +
이해하는 걸로 + 그것을 + 또한

- understand
- policy

–'~인 것 같다'는 [seem to
 + 동사원형]
–get it은 '이해하다'의
 의미로도 자주 쓰임

---

* 영어에서는 같은 단어가 반복해서 사용하는 것을 피하므로, 앞 문장에 '이해하다'의 understand를 사용하고,
and 뒤의 문장에 같은 의미의 다른 표현인 get을 활용

---

6 그것이 문제에 대한 올바른 접근 방식은 아니라고 생각합니다.

    🔄 나는 생각하지 않아요 + 그것이 ~라고 + 그 올바른 접근법 + 그 문제에 대한

- the right approach
- problem

'~에 대한 접근(법)'은
approach to ~

---

* '그것은 올바른 접근법이 아닌 것 같아요'를 영어로 표현할 때, I think that's not the right approach ~ 이런 구조가 가능할 것 같지만,
영어에서 쓰지 않는 구조입니다. I think/I don't think 뒤에 [(that) 주어 + 동사] 문장이 올 때 긍정문만 가능합니다.

7 저는 이 계획이 효과가 있을 것 같지 않고, 그녀도 그것이 성공할 것이라고 믿지 않아요.

    ⟳ 저는 생각하지 않아요 + 이 계획이 효과가 있을 거라고, + 그리고 +

         그녀도 믿지 않아요 + 그것이 성공할 것이라고 + 역시

- this plan will work
- either

either는 (부정문에서) '~도 (또한, 역시) 그렇다'는 의미로 문장 뒤에 놓임

---

8 어제 보고서를 다 끝내지 못했고, 오늘도 그것을 끝마칠 시간이 충분하지 않아요.

    ⟳ 나는 끝내지 못했어요 + 그 보고서를 + 어제, + 그리고 +

         나는 가지고 있지 않아요 + 충분한 시간을 + 끝마칠 + 그것을 + 오늘

- didn't finish
- to complete it

---

9 그녀는 해산물을 먹은 후 몸이 좋지 않아서, 남은 저녁 시간 동안 쉬기로 했어요.

    ⟳ 그녀는 느껴지지 않았어요 + 좋게 + 먹은 후 + 그 해산물을, +

         그래서 + 그녀는 결정했어요 + 쉬기로 + 남은 저녁 시간 동안

- feel well
- decide to rest

'남은 저녁 시간 동안'은 for the remainder of the evening

* remainder는 '나머지'의 뜻으로 이 문장에서 for the rest of the evening도 가능하지만, 바로 앞에 '쉬다'의 의미로 rest를 썼기에, 같은 뜻을 가진 다른 단어로 써 주는 것이 자연스러워요.

---

10 우리가 기대하고 있던 결과를 얻지 못했어요.

    ⟳ 우리는 얻지 못했어요 + 그 결과들을 + (우리가 기대하고 있었던)

- get
- we were hoping for

---

11 그녀는 다가오는 회의에 대해 아무 언급도 하지 않았어요.

    ⟳ 그녀는 언급하지 않았어요 + 아무것도 + 그 다가오는 회의에 대해

- mention
- the upcoming meeting

---

12 그는 세부 사항을 다시 확인하는 것은 필요없다고 생각했어요.

    ⟳ 그는 생각하지 않았어요 + 필요했다고 + 다시 확인하는 것이 + 그 세부 사항들을

- it was necessary
- double-check

think 뒤의 문장은 진짜 주어인 to부정사구가 문장 맨 뒤로 가고, 빈 주어 자리에 it이 들어간 구조

STEP 3 문장 이어 쓰기

뉘앙스를 생각하며 문장을 만들어 보세요. **MP3 123**

사라는 오늘 하루의 일을 되돌아봤어요. ① **"왜 오늘 일이 계획대로 되지 않았는지 모르겠네"**라고 그녀는 혼자 생각했어요. ② **"아무리 열심히 해도, 진전이 없는 것 같아. ③ 모든 일에 이렇게 압도될 줄은 예상 못했어. ④ 왜 다른 모든 사람들처럼 일을 그냥 끝내지 못하는지 이해가 안 돼."**

Sarah reflected on the day's events.

①
_____

she thought to herself.

Hint 계획대로 되다 go as planned

②
_____

_____

Hint 아무리 ~해도 no matter how ~   ~라고 생각하지 않는다, ~ 아닌 것 같다 I don't think (that) 주어 + 동사
진전을 보이다/이루다 make progress

③
_____

_____

Hint 기대하다, 예상하다 expect   압도된 overwhelmed

④
_____

_____

Hint (어떤 일을) 완료하다, 끝내다 get ~ done

▶ 정답 p. 369

1 왜 오늘 일이 계획대로 되지 않았는지 모르겠네.

나는 이해가 안 가 + 왜 일들이 진행되지 않았는지 + 계획된 대로 + 오늘

문장의 뼈대인 I don't understand를 먼저 잡아주고 '왜 ~인지'에 해당하는 문장을 [why 주어 + 동사]의 구조로 연결하세요. 일을 work 외에 things로도 표현할 수 있는데, 일반적으로 해야 할 '작업, 과제' 또는 '형편, 상황'을 뜻합니다. '계획되었던 대로'는 as planned로, 원래 as they (things) were planned인데 문장의 간결성을 위해 중복되는 주어는 생략하고 as planned라고 쓰는 것이 일반적이고 자연스럽습니다.

2 아무리 열심히 해도, 진전이 없는 것 같아.

아무리 열심히 내가 노력해도, + 나는 생각하지 않아 + 내가 만들고 있다고 + 어떠한 진전을

전체 문장을 수식하는 부사절을 [No matter how hard 주어 + 동사]의 구조로 만드세요. '진전이 없는 것 같아'는 '나는 생각하지 않아, 난 ~이 아닌 것 같아'의 의미인 I don't think ~로 시작하면 좋아요. I think/I don't think 뒤에 [(that) 주어 + 동사] 문장이 올 때는 긍정문만 가능하다는 것을 꼭 기억하세요. 그래서 I don't think 뒤에 문장 I'm making any progress를 연결하면 '나는 진전이 없는 것 같아'의 의미가 됩니다.

3 모든 일에 이렇게 압도될 줄은 예상 못했어.

나는 예상하지 못했어 + 느낄 줄은 + 이렇게 압도된 (상태로) + 모든 것에 의해

이 문장의 서술어로 쓰인 expect는 [expect to + 동사원형]의 구조가 될 수 있는 동사입니다. '압도되는 감정을 느끼다'는 feel overwhelmed이고, 무언가에 의해 그런 감정이 드는 것이므로 뒤에 by everything을 추가해 주세요.

4 왜 다른 모든 사람들처럼 일을 그냥 끝내지 못하는지 이해가 안 돼.

나는 이해가 안 돼 + 왜 내가 그냥 되게 못하는지 + 일들을 + 완료된 (상태로) + 다른 모든 사람들처럼

뼈대 문장 I don't understand 뒤에 [why 주어 + 동사] 구조의 문장을 연결하세요. '일이 완료된 상태가 되게 하다, 끝내다'는 일상에서 자주 쓰는 get things done을 활용해 보세요. '다른 모든 사람들처럼'은 전치사 like로 연결하면 됩니다.

▶ 정답

Sarah reflected on the day's events. ① **"I don't understand why things didn't go as planned today,"** she thought to herself. ② **"No matter how hard I try, I don't think I'm making any progress.** ③ **I didn't expect to feel so overwhelmed by everything.** ④ **I don't understand why I can't just get things done like everyone else."**

한 번에 한 걸음씩 나아가세요, 그러면 결국 목표를 이루게 될 거예요.

명령문은 Be quiet(조용히 하세요), Come here(여기로 와)처럼 주어를 생략하고 동사원형으로 시작하며, 부정 명령문은 Don't worry about it(그건 걱정하지 마), Don't be silly(바보 같이 굴지 마)처럼 동사 원형 앞에 do not 또는 don't를 씁니다. 명령문은 동사의 의미에 따라 지시, 제안, 조언, 격려, 덕담 등에 쓰입니다. 명령문 뒤에 and, or가 오는 [명령문, and ~]는 '…하라 그러면 ~할 것이다'가, [명령문, or ~]는 '…하라 그렇지 않으면 ~할 것이다'의 의미가 됩니다.

하세요	+ 그것을 + 한 걸음씩 + 한 번에, + 그러면 + 당신은 결국 닿을 거예요 + 거기에

STEP 1 전체 문장 완성하기

다음 문장을 힌트 단어를 보면서 완성해 보세요. **MP3 124**

1 하세요 / 그것을 / 한 걸음씩

• **Take it one step**
주어 생략, 동사원형으로 시작하는 명령문으로

---

2 하세요 / 그것을 / 한 걸음씩 / 한 번에,

• **at a time**

---

3 하세요 / 그것을 / 한 걸음씩 / 한 번에, / 그러면 / 당신은 결국 닿을 거예요

• **eventually get**
명령문 뒤에 and는 '그러면'으로 해석

---

4 하세요 / 그것을 / 한 걸음씩 / 한 번에, / 그러면 / 당신은 결국 닿을 거예요 / 거기에

• **there**
'(목표, 과제) 등을 달성하다/해내다'는 get there

Answer Take it one step at a time, and you'll eventually get there.

take it one step at a time: 한 번에 하나씩, 서두르지 말고 차근차근 진행하라는 의미

유제 1

먼저 자신을 돌보세요. 그러면 다른 모든 것이 제자리를 찾을 거예요.

돌보세요 + 당신 자신을 + 먼저, + 그러면 + 다른 모든 것이 떨어질 거예요 + 제자리로

1 돌보세요 / 당신 자신을
• Take care of

2 돌보세요 / 당신 자신을 / 먼저
• first

3 돌보세요 / 당신 자신을 / 먼저, / 그러면 / 다른 모든 것이 떨어질 거예요
• everything else will fall
명령문 뒤에 and는 '그러면'

4 돌보세요 / 당신 자신을 / 먼저, / 그러면 / 다른 모든 것이 떨어질 거예요 / 제자리로
• into place
'제자리에 들어가다, 딱 들어맞다'는 fall into place

유제 2

밤새 휴대폰 충전하는 것을 잊지 마세요.

잊지 마세요 + 충전하는 것을 + 당신의 전화기를 + 밤사이에

1 잊지 마세요
• Don't forget
'~하지 마세요'의 부정 명령문은 [Don't + 동사원형]

2 잊지 마세요 / 충전하는 것을 / 당신의 전화기를
• charge your phone
forget 뒤에 [to + 동사원형]은 '(앞으로) ~할 것을 잊다'

3 잊지 마세요 / 충전하는 것을 / 당신의 전화기를 / 밤사이에
• overnight
'밤사이에, 하룻밤 동안'은 overnight (부사)

유제 응용

무슨 일이 있었는지 자세히 말해 주시고, 어떤 것도 빼놓지 마세요.

말해 주세요 + 나에게 + 무슨 일이 생겼는지 + 자세히, + 그리고 + 빼놓지 마세요 + 아무것도

• in detail
− 앞에 please를 붙여 공손한 어조로
− '~을 빼다, 생략하다'는 leave ~ out (leave out 도 가능)

---

* 이 문장에서 and는 '그리고'의 의미로 쓰였습니다.

1 나가실 때는 조용히 뒤에 있는 문을 꼭 닫아 주세요.

　　꼭 닫아 주세요 + 그 문을 + 당신 뒤에 있는 + 조용히 + 당신이 나갈 때

- Please make sure
- as you leave

[as 주어 + 동사 ~]는
'~할 때'

---

2 마감일까지 과제를 제출하세요. 그렇지 않으면 받아들여지지 않을 거예요.

　　제출하세요 + 당신의 과제를 + 그 마감일까지, + 그렇지 않으면 +
　　그것은 받아들여지지 않을 거예요

- it won't be accepted

– '제출하다'는 turn in
– 명령문 뒤의 or는
　'그렇지 않으면'

---

3 특히 낯선 지역에서는 교통 표지판에 주의 깊게 신경 쓰세요.

　　기울이세요 + 세심한 주의를 + 그 교통 표지판들에, + 특히 낯선 지역들에서는

- Pay close attention
- traffic signs
- in unfamiliar areas

---

4 새로운 것을 배울 때는 자신에게 인내심을 가지세요.

　　인내심을 가지세요 + 당신 자신에게 + 당신이 배울 때는 + 뭔가 새로운 것을

- Be patient with
- as you learn

형용사를 동사처럼 쓰려면
[be동사 + 형용사] 형태이며,
[be patient with ~]는 '~
에게/~에 대해 참을성 있다,
인내하다'의 의미

---

5 하루 종일 밖에 있을 거면 반드시 자외선 차단제를 바르세요.

　　반드시 바르세요 + 자외선 차단제를 + 당신이 있을 거라면 +
　　밖에 + 하루 종일

- Be sure to
- be outside

'당신이 ~할 거라면'은 if
you're going to ~

---

6 통제할 수 없는 일들에 에너지를 낭비하지 마세요.

　　낭비하지 마세요 + 당신의 에너지를 + 일들에 + (당신이 통제할 수 없는)

- things you can't control

'~에 에너지를 낭비하다'는
waste one's energy on ~

---

7 너무 스트레스 받지 않게 해 보세요. 모든 게 결국 잘 될 거예요.

↻ 노력하세요 + 스트레스 받지 않도록 + 너무 많이; + 모든 것이 잘 될 거예요 + 결국

- Try not to stress
- in the end
'(일이) 잘 풀리다/
좋게 진행되다'는
work out

---

* 서로 관련 있는 두 문장 사이에 세미콜론(;)을 쓰면 and, but 등의 접속사 없이 매끄럽게 연결하는 효과.

8 친절한 말 한마디의 힘을 절대 과소평가하지 마세요.

↻ 절대 과소평가하지 마세요 + 그 힘을 + 친절한 말 한마디의

- Never
  underestimate
- never는 '절대/결코
  ~하지 마세요'로 명령문
  문두에 위치
- '~의 힘/영향력'은
  the power of ~

9 잘못된 것을 보면 절대 침묵하지 마세요.

↻ 절대 있지 마세요 + 침묵한 상태로 + 당신이 본다면 + 뭔가 잘못된 것을

- stay silent
- something wrong
never는 명령문 문두에 위치

10 절대 낯선 사람과 개인 정보를 공유하지 마세요.

↻ 절대 공유하지 마세요 + 당신의 개인 정보를 + 낯선 사람들과

- share
- with strangers

11 제출하기 전에 항상 자신의 작업을 재확인하세요.

↻ 항상 재확인하세요 + 당신의 작업을 + 그것을 제출하기 전에 + 그것을

- double-check
- submitting
always는 명령문 앞에 위치

12 인생의 작은 것들을 감사히 여기는 잠깐의 시간을 항상 가지세요.

↻ 항상 취하세요 + 잠깐의 시간을 + 감사히 여기는 + 그 작은 것들을 + 인생에서

- take a moment
- appreciate the
  little things

> ① **"내일 일찍 일어나. 안 그러면 비행기 놓칠 거야."**라고 마리아는 자기 전에 제시에게 말했어요. ② **"필요한 것만 챙겨. 그래야 가방이 너무 무겁지 않아."**라고 마리아가 덧붙였어요. 아침에 제시의 알람이 울렸고, 제시는 서둘러 준비를 마쳤어요. ③ **"착륙하면 전화해. 그리고 공항에서 아침 먹는 거 잊지 마!"**라며 마리아는 작별 인사를 하며 손을 흔들었어요.

① "   ,"

Maria reminded Jessie before bed.

Hint 비행기를 놓치다 miss one's flight

② "   ,"

she added. In the morning, Jessie's alarm rang, and she quickly got ready.

Hint (짐을) 싸다/꾸리다/챙기다 pack

③ "   !"

Maria said, waving goodbye.

Hint 도착/착륙하다 land
아침 식사를 간단히 하다 grab some breakfast (여기서 grab은 '바빠서 급히/잠깐 ~하다'의 의미)

1   내일 일찍 일어나. 안 그러면 비행기 놓칠 거야.

일어나 + 일찍 + 내일, + 그렇지 않으면 + 너는 놓칠 거야 + 네 비행기를

주어 없이 동사원형으로 시작하는 문장, 명령문을 만드세요. Get up으로 시작해서 수식하는 부사들을 어순에 맞게 붙이면 됩니다. 명령문 뒤에 접속사 or로 다른 문장을 연결하면, or 앞의 명령문에서 제안한 대로 하지 않으면 안 좋은 일이 일어날 것이라는 의미를 전달합니다.

2   필요한 것만 챙겨. 그래야 가방이 너무 무겁지 않아.

챙겨 + 오로지 + 네가 필요한 것을, + 그래야 + 네 가방이 너무 무겁지 않아

'(여행이나 어디 떠나려고) 짐을 싸다/챙기다'는 동사 pack으로 표현합니다. '네가 필요한 것'은 what you need로 [what 주어 + 동사]는 '~가 OO한 것'의 뜻이 됩니다. 여기서 '필요한 것만'이라고 강조하고 싶을 때는 only를 붙여 only what you need라고 하면 돼요.

3   착륙하면 전화해. 그리고 공항에서 아침 먹는 거 잊지 마!

전화해 + 나에게 + 네가 도착(착륙)할 때, + 그리고 + 잊지 마 + 간단히 먹는 것을 + 아침 식사 좀 + 그 공항에서

'네가 도착(착륙)하면'은 '만약 ~하면'으로 해석되는 조건의 의미가 아니라 '네가 도착할 때' 그때에 전화하라는 뜻입니다. 따라서 시간 부사절 when you land로 연결해야 합니다. forget 뒤에 to부정사가 오면 '앞으로 할 일을 잊어버리다'라는 의미입니다.

▶ 정답

① **"Get up early tomorrow, or you'll miss your flight,"** Maria reminded Jessie before bed. ② **"Pack only what you need, so your bag isn't too heavy,"** she added. In the morning, Jessie's alarm rang, and she quickly got ready. ③ **"Call me when you land, and don't forget to grab some breakfast at the airport!"** Maria said, waving goodbye.

결정하기 전에 모든 선택지를 고려할 시간을 가져 봅시다.

명령문의 주어는 이 문장을 듣거나 읽는 상대방이라서 생략해도 의미 전달에 전혀 어려움이 없습니다. 이렇다 보니 나(I) 또는 우리(we)에게 뭔가를 해야 한다고 제안할 때 사용하는 1인칭 명령문이나 청자/독자 외의 다른 사람들에게 향하는 3인칭 명령문이 없어요. 이렇게 화자/필자 자신을 포함한 집단에게 명령하거나 제안할 때는 동사 let을 써서 Let us, Let's로 표현합니다. [let me + 동사원형]의 구조도 자주 쓰는데, 맥락에 따라 '내가 ~하게 해 주세요'(허락을 구함. 요청), '내가 ~할게요'(의지/의도)의 의미로도 쓰입니다.

"Let me handle it."
① 제가 그걸 처리하게 해 주세요. (허락을 구함: 다른 사람이 일을 맡고 있는데, 자신이 대신 처리하고 싶을 때)
② 제가 처리할게요. (의지: 내가 주도적으로 나서서 해결하겠다고 할 때)

가져 봅시다	+ 잠깐의 시간을 + 고려할 + 그 모든 선택지들을 + 결정하기 전에

STEP 1 전체 문장 완성하기

다음 문장을 힌트 단어를 보면서 완성해 보세요. MP3 **127**

1 가져 봅시다 / 잠깐의 시간을

● Let's take a moment
−Let's는 뒤에 동사원형이 위치하며, '우리가 ~하도록 해라/허락해라' →
'~합시다/~하자'의 의미

---

2 가져 봅시다 / 잠깐의 시간을 / 고려할 / 그 모든 선택지들을

● consider all the options

---

3 가져 봅시다 / 잠깐의 시간을 / 고려할 / 그 모든 선택지들을 / 결정하기 전에

● before deciding

> **Answer** Let's take a moment to consider all the options before deciding.

* Let's: Let us의 축약형으로, 함께 무언가를 하는 제안의 의미로, 더 비공식적이고 일상적인 상황에서 많이 사용합니다.
Let's go out for lunch. 점심 먹으러 가자. **Let's have a drink.** 한잔하자.

* Let us: 함께 행동할 것을 제안하며, 연설, 문서 같은 더 공식적이고 격식 있는 상황에서 또는 진지한 맥락에서 사용합니다.
Let us pray. 기도합시다. **Let us focus on this.** 이 일에 집중합시다.

▶ 정답 p. 370

유제 1 우리의 시간을 소중히 여기고, 작업에 집중합시다.
소중히 여깁시다 + 우리의 시간을 + 그리고 + 유지합시다 + 집중한 (상태로) + 그 작업에

1 소중히 여깁시다 / 우리의 시간을

- **Let us be mindful**
  −진지한 맥락에서 쓸 때는
  [Let us + 동사원형 ∼]
  −'∼을 유념하는'은
  mindful of ∼

2 소중히 여깁시다 / 우리의 시간을 / 그리고 / 유지합시다 / 집중한 (상태로)

- **stay focused**
  '∼에 집중한 상태를
  유지하다/∼에 집중하다'는
  stay focused on ∼

3 소중히 여깁시다 / 우리의 시간을 / 그리고 / 유지합시다 / 집중한 (상태로) / 그 작업에

- **on the task**

유제 2 프로젝트에 도움이 필요하면 알려 주세요.
내가 알게 해 주세요 + 당신이 필요하면 + 어떤 도움이 + 그 프로젝트에 관해

1 내가 알게 해 주세요

- **Let me know**
  '내가 알도록 해 주세요 →
  나에게 알려 주세요'는 Let
  me know로, 상대방에게
  요청할 때 자주 씀

2 내가 알게 해 주세요 / 당신이 필요하면

- **if**

3 내가 알게 해 주세요 / 당신이 필요하면 / 어떤 도움이

- **any help**

4 내가 알게 해 주세요 / 당신이 필요하면 / 어떤 도움이 / 그 프로젝트에 관해

- **with the project**

유제 응용 최종 보고서를 제출하기 전에 제가 숫자를 다시 확인해 볼게요.
제가 다시 확인하겠습니다 + 그 숫자들을 + 우리가 제출하기 전에 +
그 최종 보고서를

- **Let me double-check**
- **before we submit**
  화자/필자가 스스로
  하겠다는 의지를 표현

1 **그 과정에서 우리가 받은 도움에 감사합시다.**

  ↻ 감사히 여깁시다 + 그 도움에 + (우리가 받아 온 + 그 과정을 따라)

- Let us
- along the way
- '~을 감사히 여기다'는
  be grateful for ~
- '그동안 받아왔다'라는
  의미니까 현재완료형으로

---

2 **과거의 실수에 얽매이지 말고, 미래에 집중합시다.**

  ↻ 얽매이지 맙시다 + 과거의 실수들에 + 하지만 + 집중합시다 + 그 미래에

- not dwell on
- but focus

let us의 부정문은 let us
not으로 '~하지 맙시다'의
의미

---

3 **계획을 진행해 보고 어떻게 운영되는지 지켜봅시다.**

  ↻ 움직여 봅시다 + 앞으로 + 그 계획을 가지고 + 그리고 + 지켜봅시다 +
  어떻게 그것이 운영되는지

- Let's
- how it works
- '~을 추진하다, 진행하다'
  는 move forward
- '지켜보다'는 see

---

4 **떠나기 전에 필요한 서류를 모두 준비했는지 확실히 합시다.**

  ↻ 확실히 합시다 + 우리가 가지고 있는지 + 그 모든 필요한 서류들을 + 떠나기 전에

- all the necessary
  documents
- before leaving

'~을 확실히 하다, ~임을
확인하다'는 [make sure
(that) 주어 + 동사 ~]

---

5 **모두에게 유익한 해결책을 찾도록 함께 노력합시다.**

  ↻ 노력합시다 + 함께 + 찾기 위해 + 해결책을 + (유익한 + 모두에게)

- work together
- that benefits
  everyone

문장 맨 뒤의 that절이 앞에
위치한 a solution을 수식

---

* 아직 어떤 해결책인지 모르지만 협력하여 찾아보자는 의미이며, 아직 특정되지
않은 해결책을 뜻하므로 a solution이 자연스럽습니다.

6 **제가 일정 확인하고 다시 연락드릴게요.**

  ↻ 제가 확인해 보겠습니다 + 제 일정을 + 그리고 + 다시 연락하겠습니다 +
  당신에게

- Let me check
- '~에게 다시 연락하다'는
  get back to ~
- 화자/필자 스스로
  행동하겠다는 '의지'의 표현

---

7 내가 도울 수 있는 다른 일이 있으면 알려 주세요.

🔄 내가 알게 해 주세요 + 있으면 + 다른 일이 + (내가 할 수 있는 + 당신을 돕기 위해)

• anything else
• assist you
'내가 알도록 해 주세요 →
나에게 알려 주세요'는 Let
me know로 요청의 뉘앙스

---

8 더 명확히 하기 위해 내가 지시 사항을 한 번 더 설명할게요.

🔄 내가 설명할게요 + 그 지시 사항들을 + 한 번 더 + 만들기 위해 + 그것을 +
더 명확한 상태로

• explain
• to make it clearer
– 화자/필자 자신이
주도적으로 행동하겠다는
의지를 표현
– 특정 맥락에서는 허락을
구하는 의미로 사용될 수도
있음

---

9 방해하지 않고 그가 의견을 표현할 수 있게 하세요.

🔄 그가 표현하게 하세요 + 그의 의견을 + 방해하지 않고

• without
  interrupting
제3자나 사물을 대상으로
제안하거나 명령할 때도
let을 쓸 수 있음

---

10 그들이 시간을 가지고 신중하게 생각할 수 있게 하세요.

🔄 그들이 갖게 하세요 + 그들의 시간을 + 그리고 + 그것을 신중하게 생각하게 하세요

• take
• think it over
'(결정을 내리기 전에) ~을
심사숙고하다'는 think over

---

11 길이 불분명하고 어려워 보일 때라도, 어려운 시기에 마음이 당신을 이끌도록
하세요.

🔄 당신의 마음이 이끌게 하세요 + 당신을 + 어려운 시기에는, +
그 길이 (~인 것처럼) 보일 때에도 + 불분명하고 어려운 (상태로)

• through difficult
  times
• even when the
  path seems
– '~인 것처럼 보이다,
  ~인 것 같다'는 seem
– '불분명한'은 unclear
– '도전적인, 어려운'은
  challenging

---

* Let your heart guide you. : 자신의 직관이나 내면의 목소리를 따르라는 의미로 자주 쓰이는 표현

12 아이들이 판단이나 비판에 대한 두려움 없이 자유롭게 창의성을 표현할 수 있게 하세요.

🔄 그 아이들이 표현하게 해 주세요 + 그들의 창의성을 + 자유롭게, +
그 두려움 없이 + 판단이나 비판에 대한

• creativity
• the fear of
  judgment or
  criticism
'~에 대한 두려움'은
the fear of ~

주말 여행을 위해 짐을 싸면서 제인은 제안했어요. ① **"떠나기 전에 필요한 모든 것이 있는지 확인하자."** 친구가 대답했어요. ② **"네가 옷을 확인하는 동안 내가 간식과 음료를 맡을게."** 제인은 웃으며 덧붙였어요. ③ **"드라이브 즐기러 경치 좋은 길로 가자."** 그들이 떠나기 전에 그녀는 말했어요. ④ **"우리 가기 전에 고양이가 잠시 밖으로 나가 있게 해. 그래야 고양이가 편안하지."**

As they packed for their weekend trip, Jane suggested,

① "   "
_____

Hint ~을 확실히 하다, ~임을 확인하다 make sure (that) 주어 + 동사
~하기 전에 before 주어 + 동사

Her friend replied,

② "   "
.
_____

Hint 다루다, 처리하다 handle   간식과 음료 snacks and drinks   옷 clothes

Jane smiled and added,

③ "   "
.
_____

Hint 경치 좋은 길을 가다 take the scenic route

Before they left, she said,

④ "   "
.
_____

Hint 잠시 동안 for a bit   편안한 comfortable

1 떠나기 전에 필요한 모든 것이 있는지 확인하자.

확인하자 + 우리가 가지고 있는지 + 모든 것을 + (우리가 필요한) + 우리가 떠나기 전에

나를 포함한 다른 사람에게 '～하자'고 제안할 때 Let's로 말하세요. make sure 뒤에 [주어 + 동사] 문장을 쓰면 '～임을 확인하다'의 의미를 나타낼 수 있지요. '우리가 필요한 모든 것'의 영어 표현은 everything을 we need가 뒤에서 수식하는 구조로 everything (that) we need가 됩니다. 이때 that은 생략 가능합니다.

2 네가 옷을 확인하는 동안 내가 간식과 음료를 맡을게.

내가 맡을게 + 그 간식과 음료들을 + 네가 확인하는 동안 + 그 옷들을

'내가 ～할게'라는 I will의 의미를 Let me ～로 표현할 수 있어요. 그래서 '내가 맡을게'는 Let me handle이 됩니다. '네가 그 옷을 확인하는 동안'은 while 뒤에 [주어 + 동사] 문장을 연결하세요.

3 드라이브 즐기러 경치 좋은 길로 가자.

타자 + 그 경치 좋은 길을 + 즐기기 위해 + 그 드라이브를

take 뒤에 도로나 길 관련 표현이 나오면 '(길 등을 택하여) 타다'의 뜻이 됩니다. 그래서 '경치 좋은 길로 가자'는 Let's take the scenic route로 표현할 수 있어요. 여기에 목적을 나타내는 [to + 동사원형]을 붙여서 문장을 확장하세요.

4 우리 가기 전에 고양이가 잠시 밖으로 나가 있게 해. 그래야 고양이가 편안하지.

그 고양이가 밖에 나가 있게 해 + 잠시 동안 + 우리가 가기 전에, + 그래야 + 그녀(고양이)가 편안하지

'그 고양이가 밖에 나가 있게 해'는 Let the cat out으로 여기서 Let의 대상어는 the cat입니다. [Let + 대상어 + 부사/전치사]의 구조도 가능한데, '～가 (어디에 가는 것을) 허용하다/～하게 하다'의 의미가 됩니다. Let the cat out에서 out은 부사로 '밖에'의 뜻입니다.

▶ 징답

As they packed for their weekend trip, Jane suggested, ① **"Let's make sure we have everything we need before we leave."** Her friend replied, ② **"Let me handle the snacks and drinks while you check the clothes."** Jane smiled and added, ③ **"Let's take the scenic route to enjoy the drive."** Before they left, she said, ④ **"Let the cat out for a bit before we go, so she's comfortable."**

CHAPTER 2

문장의 기본 다듬기

우리 가족은 힘든 시기에 늘 서로를 응원합니다.

영어 문장의 뼈대인 [주어 + 서술어] 구조에서 주어가 3인칭 단수 명사(구)일 때는 이에 일치하는 동사를 써야 합니다. 예를 들어, She works ~, He goes ~, My house is ~, It was ~처럼 주어와 동사의 수를 일치시켜 쓰는 것이죠. 이렇게 주어가 3인칭 단수라는 것이 명확할 때는 영어 문장을 만들 때 큰 어려움이 없어요. 그런데 family(가족), staff(전체 직원), team(팀), faculty(교수진), audience(청중) 등은 여러 사람이 모여 '하나의 단위'를 이룬 것으로 영어에서는 '집합 명사'로 봅니다. 한 단위로 보기 때문에 이런 류의 명사가 주어로 올 때는 단수 취급하여 단수 동사와 함께 써야 한다는 것, 잊지 마세요.

 나의 가족은 늘 응원합니다 + 서로를 + 힘든 시기에

STEP 1 전체 문장 완성하기

다음 문장을 힌트 단어를 보면서 완성해 보세요. **MP3 130**

1 나의 가족은 늘 응원합니다

- **support**
  - 우리 가족 → 영어로는 My family로 표현
  - family는 집합 명사이며, 한 단위로 단수 취급

---

2 나의 가족은 늘 응원합니다 / 서로를

- **each other**

---

3 나의 가족은 늘 응원합니다 / 서로를 / 힘든 시기에

- **tough times**
  '(특정 기간) ~ 동안, ~ 사이에, ~하는 중에'는 during

Answer My family always supports each other during tough times.

집합 명사를 단수 취급하여 단수 동사에 일치시키는 것은 미국 영어이며,
영국 영어에서는 단수 집합 명사가 단수 동사와 복수 동사를 모두 취할 수 있어요.

영국 영어가 집합 명사를 보는 관점

- **The team is** going to win. 그 팀이 이길 것이다. → 구성원들의 개별적 성격이 약한, 하나의 집단으로 볼 때는 단수형을 씁니다.
- **The team are** full of enthusiasm. 그 팀은 의욕이 넘친다. → 서로 다른 개개인들의 집합으로 볼 때는 복수 취급하여 이에
  일치하는 복수 동사를 씁니다.

이 책에서는 이를 구분하지 않고 모두 단수 취급하는 미국 영어로 연습합니다.

유제 1	교수진은 다음 학기 커리큘럼 변경 사항을 논의하고 있어요 그 교수진은 논의하고 있어요 + 커리큘럼 변경 사항들을 + 그 다음 학기를 위한

1 그 교수진은 논의하고 있어요
- faculty
여러 교수가 모여 교수진을 이루므로 faculty는 집합 명사로 단수 취급

2 그 교수진은 논의하고 있어요 / 커리큘럼 변경 사항들을
- curriculum changes

3 그 교수진은 논의하고 있어요 / 커리큘럼 변경 사항들을 / 그 다음 학기를 위한
- for the next semester

유제 2	배심원단은 며칠 간의 숙고 끝에 평결을 내립니다. 그 배심원단은 내립니다 + 그 평결을 + 며칠 간의 숙고 끝에

1 그 배심원단은 내립니다
- The jury delivers
jury는 여러 명이 모인 한 무리이므로 집합 명사이며 단수 취급하여 동사에 수 일치

2 그 배심원단은 내립니다 / 그 평결을
- the verdict

3 그 배심원단은 내립니다 / 그 평결을 / 며칠 간의 숙고 끝에
- after several days of deliberation
'숙고, 심의'는 deliberation

유제 응용	위원회는 모든 옵션을 검토한 후 최종 결정을 내리고 있어요. 그 위원회는 내리고 있어요 + 최종 결정을 + 검토한 후에 + 그 모든 옵션들을

- committee
- review
- all the options
-'최종 결정을 내리다'는 make a final decision
-after 뒤에 오는 동사 형태는 Ving

1 그 팀은 챔피언십 경기에서 특히 잘하고 있어요.

↻ 그 팀은 (경기)하고 있어요 + 특히 잘 + 그 챔피언십 경기에서

- play
- exceptionally well

여러 사람이 모여서 한 팀을 이루니 team은 집합 명사로 단수 취급

2 전체 직원이 이번 주말에 열리는 큰 행사를 준비하고 있어요.

↻ 그 직원들은 준비하고 있어요 + 그 큰 행사를 + (열리는 + 이번 주말에)

- prepare for
- happening

staff는 전체 직원을 뜻하는 집합 명사

3 청중은 쇼가 시작되기를 열렬히 기다리고 있었어요.

↻ 그 청중은 기다리고 있었어요 + 열렬히 + 그 쇼가 + 시작되기를

- eagerly
- for the show to begin

여러 명의 관객이 모여 한 무리의 청중을 이루므로, audience는 집합 명사

4 우리 가족은 주말에 함께 시간을 보내는 것을 즐깁니다.

↻ 나의 가족은 즐깁니다 + 보내는 것을 + 시간을 + 함께 + 주말마다

- spending time
- on weekends

- 우리 가족 → 영어로는 My family로 표현
- family는 집합 명사이며, 한 단위로 단수 취급

5 관중들은 홈팀을 위해 크게 환호성을 지르고 있어요.

↻ 그 관중들은 환호성을 지르고 있어요 + 크게 + 그 홈팀을 위해

- crowd
- cheer loudly

'경기장에 모인 사람들'을 뜻하는 crowd는 개개인이 모여 하나의 군중을 이루므로 집합 명사로 단수 취급

6 이사회는 회사의 미래 전략에 대해 논의하고 있어요.

↻ 그 이사회는 논의하고 있어요 + 그 회사의 미래 전략을

- the board of directors
- future strategy

여러 이사들이 모여 이룬 이사회이므로, board of directors는 집합 명사

▶ 정답 p. 370

7 해가 지면서 오리 떼가 호수 위로 날아가고 있어요.

↻ 오리 떼 한 무리가 날아가고 있어요 + 그 호수 위로 + 해가 지면서

- A flock of ducks
- as the sun sets

조류 여러 마리가 모여 이룬 무리 flock은 집합 명사로, a flock of ∼는 단수 취급

---

8 풀밭 언덕을 가로질러 양떼가 천천히 움직이고 있어요.

↻ 양 한 무리가 움직이고 있어요 + 천천히 + 그 풀밭 언덕을 가로질러

- A herd of sheep
- the grassy hillside

－herd는 '가축의 떼, 무리'를 뜻하는 집합 명사
－sheep은 단·복수 동형
－'∼을 가로질러'는 across

---

9 물고기 떼가 포식자를 피하며 해안 가까이에서 헤엄칩니다.

↻ 물고기 떼가 헤엄칩니다 + 가까이에서 + 그 해안에, + 피하며 + 포식자들을

- A school of fish
- avoiding predators

－school은 물에서 헤엄치는 동물들의 무리를 가리킴
－fish는 단·복수 동형

---

10 이 진토닉은 힘든 하루를 보낸 후 휴식을 취하는 데 그만입니다.

↻ 이 진토닉은 완벽합니다 + 휴식을 취하는 데 + 힘든 하루 후

- for relaxing
- after a long day

This gin and tonic은 and로 연결된 하나의 단일 개념으로 취급하며, 동사의 단수형과 일치시킴

---

11 베이컨과 달걀은 많은 가정에서 흔히 볼 수 있는 아침 식사입니다.

↻ 베이컨과 달걀은 ∼입니다 + 흔한 아침 식사 + 많은 가정에서

- Bacon and eggs
- in many households

and로 연결된 bacon and eggs를 하나의 단일 개념으로 취급

---

12 스파게티와 미트볼은 레스토랑의 오늘 저녁 스페셜 메뉴입니다.

↻ 스파게티와 미트볼은 ∼입니다 + 오늘 저녁의 스페셜 메뉴 + 그 레스토랑에서

- Spaghetti and meatballs
- tonight's dinner special

spaghetti and meatballs 는 하나의 메뉴로 단수 취급

---

* 그 밖에 and로 연결된 명사 두 개가 관용적으로 함께 쓰여, 하나의 개념/단위로 취급되는 예:
bread and butter(버터 바른 빵), peanut butter and jelly(땅콩버터와 잼을 바른 샌드위치),
fish and chips(피쉬 앤 칩스—영국식 생선튀김과 감자튀김),
mac and cheese(맥앤치즈—마카로니에 녹인 치즈를 얹은 음식) 등

① 팀은 이번 주말에 있을 다가오는 대회를 준비하고 있어요.

② 전체 직원들은 모든 것이 제시간에 준비되게 확실히 하려고 초과 근무를 하고 있어요.

③ 티켓은 빠르게 매진되고 있고, 관중들은 팀의 경기력을 보게 되어 흥분할 것으로 예상되고 있어요.

④ 위원회는 대회에서 우승할 경우를 대비해 팀을 위한 축하 행사를 준비해 놓았어요.

①

_____

Hint ~을 준비하다 prepare for   다가오는 upcoming   대회, 시합 competition

②

_____

Hint 초과 근무하다 work overtime   ~을 확실히 하다 ensure (that) 주어 + 동사   제시간에 on time

③

_____

Hint 다 팔리다/매진되다 sell out   경기(력) performance

④

_____

Hint 준비/조직하다 organize   축하 행사 celebration   ~할 경우에 대비해서 in case 주어 + 동사

1 팀은 이번 주말에 있을 다가오는 대회를 준비하고 있어요.

그 팀은 준비하고 있어요 + 그 다가오는 대회를 + 이번 주말에

여러 사람이 모여서 한 팀을 이루니 team은 집합 명사로 단수 취급해 The team is preparing for ~가 됩니다.
'이번 주말' this weekend는 대회를 수식하여 the upcoming competition this weekend는 '이번 주말에 열
릴 대회'를 가리킵니다.

2 전체 직원들은 모든 것이 제시간에 준비되게 확실히 하려고 초과 근무를 하고 있어요.

그 전체 직원들은 일하고 있어요 + 초과 근무를 + 확실히 하기 위해 + 모든 것이 준비되는 것을 + 제
시간에

staff는 '전체 직원'을 뜻하는 집합 명사이므로 단수 취급합니다. 단수 명사가 주어이므로 The staff is working
overtime이 됩니다. '~하기 위해서'는 to부정사를 이용하세요. ensure 뒤에 오는 문장 '모든 것이 제시간에 준
비된다'는 everything is ready on time으로 쓰면 됩니다.

3 티켓은 빠르게 매진되고 있고, 관중들은 팀의 경기력을 보게 되어 흥분할 것으로 예상되고 있어요.

티켓들은 매진되고 있어요 + 빠르게, + 그리고 + 그 관중들은 예상되고 있어요 + 흥분할 것으로 +
보게 되어 + 그 팀의 경기력을

'티켓들이 매진되고 있어요'는 현재진행형으로 쓰세요. 개인이 모여 하나의 군중, 무리를 이루므로 crowd는 집
합 명사로 단수 취급해 뒤에 단수 동사로 일치시켜야 합니다. '그 관중들이 ~할 것으로 예상되고 있어요'는 The
crowd is expected to ~가 됩니다.

4 위원회는 대회에서 우승할 경우를 대비해 팀을 위한 축하 행사를 준비해 놓았어요.

그 위원회는 준비해 놓았어요 + 축하 행사를 + 그 팀을 위한 + 그들이(그 팀이) 우승하는 경우를 대비
하여 + 그 대회를

committee는 여러 위원이 모여서 하나의 위원회를 이룬 집합 명사로, 단수 동사와 함께 씁니다. 준비/조직해 놓
았으므로 The committee has organized ~ 현재완료형으로 쓰세요. '그들이 우승 경우를 대비하여'는 접속
사 in case를 이용해 in case they win ~을 연결하면 됩니다. 이때 they는 앞에 나온 the team을 가리킵니다.
team은 집합 명사로 단수 취급하지만, 대명사는 복수형으로 쓰기도 합니다. 이는 팀을 구성하는 개별 사람들을
강조하려는 것으로, 다른 집합 명사(특히 사람을 포함할 때)의 경우에도 대명사의 복수형이 흔히 쓰입니다.

▶ 정답

① The team is preparing for the upcoming competition this weekend. ② The staff is
working overtime to ensure everything is ready on time. ③ Tickets are selling out fast,
and the crowd is expected to be excited to see the team's performance.
④ The committee has organized a celebration for the team in case they win the
competition.

많은 사람들이 버스가 늦어지고 있는데도 역에서 참을성 있게 버스를 기다리고 있어요.

People are ~, They work ~, Tom and Mary like ~ 등의 문장처럼 주어가 복수형이고 현재 시제일 때 be동사는 are, 일반동사는 동사원형을 써야 합니다. 여기에 a number of people(수많은 사람들), a few of the books(책 몇 권), the majority of voters(유권자 대다수) 같은 a number of, a few of, the majority of 등의 수량 형용사가 수식하는 명사들 역시 복수형이므로, 이들 명사구가 주어일 때 서술어 동사도 복수형을 써야 합니다.

| 많은 사람들이 기다리고 있어요 | + 참을성 있게 + 그 버스를 |

+ 그 역에서 + 그것(버스)이 다니고 있는데도 + 늦게

STEP 1 전체 문장 완성하기

다음 문장을 힌트 단어를 보면서 완성해 보세요. **MP3 133**

1 많은 사람들이 기다리고 있어요

• **A number of people**
a number of는 셀 수 있는 명사 앞에 놓이는 '많은'

---

2 많은 사람들이 기다리고 있어요 / 참을성 있게

• **patiently**

---

3 많은 사람들이 기다리고 있어요 / 참을성 있게 / 그 버스를 / 그 역에서

• **for the bus**
• **at the station**

---

4 많은 사람들이 기다리고 있어요 / 참을성 있게 / 그 버스를 / 그 역에서 / 그것이 다니고 있는데도 / 늦게

• **it's running late**
'~에도 불구하고/
비록 ~일지라도'는
[even though 주어 + 동사]

> **Answer** A number of people are waiting patiently for the bus at the station, even though it's running late.

유제 1	친구들 두세 명이 오늘 밤에 저녁 먹으러 집에 올 거예요.
	내 친구들 두세 명이 집에 올 거예요 + 저녁 식사를 위해 + 오늘 밤에

1 내 친구들 두세 명이 집에 올 거예요

- **A couple of my friends**
- '(~의 집에) 들르다'는 come over
- 현재진행형으로 확실하고 가까운 미래임을 표현

2 내 친구들 두세 명이 집에 올 거예요 / 저녁 식사를 위해

- **for dinner**

3 내 친구들 두세 명이 집에 올 거예요 / 저녁 식사를 위해 / 오늘 밤에

- **tonight**

유제 2	많은 사회적 문제들이 경제적 불평등으로 인해 발생합니다.
	많은 사회적 문제들이 발생됩니다 + 경제적 불평등으로 인해

1 많은 사회적 문제들이 발생됩니다

- **A lot of social problems**
- a lot of 뒤에 [복수형 명사 + 동사의 복수형]
- '발생시키다'는 cause, '발생되다'는 be caused

2 많은 사회적 문제들이 발생됩니다 / 경제적 불평등으로 인해

- **by economic inequality**

유제 응용	우리 중 몇 명은 내년 여름에 유럽으로 배낭여행을 갈 예정이고, 이미 여행 계획을 세우기 시작했어요.
	우리 중 몇 명은 갈 예정이에요 + 배낭여행을 + 유럽에 + 내년 여름에, + 그리고 + 우리는 이미 시작했어요 + 계획 세우기를 + 우리의 여행을

- **Several of us**
- **go backpacking**
- '~할 예정이다'의 미래는 be going to로 표현
- '이미 ~했다'는 have already p.p. 현재완료형으로

1 유권자 대다수가 새로운 제안에 찬성하고 있어요.

⟳ 유권자들 대다수는 찬성합니다 + 그 새로운 제안에

- **The majority of voters**

'~에 찬성하다, 우호적이다'는 be in favor of ~

---

2 그녀의 학생 중 절반이 그녀가 수업에서 하는 말을 이해하지 못해서 방과 후에 추가 도움을 요청합니다.

⟳ 그녀의 학생들 중 절반이 이해하지 못합니다 + 한 마디를 + (그녀가 말하는 + 수업에서), + 그래서 + 그들은 요청합니다 + 추가 도움을 + 방과 후에

- **Half of her students**
- **a word she says**

−[half of 복수명사 + 복수형 동사]
−'~을 요청하다'는 ask for ~

---

3 선반 위에 책 몇 권이 없어져서, 오늘 도서관 문 닫기 전에 찾아야 합니다.

⟳ 그 책 몇 권이 (그 선반 위의) 없어졌어요, + 그래서 + 나는 찾아야 합니다 + 그것들을 + 그 도서관이 문을 닫기 전에 + 오늘

- **A few of the books**
- **need to find**

'없어진, 분실된'은 missing, 형용사이므로 서술어로 쓸 때는 [be동사 + missing]의 구조로

---

4 동료 몇 명은 오늘 세미나에 참석하는 반면, 나머지는 일을 마무리하려고 사무실에 남아 있어요.

⟳ 나의 동료들 몇 명은 참석하고 있어요 + 그 세미나에 + 오늘, + 반면에 + 나머지는 머물고 있어요 + 그 사무실에 + 마무리하기 위해 + 그들의 일을

- **A handful of my coworkers**
- **the rest are staying**

−a handful of ~는 '소수의, 몇몇의'의 의미로 수가 적을 때 사용
−the rest는 '나머지 사람들/것들'로 복수형 동사로 연결

---

5 우리 중 몇몇은 이미 과제를 완료했지만, 일부는 아직 더 많은 시간이 필요합니다.

⟳ 우리 중 몇몇은 이미 완료했어요 + 그 과제를, + 하지만 + 일부는 아직 필요합니다 + 더 많은 시간이

- **Several of us**
- **a few still need**

−이미 완료한 일은 현재완료형으로
−a few는 '몇 명/몇 개'의 의미로 복수형 동사와 연결

---

6 이 책 중 몇 권은 연체되었고 도서관에 반납해야 합니다.

⟳ 이 책들 중 일부는 연체되었어요 + 그리고 + 반납되어야 합니다 + 그 도서관에

- **Some of these books**
- **need to be returned**

−'연체된, 지한이 지난'은 overdue
−return은 '반납하다'이므로 '반납되다'는 be returned

▶ 정답 p. 371

7 그 문제들 대부분은 팀 내 커뮤니케이션 문제와 관련이 있어요.

    🔄 그 문제들 대부분은 관련이 있어요 + 커뮤니케이션 문제들과 + 그 팀 내의

- Most of the issues
- communication problems

–'∼와 관련/관계가 있다'는 be related to ∼

–'∼ 안에, ∼ 내의'는 within ∼

---

8 대부분 사람들은 아침에 일어나자마자 휴대폰을 확인합니다.

    🔄 대부분의 사람들은 확인합니다 + 그들의 휴대폰들을 + 그들이 일어나자마자 + 아침에

- Most people
- they wake up

'∼하자마자'는 as soon as ∼

---

9 많은 사람들이 잠 깨는데 도움을 얻으려고 아침에 커피 마시는 것을 선호합니다.

    🔄 많은 사람들이 선호합니다 + 마시는 것을 + 커피를 + 아침에 + 돕기 위해 + 그들이 + 잠에서 깨어나도록

- Many people
- wake up

[help + 목적어 + 동사원형] 은 '목적어가 ∼하도록 돕다'

---

10 남동생과 남동생 친구가 함께 사업을 시작하고 있어요.

    🔄 내 남동생과 그의 친구가 시작하고 있어요 + 사업을 + 함께

- a business

---

11 셰프와 웨이터가 행사 준비를 위해 함께 일하고 있어요.

    🔄 그 셰프와 그 웨이터가 일하고 있어요 + 함께 + 준비하기 위해 + 그 행사를

- prepare for

---

12 경찰이 어젯밤 발생한 범죄를 조사 중이에요.

    🔄 경찰이 조사하고 있어요 + 그 범죄를 + (발생했던 + 어젯밤에)

- The police
- investigate
- the crime that occurred

---

* the police: 형태는 단수형이지만 the police 자체가 복수형이며 집합 명사입니다.
the police가 주어일 때는 are/were, have, arrest 등 복수형 동사와 함께 써야 합니다.

① 많은 친구들이 올여름에 여행을 가자고 계속 이야기하고 있어요. ② 우리 중 대다수는 시골을 방문하는 데 의견이 일치했지만, 세부 사항은 아직 마무리 짓고 있는 중입니다. ③ 우리 중 두세 명은 최고의 숙박 장소를 찾는 책임을 맡고 있어요. ④ 한편, 그룹 절반은 그곳에서 할 수 있는 활동을 파악하는 데 더 집중하고 있어요.

①

Hint 다수의 ~, 많은 ~ a number of + 복수명사   여행하다 take a trip

②

Hint 우리 중 대다수 the majority of us   ~에 의견이 일치하다/합의가 되다 agree on
시골 지역 countryside   마무리 짓다, 완결하다 finalize

③

Hint 우리 중 두세 명 a couple of us   ~을 책임지는/책임 맡고 있는 responsible for ~

④

Hint 한편 meanwhile   그룹의 절반 half of the group   알아내다, 생각해 내다 figure out

1 많은 친구들이 올여름에 여행을 가자고 계속 이야기하고 있어요.

많은 내 친구들이 계속 이야기하고 있어요 + 여행을 가는 것에 대해 + 올여름에

이 문장의 주어 '많은 내 친구들'은 A number of my friends로 표현할 수 있어요. A number of 뒤에는 복수 명사만 올 수 있으며, 복수 명사 주어에 일치하는 복수형 동사가 와야 합니다. '계속 이야기하고 있어요'는 예전부터 지금까지 계속하고 있다는 뜻이므로 서술어의 시제를 현재완료진행형으로 쓰세요.

2 우리 중 대다수는 시골을 방문하는 데 의견이 일치했지만, 세부 사항은 아직 마무리 짓고 있는 중입니다.

우리 중 대다수는 의견이 일치했어요 + 방문하는 것에 + 그 시골 지역을, + 하지만 + 우리는 여전히 마무리 짓는 중입니다 + 그 세부 사항들을

'～에 의견이 일치하다'는 agree on을 이용해 The majority of us have agreed on으로 [주어 + 서술어]의 뼈대를 잡으세요. on 뒤에는 (동)명사 형태가 와야 하므로 visiting the countryside를 덧붙입니다. but 이후의 문장은 '마무리 짓는 중'이므로 현재진행형으로 쓰세요.

3 우리 중 두세 명은 최고의 숙박 장소를 찾는 책임을 맡고 있어요.

우리 중 두세 명은 책임을 맡고 있어요 + 찾는 것에 + 최고의 장소들을 + 머물기에

'우리 중 두세 명'인 A couple of us는 복수형이므로 이에 일치하는 복수형 동사가 와야 합니다. '책임을 맡고 있다'는 be responsible이므로 A couple of us are responsible이 됩니다. '최고의 숙박 장소'는 '머물기에 최고의 장소들'이므로 the best places to stay로 쓸 수 있고, 여기서 to stay가 앞에 있는 명사(places)를 수식합니다.

4 한편, 그룹 절반은 그곳에서 할 수 있는 활동을 파악하는 데 더 집중하고 있어요.

한편, + 그룹 절반은 더 집중하고 있어요 + 파악하는 데 + 그 활동들을 + (우리가 할 수 있는 + 그곳에서)

group은 team, family와 같이 집합 명사로 단수 취급하며, half of the group도 한 단위, 즉 단수로 보고 단수 동사와 함께 씁니다. '그룹의 절반은 더 집중하고 있는 상태이다'는 half of the group is more focused로 표현할 수 있어요. 무엇에 집중하는지 focused on 뒤에 명사 형태를 덧붙이면 되는데, figure out을 동명사구로 만들어 figuring out으로 쓰세요.

▶ 정답

① A number of my friends have been talking about taking a trip this summer.
② The majority of us have agreed on visiting the countryside, but we're still finalizing the details. ③ A couple of us are responsible for finding the best places to stay.
④ Meanwhile, half of the group is more focused on figuring out the activities we can do there.

20마일은 하루에 달리기에는 긴 거리입니다.

위 문장의 주어 twenty miles(20마일)를 보면 -s가 붙은 복수 명사 형태이지만, 현재 시제일 때 영어 문법에서는 단수 취급하여 단수 동사와 일치시켜야 합니다. Five hundred dollars is ~, Five years is ~, Fifty pounds is ~, Thirty degrees is ~처럼 명사가 복수형이라도 단수 취급하여 동사의 단수형과 함께 써야 하는 것이죠. 이처럼 복수형인 듯하지만 단수 취급하는 명사(구)를 익히고 이에 일치하는 단수 동사 쓰기로 문장 만들기 연습을 해 보세요.

20마일은 ~입니다 + 긴 거리 + 달리기에 + 하루에

STEP 1 전체 문장 완성하기

다음 문장을 힌트 단어를 보면서 완성해 보세요. **MP3 136**

1 20마일은 ~입니다 / 긴 거리

• **a long way**
수량을 나타내는 명사가 복수형이어도, 그 수량을 하나의 개념으로 보고 단수 취급해 단수 동사에 일치

2 20마일은 ~입니다 / 긴 거리 / 달리기에

• **run**
앞에 나오는 a long way를 수식하는 [to + 동사원형] 형태로

3 20마일은 ~입니다 / 긴 거리 / 달리기에 / 하루에

• **in one day**

Answer Twenty miles is a long way to run in one day.

▶ 정답 p. 371

유제 1	500달러는 신발 한 켤레에 지출하기에는 많아요. 500달러는 ~예요 + 많은 액수 + 지출하기에 + 신발 한 켤레에

1 500달러는 ~예요

- **Five hundred dollars**
금액을 나타내는 명사는 복수형이라도, 금액 전체를 한 단위로 단수 취급하므로 단수 동사와 일치

---

2 500달러는 ~예요 / 많은 액수

- **a lot**
이 문장에서 a lot은 '많은 양, 많은 액수'의 의미인 명사로 쓰임

---

3 500달러는 ~예요 / 많은 액수 / 지출하기에 / 신발 한 켤레에

- **a pair of shoes**
'~에 (돈을) 쓰다'는 spend on ~

유제 2	제출하기 전에 한 명 이상이 문서를 승인해야 합니다. 하나 이상의 사람이 승인해야 합니다 + 그 문서를 + 제출 전에

1 하나 이상의 사람이 승인해야 합니다

- **More than one person**
- **need to approve**
[more than one + 명사]는 '하나 이상의 ~'로 의미상 복수이지만 단수 동사와 일치

---

2 하나 이상의 사람이 승인해야 합니다 / 그 문서를

- **document**

---

3 하나 이상의 사람이 승인해야 합니다 / 그 문서를 / 제출 전에

- **before submission**

유제 응용	이 직업에서 가장 큰 도전 중 하나는 빠듯한 마감일을 관리하는 것입니다. 가장 큰 도전 중 하나는 (이 직업에서) ~입니다 + 관리하는 것 + 빠듯한 마감일들을

- **One of the biggest challenges**
- **tight deadlines**
[one of + 복수 명사]가 주어일 때 단수 동사와 일치

1 올겨울 그 도시에 40인치 이상의 눈이 내렸어요.

　🔁 40인치 이상의 눈이 내렸어요 + 그 도시에 + 올겨울에

- More than 40 inches of snow
- on the city
  - 수량을 나타내는 명사가 복수형이어도 하나의 개념으로 보고 단수 취급
  - 지금까지의 상황을 말하는 뉘앙스로 현재완료형으로

---

2 집 근처 레스토랑 중 한 곳에서 동네 최고의 피자를 내놓습니다.

　🔁 그 레스토랑들 중 한 곳이 (내 집 근처에 있는) 내놓습니다 + 최고의 피자를 + 동네에서

- One of the restaurants
- serve
- in town
  [one of + 복수 명사]가 주어일 때 단수 동사와 일치

---

3 유엔은 자연재해로 피해를 입은 국가들에게 인도주의적 지원을 제공합니다.

　🔁 유엔은 제공합니다 + 인도주의적 지원을 + 나라들에게 + (피해를 입은 + 자연재해들로 인해)

- humanitarian aid
- affected by natural disasters
  The United Nations(유엔)처럼 복수형으로 된 기관명, 나라명은 단수 동사를 취함

---

4 미국은 세계 정치와 외교에서 핵심적인 역할을 담당하고 있습니다.

　🔁 미국은 합니다 + 핵심적인 역할을 + 세계 정치와 외교에서

- The United States
- politics and diplomacy
  '~에서 핵심적인 역할을 하다'는 play a key role in ~

---

5 당신이 회의에 필요로 하는 모든 것이 이미 준비되고 설정되어 있습니다.

　🔁 모든 것이 (당신이 필요로 하는 + 그 회의를 위해) 이미 준비되어 있습니다 + 그리고 + 설정되어 있습니다

- Everything
- prepared and set up
  - everything은 의미상 복수이지만 단수 취급하므로, 뒤에 오는 동사도 단수형
  - you need ~가 앞의 everything을 수식

---

6 사무실의 모든 사람이 프로젝트 마감일을 맞추려고 열심히 일하고 있었어요.

　🔁 모든 사람이 (그 사무실에 있는) 일하고 있었어요 + 열심히 + 맞추기 위해 + 그 프로젝트 마감일을

- Everyone
- meet the project deadline
  - everyone/everybody는 의미상 복수형이지만, 단수 취급하므로 뒤에 오는 동사도 단수형으로
  - 전체 시제는 과거진행형

▶ 정답 p. 371

7 모든 학생은 금요일까지 과제를 제출해야 합니다.

🔁 모든 학생은 요구됩니다 + 제출하는 것이 + 그 과제를 + 금요일까지

• **Every student**
• **by Friday**
−[every + 단수 명사]가 주어일 때는 동사 역시 단수형으로
−'~해야 한다, ~하도록 요구되다'는 [be required to + 동사원형]

---

* every two weeks(2주마다), every few days(며칠마다)처럼 어떤 일의 간격을 나타낼 때는 every 뒤에 복수 명사가 옵니다.

8 폭풍으로 인해 모든 곳이 문을 닫았다는 것을 알게 되었어요.

🔁 나는 알게 되었어요 + 모든 곳이 문을 닫았다는 것을 + 그 폭풍 때문에

• **everything was closed**
• **because of**
−'알게 되다'는 find (that) ~
−everything은 대명사 주어로 단수형 동사와 일치

---

9 두 가지 해결책 중 어느 것이든 저는 좋아요.

🔁 그 해결책들 중 어느 것이든 좋아요 + 제게는

• **Either of the solutions**
• **fine**
'둘 중 어느 하나'는 [either of + 복수 명사]를 쓰고, 동사의 단수형과 일치

---

* 앞에 나온 [either of + 복수 명사]를 뒤에서 대명사로 받을 경우 단수형/복수형 둘 다 씁니다.

10 두 대 차량 중 어느 것도 상태가 좋지 않아서, 우리는 새 차 구입을 고려하는 게 좋겠어요.

🔁 그 차량들 중 어느 것도 있지 않습니다 + 좋은 상태에, + 그래서 + 우리는 고려하는 게 좋겠어요 + 구입하는 것을 + 새 것을

• **in good condition**
• **getting a new one**
'둘 중 어느 것도 ~ 아니다'는 [neither of 복수 명사 + 단수 동사]

---

* [either/neither + 단수 명사]를 써야 하고, [either of/neither of + 복수 명사]를 써야 합니다.

11 각 구성원이 특정 작업을 책임지고 있어요.

🔁 각 구성원은 책임지고 있어요 + 특정 작업을

• **Each member**
• **a specific task**
[each + 단수 명사]는 개별 항목을 하나씩 강조해, 특정한 그룹을 명시하지 않고도 사용 가능

---

12 그 문서들 각각은 관리자가 서명합니다.

🔁 그 문서들 각각은 서명됩니다 + 그 관리자에 의해

• **Each of the documents**
• **signed by**
[each of + 복수 명사]는 특정 그룹의 각 항목을 지칭하므로 the, my, these 같은 한정사가 있는 복수 명사와 사용

① 여행을 위한 모든 것이 순조롭게 진행되고 있지만, 아직 몇 가지 세부 사항을 마무리 지어야 합니다. ② 호텔 중 한 곳이 할인을 제공하는데, 아주 괜찮은 것 같아요. ③ 근처에 있는 식당 중 어느 곳도 아침 일찍 문을 열지 않아서 우리는 다른 옵션을 찾아봐야 할 것입니다. ④ 우리들 각자 다른 일의 책임을 맡고 있고, 모두가 여행을 떠날 준비가 되었다고 느낍니다.

①

Hint 순조롭게 smoothly 　아직(도), 여전히 still 　(필수적이거나 아주 중요하므로) ~해야 한다 need to
마무리 짓다 finalize 　(수가) 여러, 몇 a few (복수 명사/동사와 함께 쓰임)

②

Hint 할인을 제공하다 offer a discount

③

Hint (둘 중) 어느 것도 ~ 아니다 neither 　인근의, 가까운 곳의 nearby 　~해야 할 것이다 will have to

④

Hint ~을 책임지다, ~에 책임이 있다 be responsible for ~

1 여행을 위한 모든 것이 순조롭게 진행되고 있지만, 아직 몇 가지 세부 사항을 마무리 지어야 합니다.

모든 것이 진행되고 있어요 + 순조롭게 + 그 여행을 위해, + 하지만 + 우리는 아직 마무리 지어야 합니다 + 몇 가지 세부 사항들을

주어 Everything은 단수 취급하므로 단수 동사와 써야 합니다. 첫 문장의 시제가 현재진행형이므로 Everything is going smoothly가 됩니다.

2 호텔 중 한 곳이 할인을 제공하는데, 아주 괜찮은 것 같아요.

그 호텔들 중 한 곳이 제공하고 있어요 + 할인을, + 그건 들려요 + 아주 좋게

주어가 '호텔들 중 한 곳'인 One of the hotels로 결국 수식어구를 제외하면 '한 곳', 즉 단수입니다. 그러므로 '할인을 제공하고 있다'까지 쓰면 One of the hotels is offering a discount가 됩니다. [, which sounds great]은 '그건 좋게 들린다'의 의미로 앞서 언급한 할인 제공이 '괜찮다, 괜찮게 들린다'라는 뜻입니다. 원래는 and it sounds great인데, [콤마 + 관계대명사 which]를 써서 앞 문장의 내용 전체를 설명하거나 정보를 덧붙입니다.

3 근처에 있는 식당 중 어느 곳도 아침 일찍 문을 열지 않아서 우리는 다른 옵션을 찾아봐야 할 것입니다.

그 근처에 있는 식당들 중 어느 곳도 문을 열지 않아요 + 일찍 + 아침에, + 그래서 + 우리는 찾아야 할 것입니다 + 다른 옵션을

neither는 '(둘 중) 어느 것도 ~ 아니다'의 의미로 neither를 쓰면 전체 문장이 부정문이 됩니다. Neither of the nearby restaurants의 보다 정확한 의미는, '근처에 있는 두 식당 중 어느 곳도'인데, 이 표현을 주어로 쓰면 뒤에 단수 동사가 와야 합니다.

4 우리들 각자 다른 일의 책임을 맡고 있고, 모두가 여행을 떠날 준비가 되었다고 느낍니다.

우리들 각자는 책임을 맡고 있어요 + 다른 일에 대해, + 그리고 + 모두가 느낍니다 + 준비된 상태로 + 그 여행을 위해

주어는 Each of us가 지칭하는 의미는 '우리들 각자'로 단수로 보고 이에 맞는 동사가 와야 합니다. 그래서 Each of us is responsible for ~가 됩니다. for 뒤에 '다른 일'은 a different task를 쓰세요. '준비된 상태로 느끼다'는 feel ready입니다.

▶ 정답

① Everything is going smoothly for the trip, but we still need to finalize a few details. ② One of the hotels is offering a discount, which sounds great. ③ Neither of the nearby restaurants opens early in the morning, so we'll have to find another option. ④ Each of us is responsible for a different task, and everyone feels ready for the trip.

UNIT 4
주어–동사 수
일치 문장 만들기
4
(셀 수 없는 명사/
복수 명사 모두
수식이 가능한
수량사)

행사에 관한 대부분의 정보는 그들의 공식 웹사이트에서 구할 수 있어요.

명사(구) 앞에 위치해 명사의 수나 양을 설명해 주는 수량사는 그 종류에 따라 각각 수식하는 명사가 다른 경우가 많습니다. 예를 들어 many는 복수 명사만 수식하고, every는 단수 명사만 수식하지요. 위 문장의 주어 Most information(대부분의 정보)에서 most는 셀 수 없는 명사 information을 수식하지만, most는 또 most children(대부분의 어린이들)처럼 복수 명사 앞에도 올 수 있어요. 이렇게 셀 수 없는 명사(단수형)와 복수 명사 앞에 모두 올 수 있는 한정사와 수량사를 익혀 다양한 문장 쓰기 훈련을 해 보세요.

대부분의 정보는 (그 행사에 관한) 구할 수 있어요

+ 그들의 공식 웹사이트에서

STEP 1 전체 문장 완성하기

다음 문장을 힌트 단어를 보면서 완성해 보세요. MP3 **139**

1 대부분의 정보는 (그 행사에 관한)

• **Most information**
여기서 most는 '대부분의'라는 의미로, 셀 수 없는 명사 수식 가능

---

2 대부분의 정보는 (그 행사에 관한) / 구할 수 있어요

• **available**
사물이 주어일 때, available은 '구할 수 있는, 이용할 수 있는'의 의미로 be동사와 함께 서술어로 쓰임

---

3 대부분의 정보는 (그 행사에 관한) / 구할 수 있어요 /
그들의 공식 웹사이트에서

• **on their official website**

Answer Most information about the event is available on their official website.

▶ 정답 p. 372

유제 1	대부분의 지식은 책보다는 경험에서 나옵니다. 대부분의 지식은 나옵니다 + 경험에서 + 책들보다는

1 대부분의 지식은 나옵니다

• **Most knowledge**
−knowledge는 셀 수 없는 명사
−'~에서 나오다/비롯되다'는
 come from ~

2 대부분의 지식은 나옵니다 / 경험에서

• **experience**

3 대부분의 지식은 나옵니다 / 경험에서 / 책들보다는

• **rather than books**
무엇을 선택하거나 선호하여
'B보다는 A', 'B 대신에 A'라고
표현할 때는 A rather than B

유제 2	그 작업의 대부분은 마감 기한 전에 완료되었어요. 그 작업의 대부분은 완료되었어요 + 그 마감 기한 전에

1 그 작업의 대부분은 완료되었어요

• **was done**
most of 뒤에 the 또는
대명사 소유격 등이 와야 함

2 그 작업의 대부분은 완료되었어요 / 그 마감 기한 전에

• **before the deadline**

* Most work: 특정하지 않은, 일반적인 일이나 작업을 가리킴
  Most work is mentally demanding. 대부분의 일은 정신적으로 힘들어요.

* Most of the work: 특정한 일의 대부분을 가리킴
  Most of the work on the report was done by Jane. 보고서 작업의 대부분은 Jane이 했어요.

유제 응용	이 동네에 있는 집들 대부분이 새로 지어졌어요. 그 집들의 대부분이 (이 동네에 있는) 새로 지어졌어요	• **are newly built** 주어가 [Most of + the 복수 명사]이므로 복수 동사와 일치시킬 것

1 그들 대부분은 서비스에 만족했어요.

  ↻ 그들 대부분은 만족했어요 + 그 서비스에

• happy with
−주어가 [most of +
 복수 명사]면 뒤의 동사는
 복수형으로 일치
−'~에 행복해하는/
 만족하는'은 happy with

2 요즘 더 많은 어린이들이 과외 활동에 참여하고 있어요.

  ↻ 더 많은 어린이들이 참여하고 있어요 + 과외 활동들에 + 요즘

• More children
• extracurricular
 activities
−'~에 관여하다/참여하다'
 는 get involved in ~
−전체 시제는 현재진행형

3 그 피드백 중 더 많은 부분이 친환경 포장에 대한 관심이 커지고 있음을 시사합니다.

  ↻ 더 많은 부분이 (그 피드백 중) 시사합니다 + 커지는 관심을 +
  친환경 포장에서

• More of
• a growing interest
• eco-friendly
 packaging
−feedback은 셀 수 없는
 명사이므로 단수 취급
−'~을 가리키다, 시사하다'
 는 point to ~

4 체육관의 모든 장비는 깨끗하고 안전한 환경을 위해 사용 후 소독됩니다.

  ↻ 그 모든 장비는 (그 체육관에 있는) 소독됩니다 + 사용 후 +
  깨끗하고 안전한 환경을 위해

• All the equipment
• for a clean and
 safe environment
−equipment는 셀 수 없는
 명사
−'위생 처리하다, 살균하다'
 는 sanitize

5 모든 참가자는 행사 시작 전에 동의서에 서명해야 합니다.

  ↻ 모든 참가자들은 요구됩니다 + 서명하도록 + 그 동의서에 + 그 행사가 시작하기 전에

• All participants
• agreement
'~하도록 요구되다,
~하라는 요구를 받다'는
be required to ~

*특정한 참가자들이 아닌, 일반적인 '모든 참가자들'이므로, 정관사 the 없이 All participants로 쓰는 것이 자연스럽습니다.

6 줄을 서서 기다리던 모든 사람들은 효율적인 시스템 덕분에 신속하게 응대를 받았어요.

  ↻ 그 모든 사람들은 (기다리는 + 줄을 서서) 응대를 받았어요 + 신속하게, +
  그 효율적인 시스템 덕분에

• waiting in line
• thanks to
• efficient
'(서비스를) 제공하다,
(손님) 시중을 들다'는 serve,
'서비스를 받다, 응대를 받다'
는 be served

* 줄을 서서 기다리는 특정한 사람들을 가리키므로 All the people입니다.

7 모든 서류가 제출할 준비가 되었고, 우리는 단지 최종 승인을 기다리고 있어요.

↻ 그 모든 서류들이 준비되었어요 + 제출을 위한, + 그리고 + 우리는 단지 기다리는 중이에요 + 그 최종 승인을

• All the documents
• the final approval

* [한정사(the, my, this 등) + 명사] 앞에 all과 all of를 모두 쓸 수 있는데, all이 all of보다 더 많이 쓰입니다.

8 주간 팀 회의에서 많은 정보가 공유됩니다.

↻ 많은 정보가 공유됩니다 + 그 주간 팀 회의들 동안

• A lot of
• weekly
－information은 셀 수 없는 명사로 단수 취급
－'공유하다'는 share, '공유되다'는 be shared

* 화자와 청자가 이미 알고 있는 회의라는 전제로 the, '정기적으로 반복되는 주간 회의들'의 의미라서 복수형 meetings로 쓰는 것이 자연스럽습니다.

9 많은 회사들이 탄소 발자국을 줄이기 위해 재생 가능 에너지에 투자하고 있어요.

↻ 많은 회사들이 투자하고 있어요 + 재생 가능한 에너지에 + 줄이기 위해 + 그들의 탄소 발자국을

• A lot of companies
• renewable energy
• carbon footprint
'~에 투자하다'는 invest in ~

10 지난 주말 자선 행사 기간 동안 많은 책이 도서관에 기증되었어요.

↻ 많은 책들이 기증되었어요 + 그 도서관에 + 그 자선 행사 기간 동안 + 지난 주말

• A lot of books
• the charity event
'~에 기부/기증되다'는 be donated to ~

11 파티 후 음식이 좀 남아서 우리는 손님들이 집에 가져가도록 포장했어요.

↻ 약간의 음식이 남았어요 + 그 파티 후에, + 그래서 + 우리는 그것을 포장했어요 + 그 손님들이 + 가져가도록 + 집에

• Some food
• pack it up
• for the guests
－some은 명확하지 않은 수량을 나타냄
－'(필요한 것을 쓰고 난 뒤) 남다'는 be left over

12 어떤 사람들은 밤늦게 일하는 것을 즐기는데, 그것이 더 조용하고 생산적인 시간이라고 생각하기 때문입니다.

↻ 어떤 사람들은 즐깁니다 + 일하기를 + 늦게 + 밤에 + 그들은 생각하기 때문입니다 + 그것(늦은 밤)이 + 더 조용하고 더 생산적인 시간이라고

• Some people
• more productive time
'~을 …라고 여기다/생각하다'는 find ~ to be …

> ① 요즘 대부분 사람들은 온라인 쇼핑이 더 편리해서 온라인 쇼핑을 선호합니다. ② 우리 동네 가게들 대부분이 자택 배달 서비스를 제공하기 시작했어요. ③ 지난주에 내가 주문한 모든 상품들이 제때 도착해서 좋았습니다. ④ 하지만 몇몇 물건들은 정확히는 내가 기대했던 것이 아니어서 반품해야 할 겁니다.

①
_____

_____

Hint 온라인 쇼핑을 하다 shop online   요즘 these days   편리한 convenient

②
_____

_____

Hint 이웃, 동네 neighborhood   자택 배달 home delivery

③
_____

_____

Hint 상품, 제품 product   제때에 도착하다 arrive on time

④
_____

_____

Hint 물품, 물건 item   하지만 however   정확히, 꼭 exactly   ~해야 할 것이다 will have to

▶ 정답 p. 372

1 요즘 대부분 사람들은 온라인 쇼핑이 더 편리해서 온라인 쇼핑을 선호합니다.

대부분의 사람들은 선호합니다 + 쇼핑하기를 + 온라인에서 + 요즘 + 그것(온라인 쇼핑)이 더 편리하기 때문에

동사 prefer 뒤에 to부정사 또는 Ving 형태 둘 다 올 수 있어요. 여기서는 Ving를 이용해 문장을 완성해 보세요. Most people prefer shopping online으로 쓸 수 있어요. 이유를 나타내는 문장은 because로 연결하세요.

2 우리 동네 가게들 대부분이 자택 배달 서비스를 제공하기 시작했어요.

그 가게들 대부분은 (우리 동네에 있는) 시작했어요 + 제공하기를 + 자택 배달 서비스들을

주어 '그 가게들 대부분'은 Most of the stores가 되고 in our neighborhood가 이를 수식합니다. '최근에 서비스를 제공하기 시작했고 지금까지 그 영향을 받고 있다'의 의미를 나타내려면 현재완료형으로 써야 하므로, 서술어는 have started가 됩니다. 뒤에 offering home delivery services까지 연결하세요.

3 지난주에 내가 주문한 모든 상품들이 제때 도착해서 좋았습니다.

그 모든 상품들은 (내가 주문한 + 지난주에) 도착했어요 + 제때에, + 그건 정말 좋았어요.

주어 All the products를 수식하는 문장을 어순에 맞게 연결하세요. 그 뒤의 문장 전체의 서술어는 arrived입니다. '제때에 도착했다' arrived on time 뒤에 [콤마 + 관계대명사 which]를 써서 앞 문장의 내용 전체를 받을 수 있습니다. 그래서 '그건 정말 좋았어요'라고 설명을 덧붙일 때는 [문장 + , which was great]으로 표현할 수 있어요.

4 하지만 몇몇 물건들은 정확히는 내가 기대했던 것이 아니어서 반품해야 할 겁니다.

몇몇 물건들은, + 하지만, + 정확히는 아니었어요 + 내가 기대했던 것이, + 그래서 + 나는 반품해야 할 겁니다 + 그것들을

대조적인 정보를 추가하면서, 문장의 흐름을 유지하기 위해 주어와 동사 사이에 however가 올 수 있어요. '하지만 몇몇 물건들은 정확히는 아니었어요'는 Some items, however, were not exactly가 됩니다. 그 다음 '내가 기대했던 것'은 [what 주어 + 동사] 구조로 만드세요.

▶ 정답

① Most people prefer shopping online these days because it's more convenient. ② Most of the stores in our neighborhood have started offering home delivery services. ③ All the products I ordered last week arrived on time, which was great. ④ Some items, however, were not exactly what I expected, so I'll have to return them.

CHAPTER 3

관사, 제대로 알고 자신 있게 쓰기

시간은 모든 상처를 치유하지만, 내가 기다리며 보낸 시간은 끝없이 느껴졌어요.

영어에서 관사의 기본 용법 중 하나는 '어떤 명사를 일반적인 의미로 통칭할 때는 셀 수 없는 명사(불가산명사)나 복수 명사 앞에 the를 붙이지 않는다'입니다. the는 명사의 의미를 특정한 것으로 한정하기 때문에 이런 경우 '무관사' 형태로 쓰는 것이죠. 반대로, 특정한 것 또는 구체적인 것을 표현할 때는 명사 앞에 정관사 the를 붙여야 합니다. 하나의 명사가 일반적인 의미로 쓰일 때와 구체적이고 특정한 의미로 쓰일 때를 구분해 문장을 만드는 훈련을 해 보세요.

시간은 치유합니다 + 모든 상처들을, + 하지만 + 그 시간은
(내가 보냈던 + 기다리며) 느껴졌어요 + 영원처럼

STEP 1 전체 문장 완성하기

다음 문장을 힌트 단어를 보면서 완성해 보세요. **MP3 142**

1 시간은 치유합니다

• **Time heals**
– 불가산명사가 일반적인 의미일 때 관사 없이 사용
– time은 셀 수 없는 명사이므로 단수형 동사와 일치

2 시간은 치유합니다 / 모든 상처들을,

• **all wounds**

3 시간은 치유합니다 / 모든 상처들을, / 하지만 / 그 시간은 /
(내가 보냈던 / 기다리며) 느껴졌어요

• **the time I spent waiting**
일반적인 시간이 아니라 내가 기다리며 보낸 '시간'으로 특정되어 time 앞에 정관사 the를 붙임

4 시간은 치유합니다 / 모든 상처들을, / 하지만 / 그 시간은 /
(내가 보냈던 / 기다리며) 느껴졌어요 / 영원처럼

• **forever**
'~처럼 느끼다'는 feel like ~

> **Answer** Time heals all wounds, but the time I spent waiting felt like forever.

▶ 정답 p. 372

 유제 1

책이 비쌀 수 있는데, 어제 내가 구입한 책은 가격이 적당했어요.

책들이 비쌀 수 있어요, + 그런데 + 그 책은 (내가 구입했던 + 어제) 가격이 적당했어요.

1 책들이 비쌀 수 있어요

• can be expensive
일반적인 책을 통칭하므로
복수 명사로 쓰고, the를
붙이지 않음

2 책들이 비쌀 수 있어요, / 그런데 / 그 책은 (내가 구입했던 / 어제)

• the book
'I bought yesterday'가
앞에 있는 book을
수식하면서 의미를 구체화함

3 책들이 비쌀 수 있어요, / 그런데 / 그 책은 (내가 구입했던 / 어제) 가격이 적당했어요

• affordable

유제 2

음악은 즐거운 것이지만 그들이 파티에서 틀었던 음악은 너무 시끄러웠어요.

음악은 즐거워요 + 하지만 + 그 음악은 (그들이 틀었던 + 그 파티에서) 너무 시끄러웠어요.

1 음악은 즐거워요

• enjoyable

2 음악은 즐거워요 / 하지만 / 그 음악은 (그들이 틀었던 / 그 파티에서)

• they played
파티에서 틀었던 특정한
음악을 지칭하므로
the music

3 음악은 즐거워요 / 하지만 / 그 음악은 (그들이 틀었던 / 그 파티에서) 너무 시끄러웠어요

• too loud

유제 응용

사람들은 음악을 즐기지만 콘서트에 있던 사람들은 특히 열광적이었어요.

사람들은 즐깁니다 + 음악을, + 하지만 + 그 사람들은 (그 콘서트에 있던)
특히 열광적이었어요

• particularly
enthusiastic

1 커피는 하루를 여는 아주 좋은 방법이지만, 오늘 아침에 마신 커피는 너무 진했어요.

    🔄 커피는 ~예요 + 아주 좋은 방법 + 시작하는 + 하루를, + 하지만 + 그 커피는
       (내가 마신 + 오늘 아침에) 너무 진했어요

- a great way
- too strong

일반적인 커피를 통칭할 때는 coffee, 구체적이고 특정한 커피를 지칭할 때는 the coffee

---

2 지식은 힘이지만, 당신이 나와 공유한 지식은 내 인생을 바꿨어요.

    🔄 지식은 ~예요 + 힘, + 하지만 + 그 지식은 (당신이 공유한 + 나와) 바꿨어요
       + 내 인생을

- knowledge

일반적인 의미의 명사는 관사 없이 쓰고, 구체적인 의미가 될 때는 정관사 the를 앞에 붙임

---

3 돈이 전부는 아니지만 내가 저축한 돈이 힘든 시기를 이겨내는 데 도움이 되었습니다.

    🔄 돈이 ~ 아니에요 + 모든 것이, + 하지만 + 그 돈이 (내가 저축했던)
       도와줬어요 + 나를 + 힘든 시기를 통과하게

- through tough times

–셀 수 없는 명사는 단수형만 가능
–일반적인 개념으로의 돈은 관사 없이 쓰이지만, 특정한 돈일 때는 the money

---

4 사랑은 삶을 의미 있게 만드는 것이고, 그들이 나누는 사랑은 진정으로 영감을 줍니다.

    🔄 사랑은 ~입니다 + 만드는 것 + 삶을 + 의미 있는 (상태로), + 그리고 +
       그 사랑은 (그들이 나누는) 진정으로 영감을 줍니다

- what makes life meaningful
- truly inspiring

what이 관계대명사일 때, [what + 동사 ~]는 '~하는 것'

---

5 운동은 건강에 좋지만, 오늘 우리가 한 운동은 너무 힘들었어요.

    🔄 운동은 좋아요 + 건강에, + 하지만 + 그 운동은 (우리가 했던 + 오늘) 너무
       힘들었어요.

- good for health
- the exercise

'기진맥진하게 만드는, 몹시 고단한'은 exhausting

---

6 건강이 우선 사항이 되어야 하는데, 우리 부모님 건강이 예전 같지 않네요.

    🔄 건강이 ~이어야 합니다 + 우선 사항, + 그런데 + 그 건강이
       (나의 부모님의) ~ 아닙니다 + 예전의 상태만큼

- a priority
- what it used to be

---

* '예전 모습, 과거에는 그랬던 상태'를 표현할 때 what it used to be를 써서, 어떤 것이 과거에 비해 변했다는 의미를 전달합니다.
His health is not what it used to be. 그의 건강이 예전 같지 않아요. (건강이 예전보다 나빠졌음)

7 직업은 안정적인 삶을 위해 중요하지만, 지금 내가 가진 직업은 매우 스트레스를 줍니다.

↻ 직업들은 중요합니다 + 안정적인 삶을 위해, + 하지만 + 그 직업은
(내가 가지고 있는 + 지금) 매우 스트레스를 줍니다

- for a stable life
- very stressful
- 모든 직업을 일반적으로 통칭할 때는 복수 명사 jobs로 the를 붙이지 않음
- 내가 가진 직업으로 특정할 때는 the job

---

8 친구들은 인생을 즐겁게 해 주지만, 대학에서 만난 친구가 가장 큰 지지를 해 줬어요.

↻ 친구들은 만듭니다 + 인생을 + 즐거운 (상태로), + 하지만 + 그 친구가
(내가 만났던 + 대학에서) 가장 큰 지지를 해 줬어요

- enjoyable
- the most supportive
- 예전부터 지금까지 지지해 줬다는 의미이므로 현재완료형 시제로 표현

---

9 새들은 매력적인 생물이지만, 창문 밖의 새들은 매일 아침 나를 깨웁니다.

↻ 새들은 ~입니다 + 매력적인 생물들, + 하지만 + 그 새들은
(나의 창문 밖의) 나를 깨웁니다 + 매일 아침

- fascinating creatures
- outside my window
- 셀 수 있는 명사가 일반적인 의미로 쓰일 때는 관사 없이 복수형으로

---

10 아이들은 에너지가 넘치는데, 오늘 공원에 있던 아이들은 유난히 조용했어요.

↻ 아이들은 가득 차 있어요 + 에너지로, + 그런데 +
그 아이들은 (그 공원에 있던 + 오늘) 유난히 조용했어요

- full of energy
- at the park
- unusually quiet
- 모든 아이를 일반적으로 통칭할 때는 children, 특정한 아이들은 the children

---

11 아이디어가 세상을 바꿀 수 있는데, 오늘 당신이 공유한 아이디어는 특히 혁신적이네요.

↻ 아이디어들이 바꿀 수 있어요 + 그 세상을, + 하지만 + 그 아이디어는
(당신이 공유했던 + 오늘) 특히 혁신적입니다

- especially innovative
- 셀 수 있는 명사가 일반적인 의미로 쓰일 때는 관사 없이 복수형으로

---

12 차는 출퇴근에 유용하지만 제가 운전하는 차는 항상 문제가 있습니다.

↻ 차들은 유용합니다 + 출퇴근에, + 하지만 + 그 차는 (내가 운전하는)
항상 가지고 있어요 + 문제들을

- for commuting
- issues
- 일반적인 의미의 모든 차는 cars, 내가 운전하는 특정한 차는 the car, 일반적인 모든 문제는 issues

① 어제 비행기에서 사람들이 굉장히 조용했고, 그 때문에 비행 시간이 훨씬 더 길게 느껴졌어요. ② 오늘 아침에는 운동으로 피로를 떨쳐 내려고 했는데, 체육관에서 한 운동 때문에 내가 더 지쳤어요. ③ 운동 후 물이 중요하니까 공원에서 물병을 채웠는데, 물맛이 이상했어요. ④ 그 후 저녁 식사를 하러 나갔는데, 새로 생긴 식당의 음식이 그다지 좋지 않았어요.

①

_____

_____

Hint 훨씬 even (비교급 앞에서 사용)

②

_____

_____

Hint 쫓아버리다, 떨쳐내다 shake off   피로 tiredness   기진맥진한, 진이 다 빠진 exhausted

③

_____

_____

Hint 물을 충분히 섭취하다, 몸에 수분을 유지하다 stay hydrated   채우다 fill   ~한 맛이 나다 taste

④

_____

_____

Hint 저녁 식사하러 나가다 go out for dinner

▶ 정답 p. 373

1 어제 비행기에서 사람들이 굉장히 조용했고, 그 때문에 비행 시간이 훨씬 더 길게 느껴졌어요.

그 사람들이 (내가 탄 비행기에서) 굉장히 조용했어요 + 어제, + 그것이 만들었어요
+ 그 여행(비행 시간)을 + 느껴지게 + 훨씬 더 길게

the people을 꾸며 주는 전치사구는 on my flight이고, the people에 일치하는 be동사 were가 와야 문장이 완성됩니다. 앞 문장을 완성하고 그 뒤에 , which를 써서 앞 문장 내용 전체를 보충하는데요, 주어진 의미대로 영작하면 , which made the trip feel even longer가 됩니다.

2 오늘 아침에는 운동으로 피로를 떨쳐 내려고 했는데, 체육관에서 한 운동 때문에 내가 더 지쳤어요.

오늘 아침에, + 나는 노력했어요 + 떨쳐내려고 + 그 피로를 + 약간의 운동으로, + 하지만
+ 그 운동이 (그 체육관에서의) 만들었어요 + 나를 + 더 지친 (상태로)

'나는 떨쳐내려고 했어요'는 '~하려고 하다' try to ~를 이용해 I tried to shake off로 연결하세요. '약간의 운동으로'는 with some exercise가 되는데, 이때 exercise는 특정한 운동이 아닌 운동 전반을 나타냅니다. but 이후 문장의 주어는 '그 체육관에서의 운동'으로 특정한 운동을 가리키므로 the workout으로 써야 합니다.

3 운동 후 물이 중요하니까 공원에서 물병을 채웠는데, 물맛이 이상했어요.

수분을 머금은 상태로 있는 것이 중요해요, + 운동 후에 + 그래서 + 나는 채웠어요 + 내 물병을
+ 그 공원에서, + 하지만 + 그 물은 맛이 났어요 + 이상한

운동 후 물이 중요하다는 것은 수분을 공급받는 상태로 있어야 한다는 의미라서 staying hydrated라고 써 주면 아주 원어민다운 표현이 돼요. 일반적인 물은 관사 없이 water로 쓰지만, 공원에서 내가 물병에 채운 특정한 물은 the water로 써야 합니다.

4 그 후 저녁 식사를 하러 나갔는데, 새로 생긴 식당의 음식이 그다지 좋지 않았어요.

그 후, + 우리는 나갔어요 + 저녁 식사를 위해, + 하지만 + 그 음식은 (그 새로운 식당에서) 그다지 좋지 않았어요

과거에 있었던 일이므로 문장을 과거 시제로 쓰세요. '그 새로 생긴 식당의 음식'으로 food가 구체화되므로 the food at the new restaurant로 쓰고, '그다지 좋지 않았다'는 주어 the food에 일치하는 단수 동사를 써서 wasn't very good으로 표현하면 됩니다.

▶ 정답

① **The people** on my flight were very quiet yesterday, which made the trip feel even longer. ② This morning, I tried to shake off the tiredness with some **exercise**, but **the workout** at the gym made me more exhausted. ③ Staying hydrated is important after **a workout**, so I filled my bottle at the park, but **the water** tasted strange. ④ Later, we went out for dinner, but **the food** at the new restaurant wasn't very good.

우리는 지난 주말에 동물 보호소에서 개를 입양했어요. 그 개는
매우 싹싹하고 벌써 우리 가족과 정이 들었어요.

the는 그 대상이 확실하게 정해져 있는 것, 구체적인 것을 나타낼 때 씁니다. 즉, 화자/필자가 지칭하
는 대상을 청자/독자가 알고 있을 때 명사 앞에 the를 붙입니다. 이 the는 단수 명사, 복수 명사, 불가
산명사 앞에 모두 올 수 있어요. 또, 세상에 단 하나밖에 없어서 화자/필자가 무엇을 지칭하는지 분명
할 때도 명사 앞에 the를 붙입니다(예: the sun, the moon, the world, the universe, 한 나라에 하나밖에
없는 the government). 가장 좋거나 가장 큰 것 등은 하나뿐이므로 최상급 앞에도 대체로 the를 붙입
니다. 영어로 문장 만들기 훈련을 통해 the의 다양한 용례를 문맥에서 더 확실하게 익혀 보세요.

| 우리는 입양했어요 | + 개 한 마리를 + 그 동물 보호소에서 + 지난 주말에 |

| 그 개는 매우 싹싹해요 | + 그리고 이미 정이 들었어요 + 우리 가족과 |

STEP 1 전체 문장 완성하기

다음 문장을 힌트 단어를 보면서 완성해 보세요. **MP3 145**

1 우리는 입양했어요 / 개 한 마리를

> • **adopt a dog**
> – 특정되지 않은 한 마리의
>   개이므로 a dog
> – 시제는 과거형으로

---

2 우리는 입양했어요 / 개 한 마리를 / 그 동물 보호소에서 / 지난 주말에

> • **from the animal
>   shelter**
> 어느 동물 보호소인지 화자
> 와 청자 모두 알고 있다는
> 전제로 정관사 the 사용

---

3 그 개는 매우 싹싹해요

> • **very friendly**
> 앞에서 이미 언급한 대상이
> 므로 the dog

---

4 그 개는 매우 싹싹해요 / 그리고 이미 정이 들었어요 / 우리 가족과

> • **bond with**
> – '~와 유대감을 형성하다,
>   정이 들다'는 bond with ~
> – 이미 정들어 지금까지
>   연결되므로 현재완료형

> **Answer** We adopted a dog from the animal shelter last weekend.
> The dog is very friendly and has already bonded with our family.

▶ 정답 p. 373

<table>
<tr><td>유제
1</td><td>그녀는 어제 여동생 결혼식을 위해 드레스를 샀어요. 그 드레스가 그녀에게 완벽하게 맞아요.

그녀는 샀어요 + 드레스 한 벌을 + 어제 + 그녀의 여동생의 결혼식을 위해

그 드레스가 맞아요 + 그녀에게 + 완벽하게</td></tr>
</table>

1 그녀는 샀어요 / 드레스 한 벌을

• buy a dress
어떤 드레스인지 명확하지
않으므로 a dress

2 그녀는 샀어요 / 드레스 한 벌을 / 어제 / 그녀의 여동생의 결혼식을 위해

• wedding

3 그 드레스가 맞아요 / 그녀에게

• fit her
−앞에서 이미 언급한
 대상이므로 The dress
−'모양·크기가 (어떤 사람·
 사물에) 맞다'는 fit

4 그 드레스가 맞아요 / 그녀에게 / 완벽하게

• perfectly

<table>
<tr><td>유제
2</td><td>카운터에서 열쇠를 건네줄래요?

당신이 건네줄래요 + 나에게 + 그 열쇠들을 + 그 카운터에서</td></tr>
</table>

1 당신이 건네줄래요 / 나에게

• Can you hand me

2 당신이 건네줄래요 / 나에게 / 그 열쇠들을 / 그 카운터에서

• the keys
−대화에서 서로 알고 있는
 대상을 지칭할 때 the를 씀
−보통 여러 개의 열쇠를 함
 께 묶어서 가지고 다니므로
 keys(복수형)를 흔히 사용

<table>
<tr><td>유제
응용</td><td>에너지를 절약할 수 있게 방을 나갈 때 불을 꺼 주세요.

꺼 주세요 + 그 불을 + 당신이 나갈 때 + 그 방을 + 그래서 +

우리가 절약할 수 있게 + 약간의 에너지를</td></tr>
</table>

• when you leave
• so that we can
  save
−the light, the room은
 서로 알고 있는 대상을 지칭
−정확한 수량을 모르거나
 알 필요가 없을 때
 some을 사용

1 오늘 해가 밝게 빛나고 있어서 공원에서 시간을 보낼 계획이에요.

🗘 그 해가 빛나고 있어요 + 밝게 + 오늘, + 그래서 + 나는 계획하고 있어요 + 보내는 것을 + 약간의 시간을 + 그 공원에서

- shine brightly
- 세상에 하나뿐인 대상을 지칭할 때 정관사 the를 붙임
- 일상 생활에서 친숙한 대상으로 서로 알고 있는 공원이므로 the park

2 오늘 밤은 달이 아름답게 보이고, 도시 불빛에도 불구하고 별 몇 개를 볼 수도 있네요.

🗘 그 달이 보여요 + 아름다운 (상태로) + 오늘 밤, + 그리고 + 당신은 볼 수도 있어요 + 몇 개의 별들을 + 그 도시 불빛들에도 불구하고

- look beautiful
- a few stars
- despite the city lights

moon처럼 단 하나밖에 없는 것은 the로 그 의미를 한정

3 지난 여름 에펠탑을 방문했고 정상에서 바라본 경치가 완전 숨이 멎는 듯했어요.

🗘 우리는 방문했어요 + 에펠탑을 + 지난 여름에, + 그리고 + 그 경치가 (그 정상에서의) 완전히 숨이 멎는 듯했어요

- the Eiffel Tower
- the view from the top
- 건축물, 건물, 극장, 박물관 등 중요한 공공 장소 이름 앞에 the를 붙임
- absolutely breathtaking은 '너무 멋져서 완전히 숨이 멎는 듯한'의 뜻

4 엠파이어 스테이트 빌딩을 구경한 후, 우리는 근처 맥도날드에서 간단히 점심을 먹었어요.

🗘 관광한 후 + 엠파이어 스테이트 빌딩에서, + 우리는 간단히 먹었어요 + 점심을 + 맥도날드에서 + 근처의

- sightseeing at the Empire State Building
- nearby

grab lunch는 '빠르고 간단하게 점심을 해결한다'의 뉘앙스

*nearby가 부사라 원래는 동사, 형용사 또는 다른 부사를 수식해야 하지만, 위치나 장소를 나타내는 명사를 바로 수식하는 것도 허용됩니다.

5 이게 오늘 구할 수 있는 가장 저렴한 항공편이라서 가격이 오르기 전에 예약하는 게 좋겠어요.

🗘 이건 ~예요 + 가장 저렴한 항공편 + (구할 수 있는 + 오늘), + 그러니 + 우리는 예약하는 게 좋겠어요 + 그것을 + 그 가격이 오르기 전에

- the cheapest flight available
- should book
- go up

'가장 ~한'은 최상급 표현으로 대상을 특정하므로 the를 붙임

6 이건 내가 먹어 본 피자 중 최고예요! 우리 이 집에서 꼭 다시 주문해야 해요.

🗘 이건 ~예요 + 최고의 피자 + (내가 이제까지 먹어 본)! 우리는 꼭 주문해야 해요 + 이 집에서 + 다시

- should definitely
- from this place

'내가 ~해 본 중에 가장 ...한'은 [the + 최상급 ... I've ever p.p.]

7 길 끝에 있는 그 집이 매물로 나와 있는데, 몇 달째 시장에 있다고 들었어요.

↻ 그 집이 (그 끝에 있는 + 그 길의) 매물로 나와 있어요. + 그리고 +
나는 들었어요 + 그것(그 집)이 계속 있다고 + 시장에 + 몇 달 동안

- the end of the street
- on the market
 - '팔려고 내놓은'은 for sale
 - 서로 어떤 것을 지칭하는지 알고 있을 때 그 명사 앞에 the를 붙임

---

* on the market : 주로 부동산이나 상품이 판매 목록에 올라가 구매 가능한 상태임을 의미합니다.

8 나는 버스에 타고 있을 때 가장 좋은 아이디어가 떠올라요.

↻ 나는 가져요 + 나의 가장 좋은 아이디어들을 + 내가 있을 때 + 그 버스에

- have my best ideas
- on the bus
 버스, 체육관, 신문 등 일상에서 자주 언급되는 대상을 가리킬 때 [the + 단수 가산명사]를 씀

---

9 우리는 이번 주말에 박물관을 방문할 예정인데, 고대 역사에 관한 특별 전시회가 열립니다.

↻ 우리는 방문할 예정입니다 + 그 박물관을 + 이번 주말에 + 그리고 +
그들은(박물관) 갖고 있습니다 + 특별한 전시회를 + 고대 역사에 관한

- have an exhibit
- on ancient history
 - 특정한 박물관을 지칭하므로 the museum
 - 영어에서는 기관, 단체, 그곳에서 일하는 사람들을 대명사 they로 지칭

---

10 운전 중에 라디오에서 뉴스를 듣기는 했지만, 모든 세부 사항을 알려면 TV로 다시 봐야 해요.

↻ 나는 운전하는 중에, + 나는 들었어요 + 그 뉴스를 + 라디오에서, + 하지만 +
나는 봐야 해요 + 그것(뉴스)를 + TV에서 + 얻기 위해 + 그 모든 세부 사항들을

- While I was driving
- on the radio
- get all the details
 - news는 특정 사건, 정보를 포함하는 불가산명사이며, 항상 the news로 표현
 - radio는 대체로 the를 붙이지만 TV, television 앞에는 the를 붙이지 않음

---

11 뉴욕 타임즈는 하버드 대학교에서 (생긴) 새로운 장학금에 대해 보도했어요.

↻ 뉴욕 타임즈는 보도했어요 + 새로운 장학금에 대해 + 하버드 대학교에서 (생긴)

- on a new scholarship
- at Havard University
 신문 이름에는 the를 붙이고, 대학교 이름에는 붙이지 않음

---

12 나는 미국과 영국에는 가 봤지만, 여전히 일본과 프랑스 같은 곳을 가 보고 싶어요.

↻ 나는 가 봤어요 + 미국과 영국에, + 하지만 + 나는 여전히 원해요 +
방문하기를 + 장소들을 + 일본과 프랑스 같은

- have been to
- places like
 일반 국가명에는 the를 붙이지 않고, 연합국, 공화국 이름에는 the를 붙임.
 the United States 미국
 the United Kingdom 영국
 the Czech Republic 체코

뉘앙스를 생각하며 문장을 만들어 보세요. **MP3 147**

① 태양이 바다 위로 아름다운 빛을 드리우며 지고 있었어요. ② 우리는 해안가를 걷다가 개 한 마리가 모래에서 놀고 있는 것을 보았지요. 그 개는 꼬리를 흔들며 행복해 보였어요. ③ 우리는 간식을 먹으려고 앉았고, 친구가 "물 좀 건네줄래?"라고 물었어요. ④ 멀리서 우리는 저녁 하늘 아래 광활하고 고요한 태평양을 볼 수 있었어요.

①
_____

_____

Hint (해/달이) 지다 set　(빛을) 발하다, 드리우다 cast　(은은한) 불빛 glow　바다 위에 over the ocean

②
_____

_____

Hint 해안을 따라 걷다 walk along the shore　(동물이) 꼬리를 흔들다 wag one's tail

③
_____

_____

Hint 간식을 먹다 have a snack

④
_____

_____

Hint 멀리서 in the distance　태평양 the Pacific Ocean　(범위·크기·양 등이) 방대한, 광활한 vast

▶ 정답 p. 374

1 태양이 바다 위로 아름다운 빛을 드리우며 지고 있었어요.

태양이 지고 있었어요, + 드리우며 + 아름다운 빛을 + 그 바다 위로

과거진행형이므로 The sun was setting으로 쓰세요. 해/태양은 하나밖에 없는 분명한 대상이므로 정관사 the 와 함께 써 줍니다. '~하면서'는 동시동작을 나타내는 분사를 쓰면 되기에, '아름다운 빛을 드리우며'는 casting a beautiful glow로 쓸 수 있어요.

2 우리는 해안가를 걷다가 개 한 마리가 모래에서 놀고 있는 것을 보았지요. 그 개는 꼬리를 흔들며 행복해 보였어요.

우리는 걷다가 + 그 해안가를 따라서, + 우리는 봤어요 + 개 한 마리를 + 놀고 있는 + 그 모래에서. 그 개는 보였어요 + 행복한 (상태로), + 흔들며 + 그것의 꼬리를

'우리는 해안가를 걷다가'는 접속사 as로 표현이 가능합니다. as는 while처럼 '~하는 동안에, ~하는데'의 의미 로 자주 쓰입니다. As we walked along the shore, '우리는 개 한 마리를 봤어요'에서 개 한 마리는 여럿 중의 하나, 특정되지 않은 개 하나이므로 a dog로 쓰세요. we saw a dog 뒤에 Ving를 쓰면 '개가 어떤 동작을 하고 있는 것을 봤다'라는 뜻이 됩니다. '모래에서 놀고 있는 것을 봤다'이므로 we saw a dog playing in the sand 로 씁니다.

3 우리는 간식을 먹으려고 앉았고, 친구가 "물 좀 건네줄래?"라고 물었어요.

우리는 앉았어요 + 먹으려고 + 간식을, + 그리고 + 내 친구가 물었어요, + "네가 건네줄래 + 그 물을?"

여기서 물은 화자와 청자가 서로 알고 있는 특정한 물을 지칭합니다. 그래서 '네가 그 물을 좀 건네줄래?'는 Can you pass the water?로 정관사 the를 써야 합니다.

4 멀리서 우리는 저녁 하늘 아래 광활하고 고요한 태평양을 볼 수 있었어요.

멀리서, + 우리는 볼 수 있었어요 + 태평양을, + 광활하고 고요한 + 저녁 하늘 아래에서

'우리는 볼 수 있었어요'는 can의 과거형을 이용해 we could see로 쓰면 됩니다. 태평양처럼 대양, 바다 이름 앞에서는 the를 붙여서 표현합니다. We could see the Pacific Ocean 이 문장 뒤에 태평양을 수식하는 추가 설명이 콤마 뒤로 붙는데 길어진 수식어구가 문장 뒤로 가는 것은 영어에서 자연스러운 구조입니다. vast and calm 뒤에 '저녁 하늘 아래'는 under the evening sky로 쓰세요.

▶ 정답

① The sun was setting, casting a beautiful glow over the ocean. ② As we walked along the shore, we saw a dog playing in the sand. The dog looked happy, wagging its tail. ③ We sat down to have a snack, and my friend asked, "Can you pass the water?" ④ In the distance, we could see the Pacific Ocean, vast and calm under the evening sky.

프린터에 쓸 종이 좀 사고, 수업에 낼 논문도 작성해야 해요.

영어에서 일반적으로 셀 수 있는 명사는 앞에 수사나 부정관사 a/an을 붙일 수 있고 복수형도 가능합니다. 하지만 모든 명사가 가산/불가산명사인지 구분이 명확한 건 아니에요. 어떤 사물을 셀 수 있다, 없다를 절대적인 규칙에 따르기보다는 원어민이 그 사물을 바라보는 관점을 이해해야 합니다. 예를 들어, 한국어에서는 두통, 치통 등을 세지 않지만, 영어에서는 I have a headache/toothache.로 표현합니다. 또 한 단어가 다양한 문맥 속에서 가산명사로도 불가산명사로도 쓰일 수 있습니다. 그러므로 예문을 통해 원어민의 관점을 이해하고 관사 사용에 대한 감각을 키우는 것이 중요해요.

나는 사야 해요	+ 약간의 종이를 + 내 프린터를 위한 + 그리고 또 +
작성해야 해요	+ 논문 한 편을 + 내 수업을 위한

STEP 1 전체 문장 완성하기

다음 문장을 힌트 단어를 보면서 완성해 보세요. **MP3 148**

1 나는 사야 해요 / 약간의 종이를

- need to buy
- some paper

paper(종이)는 물질명사로 셀 수 없는 명사로 쓰임

---

2 나는 사야 해요 / 약간의 종이를 / 내 프린터를 위한

- for my printer

---

3 나는 사야 해요 / 약간의 종이를 / 내 프린터를 위한 / 그리고 또 / 작성해야 해요 / 논문 한 편을

- and also work
- and 뒤에 중복되는 I need to를 생략
- 수업에 낼 논문 작성은 work on으로 표현
- paper가 가산명사가 되면 '보고서, 논문'의 의미

---

4 나는 사야 해요 / 약간의 종이를 / 내 프린터를 위한 / 그리고 또 / 작성해야 해요 / 논문 한 편을 / 내 수업을 위한

- for my class

Answer I need to buy some paper for my printer and also work on a paper for my class.

▶ 정답 p. 374

유제 1	인생은 예측할 수 없지만, 당신이 사랑하는 삶을 만드는 것은 노력할 가치가 있어요.

인생은 예측할 수 없어요, + 하지만 + 만드는 것은 +

하나의 삶을 + (당신이 사랑하는) + 가치가 있어요 + 그 노력의

1 인생은 예측할 수 없어요,

• unpredictable

life(인생: 일반적인 의미에서의 삶)는 셀 수 없는 추상명사

2 인생은 예측할 수 없어요, / 하지만 / 만드는 것은 / 하나의 삶을 (당신이 사랑하는)

• creating a life

'하나의 삶, 일생'은 a life

3 인생은 예측할 수 없어요, / 하지만 / 만드는 것은 / 하나의 삶을 (당신이 사랑하는) / 가치가 있어요 / 그 노력의

• worth the effort

'～의/할 만한 가치가 있는'은 worth ～

유제 2	그는 머리를 빗은 후, 재킷에 붙어 있는 머리카락 한 가닥을 발견했어요.

그는 빗었어요 + 그의 머리를, + 그리고 + 발견했어요 + 머리카락 한 가닥을 +

(붙어 있는 + 그의 재킷 위에)

1 그는 빗었어요 / 그의 머리를

• brush his hair

hair는 불가산명사(한 가닥씩 다 세는 경우는 없으므로)

2 그는 빗었어요 / 그의 머리를, / 그리고 / 발견했어요 / 머리카락 한 가닥을

• then noticed
• a hair

한 올의 머리카락은 a hair(가산명사)로 씀

3 그는 빗었어요 / 그의 머리를, / 그리고 / 발견했어요 / 머리카락 한 가닥을 (붙어 있는 / 그의 재킷 위에)

• stuck on his jacket

stuck은 stick(달라붙다)의 p.p.로 '달라붙은'의 의미

유제 응용	나는 감기에 걸릴 때마다 항상 콧물과 두통이 함께 옵니다.

내가 걸릴 때마다 + 감기에, + 그것(감기)은 항상 옵니다 + 콧물과 두통과 함께

• Whenever I get a cold

가벼운 증세의 병들 – a cold(감기), a runny nose(콧물), a headache(두통)은 모두 셀 수 있는 명사로 쓰임

1 그녀는 커피 한 잔을 주문하고는 머그잔에 조금 부었어요.

  ↻ 그녀는 주문했어요 + 커피 한 잔을 + 그리고 부었어요 + 약간의 커피를 +
  그녀의 머그잔 안에

- order a coffee
- pour some coffee

coffee가 재료나 액체의 의미로 쓰일 때는 불가산명사이지만, 카페 등에서 주문할 때는 한 잔, 두 잔 셀 수 있는 명사로 쓰임

---

2 그녀와 나는 매우 흥미로운 대화를 나눴어요.

  ↻ 그녀와 나는 가졌어요 + 매우 흥미로운 대화를

- a very interesting conversation

'회화, 대화'를 뜻하는 conversation은 추상명사로 셀 수 없지만, 수식을 받아 구체적인 의미로 쓰일 때는 가산명사로 취급

---

3 워밍업 없이 달리기를 했더니 두통이 생겼어요.

  ↻ 달리기가 (워밍업 없는) 주었어요 + 나에게 + 두통을

- without warming up

두통은 병의 한 증상으로 a headache로 표현

---

4 이미 홍역에 걸렸다면 다시는 홍역에 걸릴지 않아요.

  ↻ 당신이 이미 걸렸다면 + 홍역에, + 당신은 걸릴 수 없어요 +
  그것(홍역)에 + 다시는

- measles
- you can't get it

measles(홍역), chickenpox(수두), lung cancer(폐암) 등의 증상과 치료가 비교적 오래 걸리는 질병들은 불가산명사

---

5 삶의 질이 수년에 걸쳐 크게 향상되었어요.

  ↻ 삶의 질이 향상되었어요 + 상당히 + 수년에 걸쳐

- The quality of life
- over the years

−여기서 life는 추상명사로 일반적인 의미의 삶/인생을 뜻함
−'크게, 상당히'는 significantly

---

6 그녀는 다양한 직업을 통해 세 가지 다른 삶을 살아 왔어요.

  ↻ 그녀는 살아 왔어요 + 세 가지 다른 삶들을 + 그녀의 다양한 직업들을 통해

- three different lives
- through her various careers

다양한 직업을 통해 마치 여러 번의 인생을 산 것 같음을 나타내므로 여기서 life는 구체적인 삶을 뜻하며, 가산명사로 표현 가능

▶ 정답 p. 374

7 그녀는 내 경력에 대해 훌륭한 조언을 해 줬어요.

↻ 그녀는 주었어요 + 나에게 + 몇 가지 훌륭한 조언을 + 내 경력에 대해

• some excellent advice

advice는 '의견, 제안'을 통칭하는 단어로 추상적인 개념의 불가산명사. '~에 대한 조언'은 advice on ~

---

8 내 이력서를 개선할 방법에 대한 팁을 줄 수 있나요?

↻ 당신은 줄 수 있나요 + 저에게 + 팁 하나를 + 개선하는 방법에 대한 + 내 이력서를

• a tip on
• improve my résumé

tip은 advice보다 작은 단위로 실용적인 하나의 충고를 나타내며 셀 수 있는 명사

---

9 유리는 많은 제품에 사용되는 깨지기 쉬운 소재입니다.

↻ 유리는 ~입니다 + 깨지기 쉬운 소재 + (사용되는 + 많은 제품들에서)

• a fragile material
• used in many products

glass(유리)처럼 재료가 되는 물질을 나타내는 단어는 셀 수 없는 명사로 취급

---

10 그녀는 유리 테이블을 청소하다가 유리잔을 실수로 깨뜨렸어요.

↻ 그녀는 실수로 깨뜨렸어요 + 유리잔 하나를 + 청소하는 중에 + 그 유리 테이블을

• accidentally
• a glass
• while cleaning

여기서 glass는 '유리로 된 잔'을 뜻하므로 가산명사로 하나일 때는 a glass

---

11 그 아이는 어른의 행동에 대해 놀라운 이해력을 보여 줍니다.

↻ 그 아이는 보여 줍니다 + 놀라운 이해력을 + 어른의 행동에 대해

• a surprising understanding
• adult behavior

'~에 대한 이해력'은 understanding of ~

---

* a surprising understanding: 일부 불가산명사, 특히 심리적, 정신적 활동을 나타내는 명사 앞에 a/an을 붙여 명사의 의미를 구체적으로 나타낼 수 있습니다. (a good education(양질의 교육), a good sleep(충분한 수면), a great help(큰 도움) 등)

12 그들은 최고 수준의 프랑스어 실력을 가진 비서를 필요로 합니다.

↻ 그들은 필요로 합니다 + 비서 한 명을 + 최고 수준의 지식을 갖춘 + 프랑스어에 대해

• a secretary
• with a first-class knowledge

'최고 수준의, 최상의'는 first-class (주로 명사 앞에 씀)

---

* knowledge는 원래 추상명사로 불가산명사이지만, 이 문장에서는 '특정한 수준의 지식'으로 그 의미가 구체적으로 한정되어 가산명사로 취급되어 a를 붙여 사용 가능합니다.

① 커피 한 잔을 주문하고 친구와 함께 수업에 낼 논문을 쓰기 시작했어요. ② 그 친구에게서 소중한 팁을 받았는데, 이게 논문에 도움이 되었어요. ③ 하루가 끝날 무렵 피곤했지만, 내가 이룬 진척 사항에 만족했고, 각 단계가 목표를 향한 작은 진전임을 알았어요.

①

_____

_____

Hint 주문하다 order   ~하기를 시작하다 start Ving

②

_____

_____

Hint 소중한 valuable

③

_____

_____

Hint 하루가 끝날 무렵 by the end of the day   ~에 만족한 satisfied with ~   진전, 진행 progress

1 커피 한 잔을 주문하고 친구와 함께 수업에 낼 논문을 쓰기 시작했어요.

나는 주문했어요 + 커피 한 잔을 + 그리고 시작했어요 + 쓰기를 + 수업에 낼 논문을 + 내 친구와 함께

'커피 한 잔'을 a cup of coffee로 알고 있지만, 더 간단하게 a coffee로도 많이 씁니다. paper는 '종이', a paper는 '논문, 보고서'를 뜻하며, papers는 '서류'를 뜻합니다. 하나의 명사가 문맥에 따라 불가산/가산으로 취급되어 다른 의미로 쓰일 수 있음을 알아두세요. '수업에 낼 논문'은 간단히 a class paper라고 표현할 수도 있습니다.

2 그 친구에게서 소중한 팁을 받았는데, 이게 논문에 도움이 되었어요.

나는 받았어요 + 소중한 팁 하나를 + 그 친구로부터 + 그것이 도움이 되었어요 + 내 논문에

I received a tip 뒤에 누구로부터 받았는지 from으로 연결하세요. 앞 문장의 a tip을 받으면서 설명하는 문장은 [, which 주어 + 동사]로 연결하면 좋습니다. which를 씀으로써, 내 논문에 도움이 된 것이 귀중한 팁임을 명확히 할 수 있습니다.

3 하루가 끝날 무렵 피곤했지만, 내가 이룬 진척 사항에 만족했고, 각 단계가 목표를 향한 작은 진전임을 알았어요.

하루가 끝날 무렵, + 나는 느꼈어요 + 피곤한 상태로 + 하지만 + (느꼈어요) 만족한 상태로 + 그 성과에 + (내가 이룬), + [그러고는] 알았어요 + 각 단계가 하나의 ～이었음을 + 작은 진전 + 내 목표를 향한

I felt tired 뒤에 but으로 연결되며 이때 반복되는 felt는 생략하고 but satisfied가 됩니다. progress은 '진척 사항, 진행'을 뜻하는 불가산명사이지만, 구체적인 개념으로 '하나의 작은 성과, 진전'의 의미로 쓸 때는 가산명사로 취급합니다.

▶ 정답

① I ordered a coffee and started working on a class paper with my friend.
② I received a valuable tip from the friend, which helped with my paper. ③ By the end of the day, I felt tired but satisfied with the progress I'd made, knowing each step was a small progress toward my goal.

그는 내년에 대학에 진학할 계획인데, 어제 상담가와 만나러 대학교에 갔어요.

영어에서 셀 수 있는 명사를 단수 형태로 쓸 때는 무조건 a/an 또는 the 혹은 my, this 등의 한정사와 함께여야 합니다. 하지만 go to school(학교에 다니다), go to church(예배 드리러 가다), go to bed(잠자리에 들다) 같은 표현들은 셀 수 있는 명사 앞에 a/an 또는 the가 오지 않습니다. 이 표현에서는 school, church, bed 등은 눈에 분명하게 보이는 건물이나 가구의 의미가 아니라서 셀 수 있는 명사로 쓰인 것이 아닌 거예요. go to school은 '학교라는 장소에 가다'가 아니라 '학교에 다니다'로, '학교에 다니는 학생이다'라는 상태를 나타냅니다. 이렇게 해당 명사 앞에 아무 관사도 붙이지 않고 추상명사처럼 개념적인 의미로 쓰는 표현들을 문장 만들기를 통해 연습해 보세요.

| 그는 계획입니다 | + 진학할 + 대학에 + 내년에, + 그리고 + 어제
+ 그는 갔어요 + 그 대학에 + 만나러 + 상담가와 |

STEP 1 전체 문장 완성하기

다음 문장을 힌트 단어를 보면서 완성해 보세요. **MP3 151**

1 그는 계획입니다

• plan

---

2 그는 계획입니다 / 진학할 / 대학에 / 내년에

• **go to college**
특정 대학에 가는 게 아니라 '대학에 진학하다'의 의미로 college 앞에 관사 없이 씀

---

3 그는 계획입니다 / 진학할 / 대학에 / 내년에, / 그리고 / 어제 / 그는 갔어요 / 그 대학에

• **yesterday**
특정한 장소의 대학이므로, college 앞에 정관사 the를 붙임

---

4 그는 계획입니다 / 진학할 / 대학에 / 내년에, / 그리고 / 어제 / 그는 갔어요 / 그 대학에 / 만나러 / 상담가와

• **meet with an advisor**
'(공식적인 만남으로) ~와/을 만나다'는 meet with ~

> **Answer** He plans to go to college next year, and yesterday he went to the college to meet with an advisor.

▶ 정답 p. 374

유제 1	그녀는 직장에서 집에 올 때면 늘 완전히 피곤해합니다. 그녀는 항상 느낍니다 + 완전히 피곤한 (상태로) + 그녀가 올 때면 + 집에 + 직장에서

1 그녀는 항상 느낍니다 / 완전히 피곤한 (상태로)

• feel exhausted
주어가 3인칭 단수임에 주의

2 그녀는 항상 느낍니다 / 완전히 피곤한 (상태로) / 그녀가 올 때면 / 집에

• come home

3 그녀는 항상 느낍니다 / 완전히 피곤한 (상태로) / 그녀가 올 때면 / 집에 / 직장에서

• from work
work가 일반적인 직장을
뜻할 때는 관사 없이 씀

유제 2	그는 머리를 식히려고 하던 일을 잠시 쉬었어요. 그는 쉬었어요 + 휴식을 + 그 일에서 + (그가 하고 있었던) + 식히기 위해 + 그의 머리를

1 그는 취했어요 / 휴식을

• take a break
전체 시제는 과거형으로

2 그는 취했어요 / 휴식을 / 그 일에서 / (그가 하고 있었던)

• from the work he was doing
그가 하고 있었던 '특정한 일'
로 구체화되므로 정관사를
붙여 the work로

3 그는 취했어요 / 휴식을 / 그 일에서 / (그가 하고 있었던) / 식히기 위해 / 그의 머리를

• clear his head

유제 응용	어제 퇴근하고 집에 온 후, 저녁도 안 먹고 바로 잠자리에 들었어요. 나는 들었어요 + 바로 잠자리에 + 저녁 식사도 없이 + 도착한 후 + 집에 + 직장에서 + 어제

• straight
• without
• after getting home
'잠자리에 들다'는 go to
bed, 이때 bed는 가구인
침대를 지칭하는 것이
아니므로 관사 없이 씀

1 영화를 다 본 후, 좀 쉬려고 일찍 잠자리에 들기로 했어요.

　🔄 다 본 후 + 그 영화를, + 나는 결정했어요 + 잠자리에 들기로 + 일찍 + 좀 쉬기 위해

- finish
- decided to
- get some rest

---

2 나는 담요가 깨끗한지 확인하려고 침대로 갔어요.

　🔄 나는 갔어요 + 그 침대로 + 확인하려고 + 그 담요들이 깨끗했는지

- the blankets were clean

'~인지 확인하다'는 check if ~

---

3 우리 아이들은 매일 아침 버스를 타고 학교에 다니는데, 오후에는 항상 걸어서 집에 와요.

　🔄 내 아이들은 가요 + 학교에 + 버스를 타고 + 매일 아침, + 하지만 +
　　그들은 항상 걸어서 와요 + 집에 + 오후에는

- by bus
- walk home

'공부하러 학교에 다니다'의 의미는 go to school로 school에 관사 없이 씀

---

4 우리는 새로운 교과과정에 대해 교장 선생님과 논의하러 오늘 오후에 학교에 가야 합니다.

　🔄 우리는 가야 합니다 + 그 학교에 + 오늘 오후에 + 논의하러 +
　　그 새로운 교과과정에 대해 + 그 교장 선생님과

- curriculum
- principal

go to the school처럼 school을 정관사와 같이 쓰면 특정 장소로서 '그 학교에 가다'의 의미

---

5 유죄 판결을 받으면 그는 몇 년간 감옥에 수감될지도 몰라요.

　🔄 유죄 판결을 받으면, + 그는 갈지도 몰라요 + 감옥에 + 몇 년 동안

- If convicted,
- might go to prison

'감옥에 수감되다'는 go to prison으로, 이때 prison은 장소로서의 '교도소'가 아니라 '수감', '옥살이'의 의미

---

* If convicted는 원래 If he is convicted(그가 유죄 판결을 받으면)의 수동태 문장인데, 주절과 동일한 주어의 생략, being convicted에서 being이 생략되어 접속사 if의 의미를 포함한 분사구문이 되었습니다.

---

6 변호사는 자기 의뢰인을 방문하려고 교도소에 갔어요.

　🔄 그 변호사는 갔어요 + 그 교도소에 + 방문하기 위해 + 그의 의뢰인을

- The lawyer
- his client

면회 등을 위해 '교도소를 방문하다'의 의미로 쓰려면 반드시 go to the prison처럼 관사와 함께 써야 함

▶ 정답 p. 374

7 그들은 매주 일요일마다 아침 예배에 참석하려고 교회에 갑니다.

    ○ 그들은 갑니다 + 교회에 + 매주 일요일마다 + 참석하기 위해 + 그 아침 예배에

• attend the
  morning service
go to church는 교회라는
장소에 가는 것이 아니라,
'예배를 보러 다니는 상태'를
나타냄

---

8 우리는 지난 주말에 친구 결혼식 참석을 위해 교회에 갔어요.

    ○ 우리는 갔어요 + 그 교회에 + 우리 친구의 결혼식을 위해 + 지난 주말에

• the church
'교회라는 장소에 볼 일이
있어 가다/방문하다'의 의미
로 쓰려면 관사를 붙여
go to the church

---

9 그는 대학에서 건축학을 공부하고 있으며 건축가가 될 계획입니다.

    ○ 그는 공부하고 있어요 + 건축학을 + 대학에서 + 그리고 + 계획입니다 +
    될 + 건축가가

• architecture
• become an
  architect
장소로서의 대학교가 아니라,
'대학 재학 중에'의 의미로
관사 없이 at college

---

10 그 대학에서 열린 미술 전시회는 인상적이었고 학생 프로젝트를 전시했어요.

    ○ 그 미술 전시회는 (그 대학에서의) 인상적이었어요 + 그리고 + 전시했어요 +
    학생 프로젝트들을

• The art exhibition
• impressive
• display
전시회가 열린
'장소'로서의 대학이므로,
at the college

---

11 팬데믹으로 인해 많은 사람들이 재택근무를 하고 있었어요.

    ○ 그 펜데믹으로 인해, + 많은 사람들이 일하고 있었어요 + 집에서

• Due to the
  pandemic
'재택근무하다'는 work from
home으로, 이때 home은
특정한 집이 아니라
'사람이 사는 일반적인 집'
이라는 개념적 의미이므로
무관사로 씀

---

12 빨리 제가 자란 집으로 돌아가고 싶어요.

    ○ 저는 기다릴 수 없어요 + 돌아가는 것을 + 그 집으로 + (제가 자란)

• where I grew up
–[can't wait to + 동사원형]
은 '빨리 ~하고 싶다,
몹시 바라다'의 의미
–여기서 home은 구체적인
장소를 뜻하므로
the home으로 표현

---

* the home이 어떤 장소인지 관계부사 where이 이끄는 관계사절 [where I gerw up]으로 수식하는 구조입니다.

① 직장에서 긴 하루를 보낸 후, 사라는 느긋하게 쉬게 집에 일찍 가기로 했어요. ② 가는 길에 운동하려고 체육관에 들렀어요. ③ 집에 도착했을 때, 그녀는 바로 잠자리에 들었어요. ④ 다음 날 아침, 그녀는 상쾌한 기분으로 깨어났고 다시 출근 준비를 했어요.

①

_____

_____

Hint 긴 하루 후 after a long day   ~하기로 결정하다/결심하다 decide to + 동사원형   느긋하게 휴식을 취하다 relax

②

_____

_____

Hint ~가 가는 길에 on one's way   ~에 잠시 들르다 stop by

③

_____

_____

Hint 집에 도착하다 get home   즉시, 바로 immediately

④

_____

_____

Hint 상쾌함을 느끼다 feel refreshed   준비를 하다 get ready

▶ 정답 p. 375

1 **직장에서 긴 하루를 보낸 후, 사라는 느긋하게 쉬게 집에 일찍 가기로 했어요.**

긴 하루 후 + 직장에서, + 사라는 결심했어요 + 가기로 + 집에 + 일찍 + 편히 쉬려고

여기서 work는 특정한 직장이 아니라 일반적인 직장이라는 개념으로 쓰이므로 무관사 표현입니다. 일하고 있는 상황이나 장소를 나타내는 관용 표현으로 at work를 씁니다. '집에 가기로 했다'는 decided to go home으로 쓰면 되는데, 여기서의 home은 '집으로'라는 의미의 부사로, 부사 앞에는 전치사를 쓰지 않습니다. '쉬다'를 나타내는 표현이 여러 가지 있는데, 여기서는 '느긋하게 쉬다'의 의미인 relax를 이용해 보세요.

2 **가는 길에 운동하려고 체육관에 들렀어요.**

그녀가 가는 길에, + 그녀는 들렀어요 + 그 체육관에 + 운동을 위해

체육관에 잠시 들린 목적이 '운동하려고, 운동을 위해'이므로 전치사 for를 이용해 for a workout으로 쓰면 됩니다. workout은 가산 명사로 a workout은 하나의 개별적인 활동, 하나의 운동 세션을 의미합니다. a daily workout, several workouts 등으로도 표현 가능합니다.

3 **집에 도착했을 때, 그녀는 바로 잠자리에 들었어요.**

그녀가 도착했을 때 + 집에, + 그녀는 바로 잠자리에 들었어요.

'그녀가 집에 도착했을 때'는 접속사 when으로 시작하세요. '잠자리에 들었다'는 went to bed인데, 이때 bed는 침대가 아니라 관용적 표현 go to bed의 '잠자리'이므로 무관사로 씁니다.

4 **다음 날 아침, 그녀는 상쾌한 기분으로 깨어났고 다시 출근 준비를 했어요.**

다음 날 아침, + 그녀는 잠에서 깼어요 + 느끼면서 + 상쾌한 (상태로) + 그리고 + 준비를 했어요 + 출근할 + 다시

[wake up feeling + 형용사] 구조로 '상쾌한 기분으로 잠에서 깼다'를 영작하세요. 접속사 and 뒤에 오는 동사도 앞의 문장과 연결되도록 과거형으로 쓰면 됩니다. '출근하다'는 go to work로, '학교에 다니다'인 go to school 처럼 개념적 의미로 관사 없이 관용적으로 씁니다.

▶ 정답

① After a long day at work, Sarah decided to go home early to relax. ② On her way, she stopped by the gym for a workout. ③ When she got home, she immediately went to bed. ④ The next morning, she woke up feeling refreshed and got ready to go to work again.

영어로 문장 만들기 훈련
2차 임계점

ANSWERS

PART 1 의미를 가르는 영작 BASE

CHAPTER 1 영어의 시제

UNIT 1 단순 현재와 현재진행 문장 만들기

STEP 1 P. 18

I listen to the radio on the way to work every morning.

I'm listening to the radio now.

유제 1 I drink coffee in the morning to feel energized for the day ahead.

유제 2 He is staying with his friend until he finds a studio.

유제 응용 She plays tennis on weekends, but this week she's spending quality time with her parents.

STEP 2 P. 20

1 She works at a well-known bank in the city.

2 I'm just tasting the cake to see if it's okay.

3 The cake tastes absolutely divine, with its rich, moist layers of chocolate sponge.

4 He reads the newspaper every morning to stay updated on current events.

5 They swim in the pool on hot days to cool off.

6 I don't understand why she is being so selfish these days.

7 Why are you being so nice to me all of a sudden?

8 I like the way you keep an open mind.

9 The sun brings light and warmth to start a new day.

10 She is working on a project that requires detailed research.

11 She is driving to the office, listening to her favorite music.

12 He is always complaining about the weather, no matter the season.

STEP 3 P. 22

① Emily practices yoga every morning to start her day with energy. ② Currently, she is doing a series of stretches and being mindful of her breathing. ③ Her cat is trying to join her on the yoga mat. ④ Emily finds these moments both relaxing and amusing, as they improve her flexibility and brighten her day.

UNIT 2 단순 과거와 과거진행 문장 만들기

STEP 1 P. 24

She received a job offer yesterday.

She was thinking about her career options when the offer came.

유제 1 I learned how to play the guitar in high school.

유제 2 He was studying for his exams all night.

유제 응용 I was taking a nap when someone knocked on the door.

STEP 2 P. 26

1 She called me while I was driving home from work.

2 He missed the bus yesterday morning.

3 He was running to the stop when the bus drove away.

4 I attended a conference in New York last month.

5 I was exhausted after the long flight, while everyone else was excited about the news.

6 I was living in Paris this time last year.

7 She was at the library when it started to rain.

8 They organized a surprise party for their friend last Friday.

9 They discovered a hidden beach on their vacation.

10 My computer suddenly shut down while I was writing an article last night.

11 They were discussing the project when the boss walked in.

12 We were driving home when the rain stopped and the rainbow appeared.

STEP 3 P. 28

① While I was cooking dinner, the phone rang unexpectedly. ② I answered it and found out that my friend had an emergency. ③ As I was hurrying to help, I accidentally knocked over a pot of soup. ④ Later, we laughed about the chaos over a freshly baked pizza.

UNIT 3 현재완료 문장 만들기

STEP 1 P. 30

I have never been to New York, even though I have always wanted to visit.

유제 1 She has never eaten sushi before, despite having many opportunities.

유제 2 They have watched that movie several times, but they still find it fascinating.

유제 응용 They have built a successful company from the ground up, despite (= in spite of) many challenges.

STEP 2 P. 32

1 The city has changed dramatically, with new buildings and infrastructure everywhere.

2 She has become more patient over the years, especially since becoming a parent.

3 Have you ever tried skydiving, or is it something you're still considering?

4 She has won several awards for her contributions to the field of science.

5 He has written a best-selling book that has been translated into multiple languages.

6 The team has reached the finals after a series of tough matches.

7 They have launched a new product that has received positive reviews from customers.

8 I have lived here for five years, and I still discover new things about the neighborhood.

9 She has worked as a dedicated team leader at that company since 2010.

10 We have known each other since childhood, and our bond has only grown stronger.

11 I have been a vegetarian for six months, and I feel healthier and more energetic.

12 She has waited for the bus for over an hour, but it hasn't arrived yet.

STEP 3 P. 34

① Jenny has completed her degree in environmental science. ② She has worked on several projects to reduce plastic waste in her community. ③ Her efforts have inspired many people to adopt more sustainable practices. ④ Jenny has also given talks at schools to educate students about environmental protection.

UNIT 4 현재완료와 현재완료진행 문장 만들기

STEP 1 P. 36

My English has improved a lot.
My English has been improving steadily with daily practice.

유제 1 Our relationship has grown stronger.

유제 2 Our relationship has been growing stronger with open communication.

유제 응용 We have been completing various phases of the project according to the schedule.

STEP 2 P. 38

1 I have visited LA three times so far.

2 I have been visiting LA every summer for the past few years.

3 He has volunteered at the local shelter for years.

4 The city has been changing rapidly with new developments every year.

5 They have built a strong reputation for delivering high-quality products.

6 They have been building a new product line over the past few months.

7 He has been writing his second novel since last year.

8 She has been winning awards consistently for her scientific research.

9 He has been working out at the gym every day this week.

10 She has been working on a new project at the company for the past few months.

11 I have been looking everywhere for you all day long.

12 He has been studying English intensively this semester.

STEP 3 P. 40

① Lily has always loved painting. ② Over the past few months, she has been painting a series of beautiful landscapes. ③ Her friends have admired her talent and encouraged her to showcase her work. ④ Recently, she has been preparing for her first art exhibition.

UNIT 5 과거완료 문장 만들기

STEP 1 P. 42

By the time we arrived at the airport, they had already announced the departure of our flight.

유제 1 She had already mastered French cooking by the time she turned twenty-five.

유제 2 He had just finished the marathon when he collapsed from exhaustion.

유제 응용 She had just finished writing her novel when the publisher called to offer her a contract.

STEP 2 P. 44

1 During our conversation, I realized that we had met before.

2 I wondered who had left the door open.

3 She couldn't believe that he had forgotten her birthday.

4 When they got married, they had known each other for 10 years.

5 He apologized because he had forgotten to reply to the email.

6 I didn't want to go to the concert with them because I had already heard the band play live.

7 I had already visited the Louvre twice before 2010, and each time felt like the first.

8 She had prepared an exquisite dinner, but he arrived home too late to enjoy it warm.

9 She had tried calling her sister multiple times before the line finally connected.

10 They had binge-watched the entire series before the new season premiered.

11 They had sold their old car to buy a new one right before the economy took a downturn.

12 We had saved meticulously for years before we could afford to buy our dream house.

STEP 3 P. 46

① By the time Sarah arrived at the station, the train had already left. ② She had waited for this trip for months and couldn't believe she had missed it. ③ Earlier that morning, she had double-checked the schedule and packed her bags meticulously. ④ If only she had left the house a few minutes earlier, she would have made it on time.

UNIT 6 과거완료진행 문장 만들기

STEP 1 P. 48

She had been working at the company for ten years before she got promoted last year.

유제 1 They had been dating for five years before they decided to get married.

유제 2 I had been trying to reach you all morning before you finally answered.

유제 응용 We had been expecting a delivery for days when it finally showed up.

STEP 2 P. 50

1 She had been cooking all afternoon when the guests arrived.

2 I had been cleaning the house all morning before the visitors arrived.

3 He had been practicing the piano for months before the recital.

4 The kids had been fighting over the toy until their mom took it away.

5 I had been studying for weeks before the exam day came.

6 She had been feeling ill for days before she went to the hospital.

7 We had been discussing the project for weeks before we started it.

8 I had been looking for my glasses all day when I found them.

9 We had been enjoying the peaceful walk when it started to rain.

10 They had been learning French for years before I moved to Paris.

11 We had been discussing philosophy, and our minds were filled with deep questions.

12 She had been practicing yoga, and her body felt incredibly relaxed.

STEP 3 P. 52

① She had been practicing her speech for weeks before the big day. ② When she finally stood on stage, her nerves disappeared. ③ Her friends had been cheering for her from the audience. ④ By the end of her speech, she realized all her hard work had paid off.

UNIT 7 미래를 나타내는 현재진행/단순 현재 문장 만들기

STEP 1 P. 54

She is taking her driving test next Tuesday, and it starts at 9 a.m.

유제 1 He is seeing the dentist today, and his appointment is at 3 p.m.

유제 2 I am flying to New York next weekend, and my flight departs at 10 a.m. on Saturday.

유제 응용 He is visiting his grandparents next week, and his train leaves at 6 a.m. on Friday.

STEP 2 P. 56

1 She is starting her new job next week, and her orientation begins on Monday.

2 We are going to the movies tonight to see/watch the latest blockbuster.

3 He is seeing the doctor later today for a routine check-up.

4 She is quitting her job at the tech company next week.

5 She is attending a conference next Monday to present her research findings.

6 He's getting married next month, so we are planning a surprise bachelor party for him this weekend.

7 They are moving to their new house next month when their lease expires.

8 The train leaves at 6 p.m., so we need to be at the station by 5:30 p.m.

9 The bus arrives at 5:30 p.m., and it's usually very punctual.

10 My flight departs at noon, so I have to leave for the airport early in the morning.

11 The library closes at 6 p.m. today, so make sure to return your books by then.

12 The store opens at 10 a.m. tomorrow, just in time for the big sale.

STEP 3 P. 58

① Next Tuesday, I am flying to Paris for a long-awaited vacation. ② My flight departs at 8 a.m., so I need to be at the airport by 6 a.m. ③ When I arrive, I am meeting my friend who lives there to explore the city. ④ In the evening, we are attending a concert at a historic venue.

UNIT 8 will을 사용해 '의지'와 '예측'의 문장 만들기

STEP 1 P. 60

I'll get the door for you since your hands are full.

유제 1 I'll help you with your math homework after I finish my chores.

유제 1 He's always late, so he will probably miss the train.

유제 응용 He's a great cook, so he will make something delicious for dinner tonight.

STEP 2 P. 62

1 I'll call you when I get home, so we can discuss the details.

2 I'll pick you up from the airport and we can go straight to the hotel.

3 I'll finish the project by tomorrow even if I have to stay up all night.

4 I'll give you a ride to the meeting so you don't have to worry about parking.

5   I'll handle the situation carefully to ensure everyone's safety.

6   I'll book the hotel for our trip as soon as I find the best deal.

7   He's very clumsy, so he'll probably break it.

8   You'll never believe what happened yesterday.

9   You'll never find a better deal than this one, even if you search everywhere.

10 She will forgive me for my mistake, especially since I sincerely apologized.

11 The baby will certainly have blue eyes, just like his parents.

12 You'll never finish that puzzle on your own unless you get some help.

    (= You'll never finish that puzzle on your own if you don't get some help.)

STEP 3 P. 64

① Next summer, I will travel to Italy for the first time. ② My friend will join me, and we will explore famous landmarks together. ③ I'm sure we will have an amazing time and create unforgettable memories. ④ To make our trip even more special, I will learn some basic Italian phrases before we go.

UNIT 9 이미 결심하고 계획한 미래의 be going to 문장 만들기

STEP 1 P. 66

I'm going to apply for the job next week.

유제 1 I'm going to sign up for a cooking class next month.

유제 2 I'm going to take the dog for a walk in the evening.

유제 응용 We're going to celebrate our anniversary in Paris next month.

STEP 2 P. 68

1   We're going to redecorate the living room next month.

2   We're going to launch a new product this summer.

3   I'm going to answer that email right after this meeting.

4   I'm going to tell him the news when he arrives.

5   We're going to leave for the airport soon.

6   I'm going to meet my friends for Jessica's surprise birthday party tomorrow.

7   She's going to check on the reservations in a few minutes.

8   They're going to organize a charity event this year.

9   This milk smells bad. It's going to go off soon.

10 This movie is going to be a big hit. Everyone's talking about it.

11 She's going to have a baby soon. Her due date is next week.

12 The economic situation is bad now, and things are going to get worse.

STEP 3 P. 70

① It looks like it's going to rain soon, so I'm going to cancel our picnic. ② Instead, we're going to watch a movie at home and order pizza. ③ My friend is going to bring some snacks, and we're going to make the best of a rainy day indoors.

UNIT 10 was/were going to로 과거 속 미래 문장 만들기

STEP 1 P. 72

I was going to watch a movie, but I ended up going for a walk instead.

유제 1 We were going to eat out, but we decided to cook at home instead.

유제 2 He was going to play tennis, but all the courts were occupied.

유제 응용 We were going to have dinner at that new place, but it was fully booked.

STEP 2 P. 74

1 I thought you were going to be there with me.

2 I was going to call you to discuss the project, but then I realized it was too late.

3 They were going to fix the bike, but they didn't have the right tools.

4 They were going to visit us this weekend to celebrate my birthday, but their plans changed unexpectedly.

5 We were going to go up the mountain, but the weather suddenly got worse.

6 She was going to take the morning train to the city, but she missed it.

7 I was going to send the email, but I realized I had forgotten to attach the most important document.

8 She was going to attend the important meeting, but something urgent came up at the last minute.

9 I was going to work out at the gym this morning, but I overslept.

10 He was going to fix the old car himself, but he realized he needed professional help.

11 I was going to finish the report, but I got distracted by an urgent call from a client.

12 I thought I was going to be late for the appointment, but miraculously, I caught the train just in time.

STEP 3 P. 76

① I was going to spend the afternoon reading my new book, but then I got an unexpected phone call from an old friend. ② We were going to catch up over the phone, but we decided it would be more fun to meet in person. ③ When we met, we were going to just have coffee, but we ended up spending the whole evening talking and reminiscing. ④ It was a wonderful surprise, and I'm glad my plans changed.

UNIT 11 미래진행 문장 만들기

STEP 1 P. 78

I will be waiting for you at the entrance when you arrive.

유제 1 She will be preparing a surprise dinner when you get home.

유제 2 We will be watching the sunset on the beach this evening.

유제 응용 The team will be reviewing the final proposal later this afternoon.

STEP 2 P. 80

1 I will be working late tonight, so I can't join you for dinner.

2 Tomorrow morning, I'll be visiting the new office to finalize the setup.

3 Next fall, we'll be living in our new house in the suburbs.

4 They will be discussing the new project during the meeting.

5 She will be working on her project all day tomorrow.

6 I'll be meeting with the client at noon and heading back to the office around 2 p.m.

7 This evening, we'll be celebrating our anniversary at a nice restaurant.

8 I'll be presenting to the board of directors, so please don't text me during the meeting.

9 I will be enjoying a relaxing day at the spa tomorrow.

10 They will be planning their next big adventure over coffee.

11 The CEO will be announcing the new company policy later today.

12 Next year, they'll be launching a new product line that's expected to be a game changer.

STEP 3 P. 82

① Tomorrow afternoon, I will be flying to New York for an important business meeting. ② While I'm there, I will be meeting with several potential clients to discuss our new product line. ③ In the evening, I'll be attending a formal dinner hosted by the company and networking with industry leaders. ④ By the time I return home, I will be preparing a detailed report on this trip for my team.

UNIT 12 미래완료 문장 만들기

STEP 1 P. 84

I will have read all the books on my list by the end of the year.

유제 1 She will have completed her degree by next June.

유제 2 We will have left for the airport by the time you arrive.

유제 응용 He will have graduated from college by the time he turns 22.

STEP 2 P. 86

1 They will have moved into their new house by the end of the month.

2 We will have traveled to five countries by the end of our vacation.

3 They will have organized the files by the end of the day.

4 I will have paid off my loan by the end of the year.

5 We will have discussed all the important points by the end of the meeting.

6 She will have completed her thesis by the end of this semester.

7 We will have celebrated our wedding anniversary by this time next week.

8 They will have launched the new product by next quarter.

9 The audience will have heard everything they need to know by the time he finishes his speech.

10 By next summer, we will have saved enough money for our dream vacation.

11 By this time tomorrow, I will have finished the report and sent it to the entire team for review.

12 Next year we will have been married for 20 years.

STEP 3 P. 88

① By this time next year, I will have launched my own online business and quit my 9-to-5 job. ② My team and I will have developed a cutting-edge app that helps people manage their time more effectively. ③ By the time we present our product at a major tech conference, we will have already gained thousands of users. ④ Once the app is fully established, I will have achieved my lifelong dream of becoming an entrepreneur.

PART 2 원어민 감각의 영작

CHAPTER 1 사물 주어로 문장을 더 간결하게

UNIT 1 사물 주어로 문장 만들기1 (사물 주어 + 서술어 + 대상어)

STEP 1 P. 94

The heavy traffic delayed my arrival at the office.

유제 1 The report highlights the main issues we need to address.

유제 2 The news about the promotion shocked everyone in the team.

유제 응용 The noise from the construction site woke me up early this morning.

STEP 2 P. 96

1. The clock in the living room shows the wrong time, and I keep forgetting to fix it.
2. The article explains the new policy changes in detail.
3. The music playing in the background relaxed the audience during the entire presentation.
4. The test results confirmed our suspicions, and now we know how to proceed with the treatment.
5. The commercial caught my attention because it featured one of my favorite actors.
6. The phone call interrupted our meeting, but it turned out to be something important.
7. The interview revealed interesting facts about the company's future plans and upcoming projects.
8. The story captured the children's imagination, and they couldn't stop talking about it afterward.
9. The symptoms suggest a viral infection, so it's best to rest and drink plenty of fluids.
10. The evidence supports the theory that the company was involved in illegal activities.
11. The experience changed my perspective on life, and I'm now more open to new possibilities.
12. The app tracks your fitness progress and helps you stay motivated to reach your goals.

STEP 3 P. 98

① The alarm woke me up early in the morning. ② The clock showed it was already 7:30, so I quickly got dressed. ③ The weather app said it would rain later, so I grabbed my umbrella. ④ As I stepped outside, the aroma of fresh coffee from the café tempted me to stop by and grab a cup.

UNIT 2 사물 주어로 문장 만들기 2 (사물 주어 + 서술어 + 전치사구)

STEP 1 P. 100

The bus leaves from the main station at 8 a.m. sharp every weekday.

유제 1 The plane departs from gate 5 after all passengers have boarded.

유제 2 The car turned into the parking lot after circling the block once.

유제 응용 The coins rolled under the sofa when I dropped them while sitting down.

STEP 2 P. 102

1. The document came from the headquarters this morning.
2. The package arrived at my house yesterday afternoon, earlier than expected.
3. The book fell on the floor when it slipped from my hand while reading.
4. The water flowed into the river from the hills after a night of heavy rain.
5. The meeting ended over the scheduled time because several important topics needed further discussion.
6. The wind blew through the open window, making the room feel cool and fresh.
7. The email came from my boss this morning, reminding me of the upcoming meeting.
8. The train travels along the coast, providing passengers with stunning ocean views.
9. The road leads to the city center, passing through some scenic areas.
10. The message popped up on my phone, notifying me of a new event.

11 The water dripped from the faucet all night, creating a rhythmic sound.

12 The balloon floated up into the sky, disappearing into the clouds.

STEP 3 P. 104

① The alarm rang at 6 a.m., waking me up for the day. ② Fortunately, the bus arrived at the stop just in time, so I didn't have to wait long. ③ On the way to work, a notification popped up on my phone about a meeting at 10 a.m. ④ Once I reached the office, an email from my boss landed in my inbox, detailing the tasks I needed to complete before the end of the day.

UNIT 3 사물 주어로 문장 만들기 3
(사물 주어 + 서술어 + I.O + D.O)

STEP 1 P. 106

A good night's sleep gives me energy for the day.

유제 1 A quick nap gives me a boost of energy.

유제 2 A hot shower in the morning gives me a fresh start to the day.

유제 응용 The rainy weather gives me a reason to stay inside.

STEP 2 P. 108

1 Reading every night gives me a sense of peace before bed.

2 The project deadline gave me a sense of urgency.

3 This new recipe gives our dinner an interesting twist.

4 A warm cup of tea in the morning gives me comfort.

5 A short break gives my brain some time to relax.

6 Receiving positive feedback gives us motivation to keep working hard.

7 The traffic jam cost me an extra hour on the road.

8 The long commute costs me precious time every day.

9 The broken appliance cost us a lot of money to fix.

10 This shortcut saves us a few minutes on the way to work.

11 Automated billing saves us the hassle of manual payments.

12 The special discount saved me some money on groceries.

STEP 3 P. 110

① Forgetting my keys this morning cost me 20 minutes because I had to go back home to get them. ② Luckily, taking the bus saved me some money on parking. ③ The morning meeting gave us a clear direction for the project this week. ④ After a long day, a quick workout at the gym gives me the energy I need to spend time with my family.

UNIT 4 사물 주어로 문장 만들기 4
(make/help/cause/drive로 5형식 문장)

STEP 1 P. 112

The sudden power outage made the computer shut down.

유제 1 The new attendance rule made students follow a stricter schedule.

유제 2 The emotional scene in the movie made him cry.

유제 응용 The freezing weather made the car battery stop working.

STEP 2 P. 114

1 The bright sunlight in the room is making me squint right now.

2 The unexpected news from the company made everyone anxious.

3 The reminder from the app helped me not forget the meeting.

4 The tutorial video helped us understand the topic better.

5 The prescribed medication helped him recover faster.

6 The accident on the highway caused the traffic to back up for miles.

7 The virus outbreak caused the company to close temporarily.

8 The leak in the sink caused the kitchen floor to become wet.

9 The error in the software caused the system to crash.

10 The neighbor's barking dog drove everyone in the neighborhood crazy.

11 The overwhelming workload is driving him to exhaustion right now.

12 The pressure from her boss drove her to quit the job.

STEP 3 P. 116

① The project ran behind schedule. This made the team work overtime to catch up.

② The presentation was poorly organized and unclear. This made the audience lose interest quickly.

③ The heavy rainfall flooded the streets. This caused the traffic to come to a standstill.

④ The new marketing strategy was ineffective. This caused the company's sales to drop significantly.

UNIT 5 사물 주어로 문장 만들기 5
(사물 주어+ enable... + 대상어 + to V)

STEP 1 P. 118

The flexible schedule enables employees to balance work and life.

유제 1 Learning new skills enables employees to advance in their careers.

유제 2 Proper time management enabled the team to meet the deadline.

유제 응용 A well-balanced diet enables children to grow strong and healthy.

STEP 2 P. 120

1 Careful planning enabled us to finish the project ahead of schedule.

2 The cloud service enables users to store data securely.

3 Following a budget enables families to save more money each month.

4 A sudden rise in rent forced the tenants to move to a more affordable apartment.

5 A medical emergency forced the plane to make an emergency landing.

6 A broken heating system forced the office staff to relocate to another building.

7 The discovery of new evidence compelled the police to reopen the case.

8 A major financial loss compelled the company to restructure its workforce.

9 Public pressure compelled the government to take immediate action.

10 The terms of the lease obliged the tenant to keep the apartment in good condition.

11 The health insurance policy obliges companies to provide coverage for all employees.

12 The environmental law obliges factories to reduce their pollutant emissions.

STEP 3 P. 122

① The flexible working hours enabled employees to manage their time more effectively. ② However, an unexpected surge in workload forced the team to work overtime for several weeks. ③ The growing client demands compelled the company to hire additional staff. ④ The employment contract obliged the company to provide proper training for all new hires.

UNIT 6 사물 주어로 문장 만들기 6
(prevent/keep/prohibit/hinder + 대상어 + from Ving)

STEP 1 P. 124

The lack of experience kept her from getting the promotion.

유제 1 Her fear of flying kept her from traveling abroad.

유제 2 His busy schedule kept him from attending the meeting.

유제 응용 The rainy season keeps tourists from visiting the island.

STEP 2　P. 126

1　The heavy workload kept the employees from leaving early.

2　The last-minute changes kept the employees from completing their tasks on time.

3　The rising cost of living is keeping many families from saving money.

4　The password protection prevented unauthorized users from accessing the data.

5　The strong wind prevented us from setting up the tent.

6　The high cost prevented many people from buying the product.

7　The restaurant prohibits customers from bringing outside food.

8　The terms of service prohibit users from sharing their account information.

9　The security measures prohibit unauthorized personnel from entering the building.

10　The poor Internet connection hindered us from submitting the report on time.

11　Her shyness hindered her from speaking up in meetings.

12　The constant distractions hindered her from focusing on her work.

STEP 3　P. 128

① The heavy traffic kept us from arriving at the restaurant on time. ② By the time we got there, the rain prevented us from sitting outside as planned. ③ The restaurant prohibits customers from bringing their own drinks, so we had to order from the menu. ④ Unfortunately, the poor service hindered us from fully enjoying the meal.

UNIT 7　사물 주어로 문장 만들기 7
(사물 주어가 조건을 나타낼 때)

STEP 1　P. 130

A few minutes of rest will help you feel refreshed.

(= If you rest for a few minutes, you will feel refreshed.)

유제 1　A good night's sleep will boost your productivity tomorrow.

(= If you sleep well tonight, you will be more productive tomorrow.)

유제 2　A quick look at your schedule will remind you of today's meeting.

(= If you take a quick look at your schedule, you will remember today's meeting.)

유제 응용　A quick conversation with the manager will solve the issue.

(= If you talk to the manager quickly, the issue will be solved.)

STEP 2　P. 132

1　A few words of encouragement will motivate the team.

(= If you encourage the team, they will feel more motivated.)

2　A detailed review of the contract will prevent future issues.

(= If you review the contract in detail, you will prevent future issues.)

3　A well-crafted résumé will increase your chances of getting hired.

(= If you write a well-crafted résumé, your chances of getting hired will increase.)

4　A short walk will clear your mind.

(= If you take a short walk, your mind will be clear.)

5　A positive attitude will improve your relationships.

(= If you maintain a positive attitude, your relationships will improve.)

6　A balanced diet can improve your overall well-being.

(= If you eat a balanced diet, your overall well-being will improve.)

7　Frequent communication will keep everyone on the same page.

(= If you communicate frequently, everyone will stay informed.)

8 The proper management of your time will help you succeed.

(= If you manage your time properly, you will succeed.)

9 Saving a portion of your income will help you build an emergency fund.

(= If you save part of your income, you will build a good emergency fund.)

10 Setting clear goals helps you stay motivated.

(= If you set clear goals, your motivation will stay high.)

11 Maintaining a clean workspace will improve your focus.

(= If you keep your workspace clean, your focus will improve.)

12 Being kind to others will make you more likable.

(= If you are kind to others, people will like you more.)

STEP 3 P. 134

① A good breakfast will provide you the energy you need to start the day. ② A well-planned schedule will keep you organized and on track. ③ A productive morning routine will boost your confidence for the rest of the day. ④ A little time for reflection at the end of the day will help you evaluate your progress.

CHAPTER 2 수동태

UNIT 1 행위 자체를 언급하는 문장 만들기

STEP 1 P. 138

The local and international news is updated on our website every hour.

유제 1 A delicious breakfast is served in the hotel dining room from 7 to 10 a.m.

유제 2 The old house was sold last year at a very good price.

유제 응용 The report is reviewed weekly, and last month it was updated to include the latest data.

STEP 2 P. 140

1 Concert tickets are sold exclusively online.

2 All monthly bills are paid automatically by direct debit.

3 The network password is changed regularly every month for security.

4 The Mona Lisa was painted by Leonardo Da Vinci.

5 I was born and raised in the bustling city of Seoul. Where were you born?

6 The windows were cleaned thoroughly yesterday by our maintenance team.

7 All the necessary documents were signed by all involved parties.

8 Next year's international conference will be hosted in New York.

9 Your application will be processed within two business days.

10 The band's new song will be released on streaming platforms next month.

11 The highly anticipated book will be published in the spring of next year.

12 The final decision will be made by the executive committee next Wednesday.

STEP 3 P. 142

① The community garden is maintained by local volunteers. ② Last year, several new fruit trees were planted. ③ A new irrigation system will be installed next month to improve water usage. ④ All produce grown in the garden is donated to the local food bank.

UNIT 2 시제와 만난 수동태 문장 만들기

STEP 1 P. 144

The car is currently being repaired at the local garage.

유제 1 The documents are being processed by the office clerk.

유제 2 The tickets have been booked for our vacation next month.

유제 응용 The new software version has been released to the public, and is being tested by early adopters.

STEP 2 P. 146

1 The lawn is being mowed this morning by our new landscaping service.

2 Our weekly groceries are being delivered right now by the local store.

3 All job applications are currently being reviewed by the HR department.

4 The assignments are being graded by the teacher and results will be announced tomorrow.

5 The new blockbuster movie is being shown in three different theaters across the city.

6 The conference room is being set up for the meeting scheduled for tomorrow morning.

7 The latest newsletter has been sent out to all subscribers this morning.

8 All the files have been organized into their respective folders.

9 The dinner reservation has been made for our anniversary celebration.

10 The house has been sold, and the keys will be handed over next week.

11 The findings have been published in a renowned scientific journal.

12 The furniture has been rearranged to make the living room more spacious.

STEP 3 P. 148

① The house is being renovated by a team of skilled workers. ② The walls are being painted a light blue to brighten the rooms. ③ The old flooring has been removed to make way for new hardwood flooring. ④ All necessary permits have been obtained from the local council.

UNIT 3 be동사 대신 get을 쓰는 수동태 문장 만들기

STEP 1 P. 150

Her passport got stolen while traveling in Europe.

유제 1 The password got changed last night, so I had to update all my devices.

유제 2 Her emails often get overlooked during busy weeks, so she has to remind the recipients.

유제 응용 Their proposal gets considered at every meeting, but no decision has been made yet.

STEP 2 P. 152

1 Her article gets cited in research papers frequently.

2 Our car got towed last night because it was parked in a no-parking zone.

3 He got selected for the school's soccer team after months of hard training.

4 The documents finally got approved just in time for the project deadline.

5 My order got misplaced by the restaurant, and they had to remake it.

6 The door got locked accidentally when we left the house yesterday.

7 The window got smashed by a stray ball during the kids' soccer game.

8 Our reservation got canceled unexpectedly, so we had to find another place quickly.

9 His idea will get rejected by the committee.

10 The package will get lost in the mail if not properly addressed.

11 Her performance will get recorded live and will be available online.

12 The payment will get processed by next Friday, just before the billing cycle closes.

STEP 3 P. 154

① Tom and Jenna finally got engaged last year and are planning to get married at the beach this summer. ② On the morning of the wedding, Jenna will get dressed in a vintage gown that belonged to her grandmother.
③ All of their friends and family have been invited to celebrate their special day.
④ After the ceremony, everyone will get treated to a sunset dinner on the beach.

UNIT 4 수동태로 굳어진 표현 문장 만들기 1

STEP 1 P. 156

He was asked to lead the team in the next game.

유제 1 We were asked to bring our own laptops to the workshop.

유제 2 We were told to evacuate the building immediately.

유제 응용 He was told to report to the supervisor first thing in the morning.

STEP 2 P. 158

1 You will be asked to present your findings at the conference.

2 They were told to reduce expenses by 20% by the end of the fiscal year.

3 She was told not to share any confidential information with outsiders.

4 She was chosen to represent our class at the school council.

5 I was chosen to lead the project because of my experience in this field.

6 He was chosen to be part of the elite research team.

7 They were allowed to access the restricted area during the visit.

8 She was allowed to change her flight without any additional charges.

9 Employees are allowed to work from home twice a week.

10 We were made to rehearse until midnight for the opening day.

11 I was made to go through a detailed security check at the airport.

12 The contractors were made to sign a non-disclosure agreement before starting the project.

STEP 3 P. 160

① I was asked to attend an important meeting last Friday. ② During the meeting, I was chosen to lead the new project. ③ Afterward, I was told to prepare a detailed plan by next week. ④ Thankfully, I have been allowed to work from home so that I can focus on the project.

UNIT 5 수동태로 굳어진 표현 문장 만들기 2

STEP 1 P. 162

It is said that the movie is based on a true story.

(= The movie is said to be based on a true story.)

유제 1 It is said that the new café has great coffee.

(= The new café is said to have great coffee.)

유제 2 It is believed that the cure will be discovered soon.

(= The cure is believed to be discovered soon.)

유제 응용 It is believed that the Earth is 4.5 billion years old.

(= The Earth is believed to be 4.5 billion years old.)

STEP 2 P. 164

1 It is said that he has a collection of rare books.

= He is said to have a collection of rare books.

2 It is believed that she runs several online businesses.

= She is believed to run several online businesses.

3 It is considered that this is the best solution.

= This is considered to be the best solution.

4 It is considered that this building is a historic landmark.

= This building is considered to be a historic landmark.

5 It is known that they are developing new software.

= They are known to be developing new software.

6 It is known that he has traveled to more than 50 countries.

= He is known to have traveled to more than 50 countries.

7 It is thought that the company will announce a merger soon.

= The company is thought to announce a merger soon.

8 It is thought that this decision will benefit the company.

= The decision is thought to benefit the company.

9 It is expected that the new phone will be released next month.

= The new phone is expected to be released next month.

10 It is expected that the results will be announced soon.

= The results are expected to be announced soon.

11 It is reported that the city will experience heavy rain tomorrow.

= The city is reported to experience heavy rain tomorrow.

12 It is reported that the suspect was arrested last night.

= The suspect is reported to have been arrested last night.

STEP 3 P. 166

① It is said that the new restaurant downtown has the best pizza in the city. ② It is believed that the chef was trained in Italy, which explains the authentic taste. ③ It is considered that this restaurant will become a popular spot for locals and tourists alike. ④ It is reported that reservations are already fully booked for the next two weeks.

CHAPTER 3 준동사의 시제를 다양하게

UNIT 1 시제와 만난 to부정사 구문 만들기 1

STEP 1 P. 170

I want you to be calling the client when the meeting starts.

유제 1 I want him to be waiting for me at the airport when I arrive.

유제 2 I'm sorry not to have come on Monday.

유제 응용 You are silly not to have locked your car.

STEP 2 P. 172

1 I expect him to be working on the project right now.

2 The team is expected to be preparing for the competition next week.

3 He seems to be considering a new job offer.

4 She seems to be spending more time at home lately.

5 The children seem to be playing in the backyard.

6 She is supposed to be writing the report right now.

7 She seems to have finished her presentation already.

8 She is known to have traveled to more than 20 countries.

9 The CEO is reported to have resigned last month.

10 He is believed to have saved a lot of money over the years.

11 The team is expected to have finished the report by now.

12 She is known to have been a top student in her school.

STEP 3 P. 174

① I expected my friend to be waiting for me at the café, but when I arrived, he wasn't there. ② I called him, and he seemed to be having a hard time finding the place. ③ He told me he was running late. ④ By the time he arrived, I seemed to have finished my coffee without even realizing it.

UNIT 2 수동태와 만난 to부정사 구문 만들기 2

STEP 1 P. 176

Everyone deserves to be loved and respected.

유제 1 She just wants to be loved for who she is, not for what she does.

유제 2 She was happy to be appreciated for her efforts.

유제 응용 It's important to be appreciated for the hard work you put in.

STEP 2 P. 178

1 I don't want to be blamed for something I didn't do.

2 He doesn't want to be criticized for his performance.

3 He was proud to be elected the team leader.

4 The report is expected to be rejected due to insufficient data.

5 Nobody likes to be rejected, but it happens to everyone at some point.

6 She hopes to be promoted to a managerial position this time.

7 The CEO is rumored to have been fired last month.

8 The artwork is thought to have been stolen from the gallery.

9 The building is believed to have been constructed over 100 years ago.

10 The team is reported to have been reorganized recently.

11 The documents are reported to have been misplaced during the meeting.

12 The money is thought to have been transferred to an offshore account.

STEP 3 P. 180

① This suit needs to be dry-cleaned before the wedding next week. ② The invitations are expected to be sent out by tomorrow. ③ The cake is supposed to be delivered to the venue early in the morning. ④ The decorations seem to have been arranged perfectly, so almost everything is ready.

UNIT 3 시제와 만난 동명사 구문 만들기
STEP 1 P. 182

He doesn't mind having worked late last night.

유제 1 They celebrated having completed the project ahead of schedule.

유제 2 They are grateful for having received the support they needed.

유제 응용 She's proud of having helped so many people during the event.

STEP 2 P. 184

1 He felt guilty for having forgotten her birthday.

2 She apologized for having misunderstood the instructions.

3 She recalls having traveled to Europe as a child.

4 He admitted having made a mistake during the presentation.

5 I appreciate having had the opportunity to work with such a great team.

6 He couldn't deny having known about the problem beforehand.

7 Being chosen for the team was a great honor.

8 She was upset about being ignored in the meeting.

9 He hates being interrupted while focusing on an important task.

10 She's nervous about being judged unfairly by others.

11 Being invited to the event made me feel special.

12 No one likes the feeling of being humiliated in front of others.

STEP 3 P. 186

① I enjoy taking long walks in the park every morning. ② Being interrupted by phone calls during my walk is really frustrating. ③ Having finished my work early yesterday allowed me to relax this morning. ④ I'm grateful for having the chance to enjoy such peaceful moments.

UNIT 4 다양한 시제의 분사구문 만들기
STEP 1 P. 188

Taking a deep breath, she gathered her thoughts and started speaking.

유제 1 Having traveled extensively, she had a lot of travel stories to share.

유제 2 Exhausted from work, he lay down on the couch to relax.

유제 응용 Having been promoted, he looked forward to taking on his new responsibilities.

STEP 2 P. 190

1 Rushing to catch the train, I realized I left my wallet at home.

2 Knowing her pretty well, I realized something was wrong.

3 Impressed by the new restaurant, he recommended it to his friends.

4 Having worked overtime, he was completely exhausted by the end of the day.

5 Having been written in such haste, the paper has many typos.

6 After finishing the report, he went out to grab some coffee.

7 While browsing through the store, I found a perfect gift for my friend.

8 Not satisfied with his test score, he wants to take the test one more time.

9 Not wishing to continue my studies, I decided to pursue a career as a fashion designer.

10 Never having met him before, I was unsure of how to introduce myself.

11 The store being closed, we had to find another place to buy groceries.

12 Nobody having any more to say, the meeting was closed.

STEP 3 P. 192

① Running late for work, I snatched my bag and hurried outside. ② Arriving at the subway station, I realized I had left my phone at home. ③ Not wanting to go back, I decided to continue without it. ④ After making it to the office on time, I felt relieved and started my day.

UNIT 5 내용을 추가할 때 쓰는 분사구문 만들기

STEP 1 P. 194

He picked up his coffee, taking a long sip to wake himself up.

유제 1 She closed the book, feeling satisfied with the ending.

유제 2 He finished writing the email to his boss, hitting the send button.

유제 응용 She opened the window in her room, letting in the cool evening breeze.

STEP 2 P. 196

1 The cat stretched lazily on the couch, lying in the sun.

2 I poured myself a glass of cold water after the long walk, feeling refreshed.

3 She folded the freshly washed laundry, placing it neatly in the drawer.

4 He checked his phone after the meeting, noticing several missed calls.

5 They walked into the store at the mall, looking around at the new arrivals for the season.

6 He hung up the phone after talking to his mom, feeling relieved by her good advice.

7 He entered the kitchen after a long day, smelling the delicious food his wife was cooking.

8 She waited at the bus stop in the cold, the rain pouring down heavily around her.

9 I opened the front door to leave for work, the wind blowing leaves into the hallway.

10 She opened the old book, the pages yellowed with age.

11 He arrived at the office, his shirt wrinkled from the long commute.

12 He brought in the suitcase, the handle worn from years of use.

STEP 3 P. 198

① I grabbed my keys, heading out the door. ② I checked my phone, noticing that I was five minutes later than usual. ③ Having missed the earlier bus, I waited for the next one, feeling anxious about being late for work. ④ Fortunately, I made it to the office on time, starting my day with some energy.

PART 3 영어식 사고를 키워 주는 영작

CHAPTER 1 영어 의문문과 부정문 만들기

UNIT 1 be동사 의문문 만들기 1

STEP 1 P. 204

Are you interested in joining the team for the upcoming project?

유제 1 Is he the one in charge of this project?

유제 2 Are you sure that this is the correct address for the delivery?

유제 응용 Are you sure that you locked the door when you left the house this morning?

STEP 2 P. 206

1 Are you concerned about the feedback you received on your performance review?

2 Is she the best candidate for the job, or are there other strong contenders?

3 Are you available to talk now, or should I come back later?

4 Are they happy with the results?

5 Are you ready to make a final decision on the proposal?

6 Is it common for people in this role to work overtime frequently?

7 Is it possible to extend the deadline?

8 Was it possible to complete the task before the deadline?

9 Were you involved in the decision-making process?

10 Is there something specific that you would like to discuss during the meeting?

11 Was there a specific reason why you chose that option over the others?

12 Were they happy with the final outcome of the negotiations?

STEP 3 P. 208

① Are you certain this map is accurate? ② Is it even possible to find treasure in a place like this? ③ Is there anyone else who knows about this hidden cave, or are we the first? ④ Are there enough supplies in our backpacks if we end up staying longer than planned?

UNIT 2 be동사 의문문 만들기 2

STEP 1 P. 210

Are you still considering applying for that position?

유제 1 Are you working on that project right now?

유제 2 Are you going to travel abroad next month?

유제 응용 Are you going to apply for that job, or are you considering other opportunities first?

STEP 2 P. 212

1 Is it raining outside right now, or are those just clouds passing by?

2 Was it raining when you left the office this morning?

3 Were you listening to the instructions carefully during the meeting?

4 Is it getting colder outside, or is it just my imagination?

5 Are they planning to renovate the building, or is it just a rumor?

6 Are they coming over for dinner tonight?

7 Are you meeting with the client later today to discuss the new proposal?

8 Is she planning to expand her business overseas next year?

9 Are you going to call me when you get home?

10 Is he going to buy a new car this year, or is he planning to keep his current one for a bit longer?

11 Are they going to renovate the house soon, or are they just gathering ideas for now?

12 Is he going to make a speech at the event next week?

STEP 3 P. 214

① Are you still thinking about going on the trip we discussed? ② Is it starting to feel like we might be too late to find good accommodations? ③ Are we going to stick with our original plan? ④ Is anyone else going to join us, or is it just the two of us?

UNIT 3 조동사 의문문 만들기

STEP 1 P. 216

Can I leave early if I finish my work?

유제 1 Could I take the day off tomorrow if it's not too much trouble?

유제 2 Can you remind me of our meeting time tomorrow, just to confirm?

유제 응용 Could you call the office and confirm our appointment?

STEP 2 P. 218

1   Can I use your laptop for a few minutes?

2   Could I explore a few more options before making a final decision?

3   Could I ask you for some advice on this matter?

4   Can you please explain that again in more detail?

5   Could you send over the revised documents by 5 p.m.?

6   Will you take care of this while I'm away?

7   Will you let me know if there are any updates?

8   Would you like to go for a walk after dinner?

9   Would you prefer meeting in the morning or afternoon, depending on your schedule?

10 Should I bring anything specific to the potluck party?

11 Should we wait for everyone to arrive, or begin on time?

12 Should I inform the team about the changes, or is it too early to announce them?

13 Had we better double-check the details before submitting the report, just to be sure?

14 Had I better leave now to avoid the traffic?

15 Do I have to provide any identification to enter the building?

16 Do we have to follow this specific process, or is there some flexibility?

17 Does she have to finish the assignment tonight?

18 Do they have to agree on everything before moving forward?

STEP 3 P. 222

① Could you explain why there's a strange noise coming from the attic? ② Would you be willing to go up there and check it out with me? ③ Do we have to wait until morning, or can we figure this out now? ④ Had we better bring a flashlight, just in case the lights don't work up there?

UNIT 4 일반동사 의문문 만들기

STEP 1 P. 224

Do you know about the changes in the schedule?

유제 1 Do you prefer coffee or tea, or does it depend on your mood?

유제 2 Do you have any plans for the weekend, or are you planning to relax?

유제 응용 Do you need any help with that project, or are you managing everything on your own?

STEP 2 P. 226

1   Do you agree with that decision, or do you think we should reconsider?

2   Do you want to join us for lunch, or do you have other plans?

3   Do we have enough time to finish this before the deadline?

4   Do you believe in luck, or do you think everything happens for a reason?

5   Does she know how to get to the station, or should I give her directions?

6   Does he like his new job, or is he still adjusting to the changes?

7   Does this bus go downtown directly, or do we need to transfer?

8   Does your phone have enough battery to last through the day?

9   Did you finish your homework last night, or did you get distracted by something else?

10 Did he call you back after the meeting, or are you still waiting to hear from him?

11 Did you go to the party last night, or did you decide to stay home instead?

12 Did she tell you what happened at the event yesterday?

STEP 3 P. 228

① Did Jessica schedule the meeting for 3 p.m. today? ② Does the printer in the office always take this long to start? ③ John, did you finish the report, or do you need more time? ④ Do we have enough time to grab lunch before the meeting?

UNIT 5 현재완료 의문문 만들기

STEP 1 P. 230

Have you called your parents today to check in on them?

유제 1 Have you seen the latest movie in the Marvel series?

유제 2 Have you ever stayed up all night working on a project?

유제 응용 Have you ever forgotten someone's name right after being introduced?

STEP 2 P. 232

1 Have you tried that new restaurant downtown?

2 Have you heard from John recently, or has he been out of touch?

3 Have you visited the new art gallery that just opened last month?

4 Have you signed up for the workshop, or are you still considering it?

5 Have you spoken to the manager about this issue?

6 Have you set your alarm for tomorrow, or are you planning to sleep in?

7 Has he ever lost something valuable and found it later?

8 Has she ever volunteered for a charity or community event?

9 Has the temperature dropped overnight, or is it still warm outside?

10 Has your friend decided which college to attend?

11 Haven't you booked your flight tickets yet, or are you waiting for a better deal?

12 Hasn't the doctor given you the results yet, or is there a delay?

STEP 3 P. 234

① A: Have you checked the restaurant's hours to make sure they're open?

② B: Yes, I have, and they're open until 10 p.m.!

③ A: Awesome! Have you thought about what time we should meet?

④ B: How about 7 p.m.? That way, we can enjoy the food without rushing!

UNIT 6 의문사 의문문 만들기 – who, what 1

STEP 1 P. 236

Who is responsible for organizing the event?

유제 1 Who will manage the presentation at the meeting?

유제 2 What caused the power outage last night?

유제 응용 Who designed the new logo, and what inspired the design?

STEP 2 P. 238

1 Who knows the answer to this question?

2 Who started the rumor about the new policy?

3 Who was the person that called you last night?

4 Who arranged the flowers on the table?

5 Who is going to pick up the kids from school today?

6 Who will take over the project after John leaves?

7 What is the best way to learn a new language?

8 What made you change your mind about the trip?

9 What happened at the meeting this morning?

10 What keeps you motivated to work so hard even when things get tough?

11 What makes you think that's a good idea?

12 What took you so long to get here?

STEP 3 P. 240

① Who took the painting from the gallery last night? ② What happened to the security system? ③ It was working fine yesterday. ④ Who left this note behind, and what made them decide to write it?

UNIT 7 의문사 의문문 만들기 – who, what 2

STEP 1 P. 242

Who are you thinking about right now?

유제 1 What are you working on right now?

유제 2 Who did you call yesterday, and what did you discuss?

유제 응용 Who are you going to the movies with, and what film are you planning to see?

STEP 2 P. 244

1   Who did you ask for help with the project?

2   Who did you borrow the book from?

3   Who have you been texting all morning?

4   Who did you choose as your mentor, and what made you select them?

5   Who did you run into on your way home?

6   Who will you choose for the job, and what qualifications are you looking for?

7   What did you say to him when he asked for your opinion?

8   What have you been doing since we last met?

9   What are you going to cook for dinner tonight?

10 What will you be doing this weekend, and do you have any special plans?

11 What are you looking forward to at this conference?

12 Who were you talking to on the phone earlier, and what were you discussing?

STEP 3 P. 246

① "Who did you choose to lead the project?" asked Emily, her eyes full of curiosity.

② "What did you think of their presentation yesterday?" replied John, eager to gauge her opinion. "Not bad. By the way, ③ who have you consulted about the budget so far?" Emily continued, checking on the project's progress. ④ "What did they suggest to improve the timeline?"

UNIT 8 의문사 의문문 만들기 when, where, how, why

STEP 1 P. 248

When are you available to start the new role?

유제 1 When are you going to share your findings with the rest of the team?

유제 2 Where can I find more information on this topic?

유제 응용 Where can I find more detailed instructions on how to complete this task effectively?

STEP 2 P. 250

1   When is the best time for us to meet and discuss this further?

2   When will the new procedures and policies officially come into effect?

3   Where do you usually find inspiration for your creative work or ideas?

4   Where did you grow up, and how has that influenced your perspective?

5   How do you usually celebrate special occasions like birthdays or anniversaries?

6   How often do you set aside time to reflect on your personal and professional goals?

7   How do you maintain a healthy work-life balance despite your busy schedule?

8   How did you manage to resolve the conflict between the two departments?

9   Why do you believe this strategy will work?

10 Why did you decide to move to a new city?

11 Why did you choose to pursue this particular career path?

12 Why are you being so negative about everything?

STEP 3 P. 252

① "When did you decide to take that job offer?" Sarah asked. ② "Where do you see yourself in five years with this new role?" she continued. ③ "How did you prepare for the interview?" ④ "Why did you choose that company over the others?" Sarah wondered.

UNIT 9 의문사 의문문 만들기 – how + 형용사/부사

STEP 1 P. 254

How many steps do you take on an average day?

유제 1 How many times have you visited this city?

유제 2 How much money do you save each month?

유제 응용 How much does it cost to rent an apartment in this area?

STEP 2 P. 256

1 How good is your English compared to when you first started learning?

2 How often do you update your software to ensure everything runs smoothly ?

3 How well do you get along with your colleagues?

4 How fast is the delivery service in your area?

5 How far can this project go if we allocate more resources?

6 How difficult was it to learn a new language?

7 How important is it for you to achieve work-life balance?

8 How big is the difference between these two products?

9 How reliable are the sources you used for your research?

10 How long does it take to commute to work?

11 How long have you been studying English?

12 How long has it been since you started working at your current job?

STEP 3 P. 258

As they strolled through the neighborhood, Sarah asked a few questions to get to know the area better.

① "How long have you been living in this neighborhood?"

② "How often do you visit that coffee shop at the end of the street?"

③ "How friendly are the neighbors around here?"

④ "How safe do you feel walking around this area at night?"

UNIT 10 be동사 부정문 만들기

STEP 1 P. 260

I'm not ready to make such an important decision without more information.

유제 1 Dinner is not ready yet because the oven is taking longer than expected.

유제 2 She's not answering her phone, probably because she's in a meeting.

유제 응용 We're not going to finish on time if we don't get more help with the workload.

STEP 2 P. 262

1 We're not available this weekend due to prior commitments.

2 The deadline is not flexible, so we need to work efficiently to meet it.

3 The job is not easy, but it's not impossible either.

4 She's not aware of the changes because she missed the last meeting.

5 She's not comfortable with the idea of moving to a new city.

6 He's not feeling well today, so he decided to stay home and rest.

7 It's not the right time to ask for a raise, considering the company's current situation.

8 She's not part of the team anymore because she transferred to another department.

9   I am not seeing any improvement in my symptoms after taking the medication.

10 He's not coming back until next week, so we'll have to work without him for now.

11 I'm not going to tolerate this behavior any longer.

12 We're not going to finish on time unless we increase our pace significantly.

STEP 3   P. 264

Emma sighed and said to Jake, ① "I am not going to lie to you, Jake. ② The weather is not on our side. ③ I am not feeling confident about going for a trip anymore. The storm looks bad."

Jake replied. "Yeah, I saw the forecast too. It's disappointing, but safety comes first. ④ We are not going to risk getting caught in a storm. Let's reschedule."

UNIT 11   조동사 부정문 만들기

STEP 1   P. 266

You can't park here because this spot is reserved for employees only.

유제 1 I couldn't hear him over the loud background noise.

유제 2 She won't agree to those conditions unless we offer her a better deal.

유제 응용 I won't be available next week because I'll be out of town on a business trip.

STEP 2   P. 268

1   I can't believe how quickly the time passed.

2   We can't go outside because it's raining heavily.

3   I couldn't finish reading the book because it was too long.

4   I couldn't get a good night's sleep because there was too much noise outside my window.

5   You shouldn't go outside in this weather.

6   They shouldn't rely on just one source of information.

7   You shouldn't eat so much sugar, especially if you're trying to maintain a healthy diet.

8   You had better not forget to lock the door before leaving.

9   We had better not make any hasty decisions without consulting the team first.

10 He had better not eat too much junk food if he wants to stay healthy.

11 He must not forget to submit the report by the end of the day.

12 She must not be late for the appointment, as the doctor has a very tight schedule.

13 We won't make the deadline at this pace, so we need to speed up our work immediately.

14 He won't change his mind easily, especially after he's already made a firm decision.

15 You don't have to attend the meeting if you're not available.

16 They don't have to pay the full amount upfront.

17 He doesn't have to answer every question in the quiz.

18 We don't have to worry about that anymore since the issue has been resolved.

STEP 3   P. 272

Jane noticed her friend Emily struggling to organize the charity event.

① "You don't have to do it all by yourself," Jane said.

Emily sighed. ② "I can't help feeling like I need to manage everything. I want it to be perfect."

Jane shook her head. ③ "You shouldn't put so much pressure on yourself. We're all here to help, and it's okay if things aren't flawless."

Emily nodded. "You're right. ④ I shouldn't try to control every detail. I need to trust the team more."

UNIT 12 일반동사 부정문 만들기

STEP 1 P. 274

I don't have time to finish this project today.

유제 1 He doesn't understand the instructions clearly.

유제 2 We didn't have enough time to discuss all the topics during the meeting.

유제 응용 They didn't show up for the appointment, and I don't know why they didn't give us a heads-up.

STEP 2 P. 276

1 I don't like to be disturbed while working.

2 He doesn't want to talk about it right now.

3 They don't believe in that kind of superstition, no matter how many people insist it's true.

4 He doesn't like being the center of attention, so he avoids public speaking.

5 I don't understand the new policy, and he doesn't seem to get it either.

6 I don't think that's the right approach to the problem.

7 I don't think this plan will work, and she doesn't believe it will succeed either.

8 I didn't finish the report yesterday, and I don't have enough time to complete it today.

9 She didn't feel well after eating the seafood, so she decided to rest for the remainder of the evening.

10 We didn't get the results we were hoping for.

11 She didn't mention anything about the upcoming meeting.

12 He didn't think it was necessary to double-check the details.

STEP 3 P. 278

Sarah reflected on the day's events. ① "I don't understand why things didn't go as planned today," she thought to herself. ② "No matter how hard I try, I don't think I'm making any progress. ③ I didn't expect to feel so overwhelmed by everything. ④ I don't understand why I can't just get things done like everyone else."

UNIT 13 명령문 만들기 1

STEP 1 P. 280

Take it one step at a time, and you'll eventually get there.

유제 1 Take care of yourself first, and everything else will fall into place.

유제 2 Don't forget to charge your phone overnight.

유제 응용 Please tell me what happened in detail, and don't leave anything out.

STEP 2 P. 282

1 Please make sure to close the door behind you quietly as you leave.

2 Turn in your assignment by the deadline, or it won't be accepted.

3 Pay close attention to the traffic signs, especially in unfamiliar areas.

4 Be patient with yourself as you learn something new.

5 Be sure to wear sunscreen if you're going to be outside all day.

6 Don't waste your energy on things you can't control.

7 Try not to stress too much; everything will work out in the end.

8 Never underestimate the power of a kind word.

9 Never stay silent if you see something wrong.

10 Never share your personal information with strangers.

11 Always double-check your work before submitting it.

12 Always take a moment to appreciate the little things in life.

STEP 3 P. 284

① "Get up early tomorrow, or you'll miss your flight," Maria reminded Jessie before bed. ② "Pack only what you need, so your bag isn't too heavy," she added. In the morning, Jessie's alarm rang, and she quickly got ready. ③ "Call me when you land, and don't forget to grab some breakfast at the airport!" Maria said, waving goodbye.

UNIT 14 명령문 만들기 2

STEP 1 P. 286

Let's take a moment to consider all the options before deciding.

유제 1 Let us be mindful of our time and stay focused on the task.

유제 2 Let me know if you need any help with the project.

유제 응용 Let me double-check the numbers before we submit the final report.

STEP 2 P. 288

1 Let us be grateful for the help we've received along the way.

2 Let us not dwell on past mistakes but focus on the future.

3 Let's move forward with the plan and see how it works.

4 Let's make sure we have all the necessary documents before leaving.

5 Let's work together to find a solution that benefits everyone.

6 Let me check my schedule and get back to you.

7 Let me know if there's anything else I can do to assist you.

8 Let me explain the instructions one more time to make it clearer.

9 Let him express his opinion without interrupting.

10 Let them take their time and think it over.

11 Let your heart guide you through difficult times, even when the path seems unclear and challenging.

12 Let the children express their creativity freely, without the fear of judgment or criticism.

STEP 3 P. 290

As they packed for their weekend trip, Jane suggested, ① "Let's make sure we have everything we need before we leave." Her friend replied, ② "Let me handle the snacks and drinks while you check the clothes." Jane smiled and added, ③ "Let's take the scenic route to enjoy the drive." Before they left, she said, ④ "Let the cat out for a bit before we go, so she's comfortable."

CHAPTER 2 문장의 기본 다듬기

UNIT 1 주어–동사 수 일치 문장 만들기 1 (단수 명사–단수 동사)

STEP 1 P. 294

My family always supports each other during tough times.

유제 1 The faculty is discussing curriculum changes for the next semester.

유제 2 The jury delivers the verdict after several days of deliberation.

유제 응용 The committee is making a final decision after reviewing all the options.

STEP 2 P. 296

1 The team is playing exceptionally well in the championship game.

2 The staff is preparing for the big event happening this weekend.

3 The audience was waiting eagerly for the show to begin.

4 My family enjoys spending time together on weekends.

5 The crowd is cheering loudly for the home team.

6 The board of directors is discussing the company's future strategy.

7 A flock of ducks is flying over the lake as the sun sets.

8 A herd of sheep is moving slowly across the grassy hillside.

9 A school of fish swims close to the shore, avoiding predators.

10 This gin and tonic is perfect for relaxing after a long day.

11 Bacon and eggs is a common breakfast in many households.

12 Spaghetti and meatballs is tonight's dinner special at the restaurant.

STEP 3 P. 298

① The team is preparing for the upcoming competition this weekend.

② The staff is working overtime to ensure everything is ready on time.

③ Tickets are selling out fast, and the crowd is expected to be excited to see the team's performance.

④ The committee has organized a celebration for the team in case they win the competition.

UNIT 2 주어–동사 수 일치 문장 만들기 2 (복수 명사–복수 동사)

STEP 1 P. 300

A number of people are waiting patiently for the bus at the station, even though it's running late.

유제 1 A couple of my friends are coming over for dinner tonight.

유제 2 A lot of social problems are caused by economic inequality.

유제 응용 Several of us are going to go backpacking in Europe next summer, and we've already started planning our trip.

STEP 2 P. 302

1 The majority of voters are in favor of the new proposal.

2 Half of her students don't understand a word she says in class, so they ask for extra help after school.

3 A few of the books on the shelf are missing, so I need to find them before the library closes today.

4 A handful of my coworkers are attending the seminar today, while the rest are staying in the office to finish their work.

5 Several of us have already completed the assignment, but a few still need more time.

6 Some of these books are overdue and need to be returned to the library.

7 Most of the issues are related to communication problems within the team.

8 Most people check their phones as soon as they wake up in the morning.

9 Many people prefer to drink coffee in the morning to help them wake up.

10 My brother and his friend are starting a business together.

11 The chef and the waiter are working together to prepare for the event.

12 The police are investigating the crime that occurred last night.

STEP 3 P. 304

① A number of my friends have been talking about taking a trip this summer. ② The majority of us have agreed on visiting the countryside, but we're still finalizing the details. ③ A couple of us are responsible for finding the best places to stay. ④ Meanwhile, half of the group is more focused on figuring out the activities we can do there.

UNIT 3 주어–동사 수 일치 문장 만들기 3 (복수인 듯하지만 단수 취급–단수 동사)

STEP 1 P. 306

Twenty miles is a long way to run in one day.

유제 1 Five hundred dollars is a lot to spend on a pair of shoes.

유제 2 More than one person needs to approve the document before submission.

유제 응용 One of the biggest challenges in this job is managing tight deadlines.

STEP 2 P. 308

1 More than 40 inches of snow has fallen on the city this winter.

2 One of the restaurants near my house serves the best pizza in town.

3 The United Nations provides humanitarian aid to countries affected by natural disasters.

4   The United States plays a key role in global politics and diplomacy.

5   Everything you need for the meeting is already prepared and set up.

6   Everyone in the office was working hard to meet the project deadline.

7   Every student is required to submit the assignment by Friday.

8   I found that everything was closed because of the storm.

9   Either of the options is fine with me.

10 Neither of the cars is in good condition, so we should consider getting a new one.

11 Each member is responsible for a specific task.

12 Each of the documents is signed by the manager.

STEP 3   P. 310

① Everything is going smoothly for the trip, but we still need to finalize a few details. ② One of the hotels is offering a discount, which sounds great. ③ Neither of the nearby restaurants opens early in the morning, so we'll have to find another option. ④ Each of us is responsible for a different task, and everyone feels ready for the trip.

UNIT 4   주어–동사 수 일치 문장 만들기 4 (셀 수 없는 명사/복수 명사 모두 수식이 가능한 한정사, 수량사)

STEP 1   P. 312

Most information about the event is available on their official website.

유제 1 Most knowledge comes from experience rather than books.

유제 2 Most of the work was done before the deadline.

유제 응용 Most of the houses in this neighborhood are newly built.

STEP 2   P. 314

1   Most of them were happy with the service.

2   More children are getting involved in extracurricular activities these days.

3   More of the feedback points to a growing interest in eco-friendly packaging.

4   All the equipment in the gym is sanitized after use for a clean and safe environment.

5   All participants are required to sign the agreement before the event begins.

6   All the people waiting in line were served quickly, thanks to the efficient system.

7   All the documents are ready for submission, and we are just waiting for the final approval.

8   A lot of information is shared during the weekly team meetings.

9   A lot of companies are investing in renewable energy to reduce their carbon footprint.

10 A lot of books were donated to the library during the charity event last weekend.

11 Some food was left over after the party, so we packed it up for the guests to take home.

12 Some people enjoy working late at night because they find it to be a quieter and more productive time.

STEP 3   P. 316

① Most people prefer shopping online these days because it's more convenient. ② Most of the stores in our neighborhood have started offering home delivery services. ③ All the products I ordered last week arrived on time, which was great. ④ Some items, however, were not exactly what I expected, so I'll have to return them.

CHAPTER 3   관사, 제대로 알고 자신 있게 쓰기

UNIT 1   관사로 문장 만들기

STEP 1   P. 320

Time heals all wounds, but the time I spent waiting felt like forever.

유제 1 Books can be expensive, but the book I bought yesterday was affordable.

유제 2 Music is enjoyable, but the music they played at the party was too loud.

유제 응용 People enjoy music, but the people at the concert were particularly enthusiastic.

STEP 2 P. 322

1 Coffee is a great way to start the day, but the coffee I had this morning was too strong.

2 Knowledge is power, but the knowledge you shared with me changed my life.

3 Money isn't everything, but the money I saved helped me through tough times.

4 Love is what makes life meaningful, and the love they share is truly inspiring.

5 Exercise is good for health, but the exercise we did today was exhausting.

6 Health should be a priority, but the health of my parents is not what it used to be.

7 Jobs are important for a stable life, but the job I have now is very stressful.

8 Friends make life enjoyable, but the friend I met in college has been the most supportive.

9 Birds are fascinating creatures, but the birds outside my window wake me up every morning.

10 Children are full of energy, but the children at the park today were unusually quiet.

11 Ideas can change the world, but the idea you shared today is especially innovative.

12 Cars are useful for commuting, but the car I drive always has issues.

STEP 3 P. 324

① The people on my flight were very quiet yesterday, which made the trip feel even longer. ② This morning, I tried to shake off the tiredness with some exercise, but the workout at the gym made me more exhausted. ③ Staying hydrated is important after a workout, so I filled my bottle at the park, but the water tasted strange. ④ Later, we went out for dinner, but the food at the new restaurant wasn't very good.

UNIT 2 the를 제대로 쓴 문장 만들기

STEP1 P. 326

We adopted a dog from the animal shelter last weekend. The dog is very friendly and has already bonded with our family.

유제 1 She bought a dress yesterday for her sister's wedding. The dress fits her perfectly.

유제 2 Can you hand me the keys from the counter?

유제 응용 Turn off the light when you leave the room so we can save some energy.

STEP 2 P. 328

1 The sun is shining brightly today, so I'm planning to spend some time at the park.

2 The moon looks beautiful tonight, and you can even see a few stars despite the city lights.

3 We visited the Eiffel Tower last summer, and the view from the top was absolutely breathtaking.

4 After sightseeing at the Empire State Building, we grabbed lunch at McDonald's nearby.

5 This is the cheapest flight available today, so we should book it before the price goes up.

6 This is the best pizza I've ever had! We should definitely order from this place again.

7 The house at the end of the street is for sale, and I heard it's been on the market for months.

8 I have my best ideas when I'm on the bus.

9 We're going to visit the museum this weekend, and they have a special exhibit on ancient history.

10 While I was driving, I heard the news on the radio, but I need to watch it on TV to get all the details

11 The New York Times reported on a new scholarship at Harvard University.

12 I've been to the United States and the United Kingdom, but I still want to visit places like Japan and France.

STEP 3 P. 330

① The sun was setting, casting a beautiful glow over the ocean. ② As we walked along the shore, we saw a dog playing in the sand. The dog looked happy, wagging its tail.

③ We sat down to have a snack, and my friend asked, "Can you pass the water?"

④ In the distance, we could see the Pacific Ocean, vast and calm under the evening sky.

UNIT 3 a/an을 제대로 쓴 문장 만들기
STEP 1 P. 332

I need to buy some paper for my printer and also work on a paper for my class.

유제 1 Life is unpredictable, but creating a life that you love is worth the effort.

유제 2 He brushed his hair, then noticed a hair stuck on his jacket.

유제 응용 Whenever I get a cold, it always comes with a runny nose and a headache.

STEP 2 P. 334

1 She ordered a coffee and poured some coffee into her mug.

2 She and I had a very interesting conversation.

3 Running without warming up gave me a headache.

4 If you've already had measles, you can't get it again.

5 The quality of life has improved significantly over the years.

6 She has lived three different lives through her various careers.

7 She gave me some excellent advice on my career.

8 Can you give me a tip on how to improve my resume?

9 Glass is a fragile material used in many products.

10 She accidentally broke a glass while cleaning the glass table.

11 The child shows a surprising understanding of adult behavior.

12 They need a secretary with a first-class knowledge of French.

STEP 3 P. 336

① I ordered a coffee and started working on a class paper with my friend. ② I received a valuable tip from the friend, which helped with my paper. ③ By the end of the day, I felt tired but satisfied with the progress I'd made, knowing each step was a small progress toward my goal.

UNIT 4 무관사 표현을 제대로 쓴 문장 만들기
STEP 1 P. 338

He plans to go to college next year, and yesterday he went to the college to meet with an advisor.

유제 1 She always feels exhausted when she comes home from work.

유제 2 He took a break from the work he was doing to clear his head.

유제 응용 I went straight to bed without dinner after getting home from work yesterday.

STEP 2 P. 340

1 After finishing the movie, I decided to go to bed early to get some rest.

2 I went to the bed to check if the blankets were clean.

3 My kids go to school by bus every morning, but they always walk home in the afternoon.

4 We need to go to the school this afternoon to discuss the new curriculum with the principal.

5 If convicted, he might go to prison for several years.

6 The lawyer went to the prison to visit his client.

7 They go to church every Sunday to attend the morning service.

8   We went to the church for our friend's wedding last weekend.

9   He is studying architecture at college and plans to become an architect.

10   The art exhibition at the college was impressive and displayed student projects.

11   Due to the pandemic, many people were working from home.

12   I can't wait to go back to the home where I grew up.

STEP 3 P. 342

① After a long day at work, Sarah decided to go home early to relax. ② On her way, she stopped by the gym for a workout. ③ When she got home, she immediately went to bed. ④ The next morning, she woke up feeling refreshed and got ready to go to work again.

Making Sentences in English